日本の鉄道碑

網谷りょういち

日本経済評論社

はじめに

鉄道は目的地まで移動する手段である。鉄道を利用する大部分の人々は鉄道をこのように見ているのだろう。しかし少数派の人々は鉄道に乗ることが目的で、何々線に乗ってきたということを自慢する人もいる。たとえば「青春18切符」の利用者などは、鉄道に乗ることを目的としているかもしれない。筆者はこのような人々に「鉄道碑を訪ねる旅」を提案したいと思う。

筆者に「鉄道碑」の面白さを教えていただいたのは、故・佐々木富泰氏（『事故の鉄道史』と『続・事故の鉄道史』の筆者との共著者）であった。全国にある鉄道碑は明治から平成まで多種多様であって、思いもかけぬ碑に出会うこともあり、現在走っている鉄道がどのような歴史を背負っているのか、鉄道史そのものを教えてもらえる教材でもあった。

近年に評判になっている廃線跡めぐりと同様に、「鉄道碑探訪」も鉄道を愛する人々の歴史発掘の目的になるようにと願って、本書を執筆した次第である。

山口線仁保では、地元でも忘れられた存在になっている「木戸山隧道殉職碑」の、草ぼうぼうになっている碑を、地元の方の協力を得て、草刈りをしながら参拝したことがあった。筑前岩屋の釈迦岳トンネルの慰霊碑は、多くの方に聞いてやっとその存在がわかり、トンネル形の慰霊碑に深く頭を下げたこともあった。

明治時代の殉難病没碑も心を引かれる。信越線豊野の「虎列拉（コレラ）病死者供養塔」や、山陰線の久谷、居組の職斃病没者追悼碑などは、現在の鉄道に乗っている者として、碑の前で深く頭を垂れ襟を正さねばならないという、感激的な碑であった。

大山口列車銃撃碑、いのはなトンネル銃撃碑、成東の「礎」の碑、大阪の京橋空襲碑、岩国空襲碑など、第二次大戦中の災害について、こんなに多く各地に慰霊碑があることも、本書をまとめてみて初めて知ることができた。

因美線の三浦駅はホーム一本だけの駅だが、「一致団結大願成就」という碑が彫りも深々と記されていた。請願駅なのだが、地元の人の喜びが感動的に伝わってきた。

親不知雪崩碑や桜木町火災碑、三河島事故碑、土浦事故碑など。筆者が鉄道事故に興味を持っているので、どうしても興味が事故碑や災害碑・殉職碑などに向いてしまい、いわゆる文学碑や句碑などは、少し手薄になってしまったことをお詫びしなければならない。

本書を記述する上での原則を、鉄道駅かバスなど公共交通機関で行けること、そして碑が常時公開されていることと定め、何駅から何駅の間といったように、行きつくことが困難な碑と、鉄道工場内で許可をとらなければならない碑（これが結構多い）は記載しないこととした。例外としたのは中目黒地下鉄事故碑で、これは許可をとらなければならないものの、営団地下鉄が誠実に対応してくれるので、本書に加えた次第である。

また第何節という節の区分は、それぞれ一日で行ける範囲を原則としたが、広い北海道など、原則通りになっていない場所もあるので、ご了解をいただきたい。

本書によって鉄道碑に関心を持っていただき、その探訪の一助となれば、筆者としても望外の幸いである。そのような方々が増えると、碑の保存や鉄道文化財保存の目的にも沿うと思うのである。

網谷りょういち

平成一七年四月

目　次

第一章　九州地方の鉄道碑

一　肥薩線に沿って

肥薩鉄道開通記念碑　肥薩線の吉松駅前にある。最初に鉄道が薩摩の国（鹿児島）に達したのは、八代から人吉－吉松－隼人を経由する肥薩線の山越え路線であった。吉松駅前の緑地には、明治四三年の古い碑がひっそりと建立されている。南側からの路線は明治三六年九月五日に吉松まで到達したが、北側からの路線は急勾配や隧道工事などで難行し、ようやく明治四二年一一月二一日に矢岳まで到着というスローモーぶり（当時としては）であった。

最後の工事区間の矢岳－吉松間が開通したのが明治四三年であるとの記録があるが、真幸（まさき）駅の開設が明治四四（一九一一）年五月一一日であるので、営業開始はこの日であったかもしれない。

この碑は丁寧には保存されてはいなくて、駅員も関心がないようである。肥薩線は転換クロスのＤＣを投入して（この座席は０形新幹線の払下げ品）観光鉄道に特化して生き残りを模索しているが、足元の重要な碑の保存がこのありさまでは困る。碑は判読不能の字が多く、碑面の碑文の一部はどうゆう理由なのか、わざと削り取られている。

「肥薩（上部横書き）鉄道開通記念碑
■■年十一月■日■■間開通　帝国縦貫線
余剰金三十余円を以て此記念碑を建■■
　明治四十三年■■■■」

吉松駅前・国鉄創業百年記念碑　開通記念碑と隣りあった位置に建てられて、碑文は横書きである。

「国鉄創業一〇〇年記念

一九七七年一〇月一四日

国鉄ＯＢ吉松会」

吉松駅・跨線橋柱の記録　同じ広場に建てられている。残念ながら年号は見つからなかった。それとどこでもおなじみの機関車の動輪が添えられている。

跨線橋柱の記録は左記の通りである。

「川崎造船所兵庫分工場　鉄道部製造　鉄道院」

復員軍人殉難碑　九州で唯一の鉄道事故慰霊碑である。肥薩線真幸（まさき）駅で下車、吉松側に二〇分ほど歩かねばならない、途中からは線路沿いを歩き、小さなトンネルも潜らねばならないので列車には注意してほしい。それと懐中電灯の用意があった方がよい。第二山ノ神隧道が見えてくるとその左手に「こちらが慰霊碑」との看板があり、少し線路より入った所に、黒御影石の碑が建立されている。

新碑（黒御影石製）

「（表面）山ノ神復員軍人殉難者　記念碑

（裏面）昭和二十年八月二十二日殉難者五十六名埋葬

昭和三十六年（十七回忌）慰霊碑建立

爾後毎年命日に慰霊祭実施

平成十年十一月九日改葬して

京町の真幸寺に納骨　永代供養とする

平成十年十一月九日建立

建立者慰霊関係者一同

えびの森林管理センター」

この事故は、終戦直後の南方からの引揚げ軍人が多数乗車した列車、上り八〇六旅客列車（客車六両・貨車六両（これは客車代用車）、換算四五両）をD五一形機関車が牽引し、二五‰の第二山ノ神隧道に入ったが、トンネル内で空転が頻発して前進不能となって停車した。機関士はトンネル内で長時間の停車をすれば、煤煙による乗客の被害が出ると判断し、列車の退行措置、つまり勾配を逆方向の吉松方に脱出するのが良いと考えて、退行を開始した。

山ノ神復員軍人殉難者記念碑（新碑）

　しかしこの時にはすでに呼吸困難になっていた、復員軍人の乗客たちが列車から降りて線路上を歩いていたため、列車に触れた乗客四九名が死亡し（鉄道重大事故の歴史）、二〇名が負傷した。国鉄の公式記録である『国有鉄道重大運転事故記録』には次のように記載されている。

「隧道内窒息　昭和二〇年八月二二日一二時七分晴
肥薩線　吉松・真幸間　客第八〇六列車　現車一二両換算三三両六分　機関車D五一一三〇号
（状況）本列車吉松を多客のために客車増結し補機を使用の上発車した処、途中列車の荷重を感じて極力運転に務めたるも本務補機共に空転続発、第二山神隧道を本務機が通過して自然停車した。依って隧道内に長時間停車する時は窒息の虞があるため機関士相互は打合せの上隧道の外に退行した。此の際に隧道内で旅客は下車したため混乱し列車に触れて多数の死傷者を生じた。
死亡　旅客四九名　負傷二〇名

（原因）吉松駅に於て乗車の制止を聞入れずに、各自が多量の荷物を携帯して不法乗車したため、列車は荷重によって隧道内に自然停車し、煤煙による呼吸難と之等に付帯した乗客の無統制騒擾に依って発生したものと認められる」

乗客の大部分は戦後に南方からの復員軍人であった。激しい戦場から運良く鹿児島まで引揚げてきたのに、故郷を前にしてこのような事故で落命するのはさぞ無念なことだったと拝察する。なお貨車六両は客車代用の車であって、重い荷物を背負った復員軍人が溢れんばかりに乗車していた。

なお、この碑には以前にはコンクリート製の旧碑があって、その碑には左記のように経緯を詳細に記してあった。

「旧碑（コンクリート製）

（表面）慰霊碑

（裏面）昭和二十年八月十五日大東亜戦争ハ終戦トナリ各部隊ハ復員帰郷ノ途ニ就イタ　復員軍人ヲ満載セル列車ハ八月二十二日当所第二山神トンネル内ニ於イテ機関車ニ故障ヲ起シ為ニ五十余名ノ尊キ犠牲者ヲ出シタノデアル　茲ニ於テ地元警防団員ハ懇ニ遺体ヲ収容当所ニ埋葬シタ　地元小中学校生徒ハ香花ヲ絶ヤサズ墓詣リヤ清掃ヲ続ケテ来タ　第十七回忌ヲ迎ヘルニ当リ地元婦人会員ハ挙ツテ慰霊碑建立ヲ決議シ部落中堅デアル光会員モ協力スルコトヲ誓イ町当局ノ応援ト殉難者御遺族ヨリノ寄贈トヲ合セテ婦人会員ヤ光会員ハ汗ノ労力奉仕ヲナシ茲ニ慰霊碑建立ハ成ツタノデアル

昭和三十六年八月二十二日　第十七回忌建立　町長西郷重保　民生係主任阪口正巳」

鹿児島らしく町長さんも西郷さんですね。

原因として第一に考えられるのは、隧道が明治時代の小さな断面によって作られていたためだろう。列車の側面には退避できるスペースはなかった。もちろん当時に車内放送設備はない。車掌がどうしていたかの記録もないのだが、連絡の取りようもなかったと思われる。暗黒の隧道内で、退行する列車が乗客をつぎつぎと轢死させていった情景を想像すると、身の毛もよだつような恐怖をおぼえる。

鉄道工事中殉難病没者追悼記念碑（大畑駅構内）

　この事故は誰も悪くない、悪者がいないという珍しい事故でもある。機関士が退行措置を取ったのも当然だったし、真っ暗闇のなか、窒息寸前になった乗客が列車から歩き出したのも当然であった。

　当日は海岸沿いの鹿児島本線が水害で不通になっており、吉松駅でさらに何両かの客車か貨車を増結した。石炭も粗悪であったろうし、過加重となった車両の増結が原因と認めるほかはない。

　なお京町の真幸寺（吉都線京町温泉駅下車）に旧碑と石仏が納められていると思うが、筆者はまだ訪れていない。掲載したのは、旧碑が現地にあった時に佐々木冨泰先生が訪れた時の碑文である。

大畑・鉄道工事殉難病没者追悼記念碑　当時の肥薩線の工事、わけても人吉－吉松間の山岳線の工事は難工事の連続であった。片勾配の隧道内の涌水で資材運搬の馬を溺死させたと記されているが、人夫をも溺死させたかもしれない。左記のように工事犠牲者として一三名の記録があるが、これは請負った間《はざま》組《ぐみ》の犠牲者であって、工事全体ではこの数倍の犠牲者があったのだろう。

大畑駅はスイッチバックの駅で、引込み線と本線の間に動輪が置かれ、その横に本碑がある。

「（正面）鉄道工事中殉難病没者追悼記念碑　間組
（右面）明治四十一年十月建之
（左面）明治四十一年七月一日死
　徳島県抜野郡堀江村　西松九平行年卅四歳
など　一三名の姓名がある　最後は
仝　四十一年死　大分県　隅井熊市
（裏面）薩摩鐵道為日露戦役所妨一時中止ニ至工事
至明治卅八年二月基再起工エ我間組■■肥後方面工
浄一人至今日畢■間努力維替不厭邪寒遊降峯山拝谷
供宴華麗■殆二周年格致明玉陽春之儀吉地旅至國土
寿中或各土壁處侵式■不慮災厄以殆其職者及十數名
指所死者不可張生何拒奉送誰祭其芳名書名不可■弔
者於是平部下者走興間組相諮義金建碑以傳其事跡■
後正併慰英霊吟九泉下弁有後人憐之高普撰併書

間組マーク
賛助者　間組　遠藤兵生　西松光治郎
寄付者　西松久太郎　他二二名
発起人　車谷善太郎　他二名
世話人　西松治郎　他一名」

（■は判読不能の文字）

矢岳第一隧道の題額　隧道延長は二〇九六mであって、次のような題額が掲げられている。鉄道に対する期待の大きさがうかがえる。現在はさびれた観光ローカル線となっていて、筆者が乗車した時には、運転士はわざわざトンネル入口で列車を停車させて隧道の題額を見せてくれた。

北口（人吉口）「天嶮若夷　明治四十一年五月

逓信大臣山県伊三郎題」

　南口（吉松口）「引重致遠　明治四十一年夏　後藤新平」

二　鹿児島周辺の鉄道碑

床次竹二郎像　鹿児島中央駅前。この駅が西鹿児島駅であったころ、駅前広場の正面右に建立されていた。新幹線開通直前に行ってみると、駅前広場は地下街建設のために掘り返され、碑も行方不明になっていた。いずれ元の位置の近くに建立されると思うので、胸像とともにここに記しておきたい。副碑としてC五七五四の主動輪が展示されていた。

「床次竹二郎の像

　　日本国有鉄道総裁高木文雄書

　床次竹二郎は慶応二年鹿児島市新照院町に生る。大正元年鉄道院総裁に任ぜられ同三年鹿児島県一区より衆議院議員に当選それより二十年勤続する。その間内務大臣二回鉄道院総裁二回鉄道大臣逓信大臣を歴任し国運の伸展に郷土の振興に著るしい功績を挙げた偉大な政治家である。ここにその遺徳を顕彰するため彫刻家朝倉文夫氏製作によるこの胸像を建立する。

　　昭和五十三年十月十一日

　　床次竹二郎顕彰碑建立推進会」

敬天愛人・南州の題額　鹿児島市城山トンネル東口にある。鹿児島中央駅から市電やバスの利用だと少し上り坂を歩かねばならないので、往きはタクシー利用の方が良いだろう。観光名所となっていて道路に「敬天愛人の石碑」と説明標識がある。行先は「城山トンネル東口」と言えばよい。

　鹿児島本線下り線トンネルの題額であるが、道路

鉄道往生供養の地蔵（鹿児島・城山トンネル出口上）

が線路より高くなっていて、道路の鉄道寄りには左記の鉄道往生供養の地蔵がある。

城山隧道は延長七二四mで大正二年一〇月の完成であって、郷土出身の偉人の遺墨を東西に掲げた。東口には「敬天愛人　南州」と記されているが、南州とは西郷隆盛のことである。

西口には「為政清明　甲東」とあって、甲東とは大久保利通である。

両者を合わせて、「天をうやまい人を愛し、政治を行うに公明正大をもってす」という意味となる。

明治の初期、西郷隆盛は鉄道建設には大反対であって、軍備の増強の方が急務だと主張したが、その当人の南州の書が、トンネルの上で毎日列車を見下ろしているのも面白いことだ。

隧道題額に、鉄道と直接関係のない人物の額が入っているのはここだけだと「鉄道碑めぐり」には記載されている。

鉄道往生供養の地蔵　右記の碑を見下ろす場所、城山隧道東口上にある。

「(正面)厄除延命地蔵菩薩尊
(左面)為鉄道横死者供養
(右面)昭和九年十二月十六日
　建立者　浄土宗不断光院　龍誉麟宏」

従前には「敬天愛人」の石額のあるところの上から飛び込み自殺する人が絶えなかった。住僧これを嘆き、あわれみのあまり、トンネル上の路傍に地蔵像を安置して供養を営んだ。瓦焼の座像の地蔵像ができてからは自殺者が大いに減ったそうだ。

これは珍しくも瓦焼の地蔵像であって、内部も空洞になっていないのだということである。焼き物で大きな物を焼くのは至難の技で、筆者も大学勤務の時、美術工芸資料館の展示物として直径二mの信楽焼きの焼き物を発注したのだが、結局直径二mの物は製作不可能と言われ六分割したことがある。

竜ケ水災害復旧記念碑　竜ケ水駅は日豊本線で鹿児島中央から二つ目、鹿児島駅の次の駅である。この下り線ホームの中央にこの碑が建てられていて通過列車からもよく見える。

平成五年八月六日の集中豪雨により、竜ケ水駅周辺には大土石流が発生して鉄道や道路は寸断され、駅に停車中だった列車も土石流によって大破してしまった。しかし列車の乗客三三〇人は、機敏な乗務員の避難誘導によって、土石流が来る前に列車から駅舎の方に避難して無事だったし、竜ケ水地区の住民や通行中の車などが孤立したが、警察官や乗務員の連携プレーによって、桜島航路のフェリーや漁船に救助されて奇跡的に無事であった。

のちにＮＨＫの〝プロジェクトＸ〟によって、この奇跡的な救出劇が放映されたので、記憶している方も多いと思われる。碑は線路の方に向いて建てられていて、碑文は左記の通りである。

「竜ケ水災害復旧記念碑

平成五年夏、鹿児島県下は記録的な長雨と度重なる豪雨に見舞われ、各地で甚大な災害が発生した。特に八月六日の鹿児島市を中心とする集中豪雨により甲突川の大氾濫で市中は水没し、国道、鉄道共に寸断され陸の孤島と化す状況であった。ここ竜ケ水地区では山腹の崖崩れが土石流となり、数十個所で日豊本線とこれに並行する国道一〇号線を分断し、通行者住民約二千五百人が閉じこめられた。
　折しも竜ケ水駅では豪雨のため停車中の上下二本の列車が錦江湾にまで達する大規模な土石流の直撃を受け車両三両が押し潰され大破したが、幸いにも乗務員の機転により三百三十人の乗客は直前に脱出したあとであった。
　日豊本線の一日も早い復旧をと昼夜に亘る関係者の尽力により九月十九日、四十四日ぶりに開通した。この碑は復旧開通を記念すると共に再びこのような災害が繰り返されないことを願って建立したものです。
　　平成六年三月吉日
発注者　九州旅客鉄道株式会社
　　鹿児島地区復旧工事々務所
施工者　鮎川建設　九鉄工業　小牧建設
　　三軌建設　南生建設　森山清組
この碑の石は、土石流の中に含まれていたもので台石が九トン、碑文石が五トンの重量です」

三　指宿枕崎線に沿って

指宿駅・稚内駅との姉妹駅記念碑　指宿駅が最北端の稚内駅と姉妹駅になったとの碑の表示であり、指宿駅の改札を出た正面広場に建立されている。

「姉妹駅記念碑
　日本最北端稚内駅から
三〇七四キロメートル（これは横書きで朱字）
一九七四年十月二十日　指宿駅」

　しかし後日に稚内駅に行ったのだが、こちらでは姉妹駅の碑はみつからず、指宿駅からの距離が柱に記載してあるだけであった。

日本最南端の有人駅・山川駅　山川駅には日本最南端の駅という塔と最南端の有人駅という塔とでやや混乱が見られる。もちろん最南端の駅は左記の西大山駅であって山川駅ではない。駅前にある山川駅の表示を記載しよう。

日本最南端の駅（西大山）

「日本最南端の有人駅　山川駅」

「ここは日本最南端の駅　山川駅　北緯三一度一二分」

日本最南端の駅標・西大山駅　指宿枕崎線は山川を過ぎると極端に列車本数が少なくなってしまう。この最南端の駅に行くのにも、時刻表を細かく調べておく必要がある。ここには塔になった標識と駅名表示の横に作られた案内板との二つがある。

「日本最南端の駅　北緯三一度一一分」

「最南端の駅　西大山」

ちなみに西大山駅は昭和三五年三月二二日の開設、鹿児島県指宿郡大山にあって山川から八・五km、もちろんホーム一本の無人駅であって、薩摩富士の姿が見事である。山川からの指宿枕崎線は戦後に作られた鉄道で、西頴娃《にしえい》までが昭和三五年建設、枕崎まで全通したのが昭和三八年である。

枕崎駅の灯台形の碑　枕崎駅の駅前ロータリーには灯台形のコンクリート碑が建立されていて、ここでも最南端が売り物になっている。降車客用の駅舎を背にした側と、乗車客用の駅舎に向いた側とで記載が違い、それぞれ次のようになっている。

「日本最南端の終着駅　枕崎」
「日本最南端の始発駅　枕崎」

この駅も無人駅であって、列車はタブレットを持ったままで折り返している。わずかに駅構内に売店があり、ここでは最南端の枕崎駅への到着証明書に印を押して販売している（二百円）。

「（表面）観光記念　日本最南端の終着駅のある町到着証明書
（裏面）証明書
本日あなたは日本最南端の終着駅のある地、枕崎に到着したことを証明致します。
日付　　枕崎市観光協会」

しかし最近には「沖縄都市モノレール」ができたので、これを鉄道と認めると、最南端も最西端もその地位を譲らねばならなくなってくる。

南薩鉄道記念館　枕崎からは鉄道がないのでバスで行くほかはないのだが、元の南薩鉄道・加世田駅の跡地が、バスターミナルと「南薩鉄道記念館」になっているので、筆者にとっても期待が膨らんだ。

南薩鉄道は、大正三（一九一四）年に伊集院－加世田が開通。その後に伊集院－枕崎を結ぶ枕崎線や知覧線を開設したが、昭和五九（一九八四）年に鉄道全線を営業廃止とした。加世田駅は広大な敷地であって、現在はバスターミナルと記念館を設けてもまだ余裕がある様子である。

残念ながら記念碑の類は見つからなかったが、広場には二号機関車と腕木式信号機が置かれ、「かせだ」と横書きされた駅名標が建っている。これが記念館への入口の表示なのだろう。
内部には、南薩鉄道にとっての一号機関車やディーゼルカー・ディーゼル機関車も展示され、補助金も戴けそうな立派な展示施設となっている。

四　佐世保線からMR（松浦鉄道）沿線

早岐駅・交通道徳の碑　佐世保線の早岐駅で、昭和三七年に駅前広場の整地作業をやっていた所、交番裏の旧築山から発掘されたという幸運な碑である。
筆者は『鉄道碑めぐり』を頼りに夜行列車でやってきたのだが、同本の写真では「早岐の駅頭、蘇鉄の老樹にかこまれている」と書かれて写真まであるのだが、駅前の蘇鉄はなくなっていた。駅舎の写真は同様なので探してみると、駅舎に向かって右側庭園の茂みの中にその碑は建て替えられていた。途中下車一〇分間でも見られる碑なので、乗換えの折などにぜひご見学下さい。碑文は左記の通りである。
「（表面）守る公徳たのしい旅路
（裏面）鉄道省主催公徳週間記念庭園
昭和十一年五月」
「鉄道省主催公徳週間」などというものがあったのですねえ。昭和一一年ではまだ戦争の影も薄く、庶民が鉄道旅行を満喫し、遠足や修学旅行でも盛んに鉄道が使われた時代であった。ちなみに大村線のハウステンボス駅はもちろん当時はなく、早岐の次の駅は南風崎《はえのさき》になっていた。

JR線日本最西端佐世保駅　木に黒々と墨書された碑で、改札口真正面に建てられている。これでは間違いようがない。筆者はホームの西端に置かれているのかと思い、階段を降りる前にカレチ（車掌）に聞いたのだが、このカレチ氏は知らなかった。
「（碑文）日本最西端佐世保駅、JR。東経一二九度四三分。贈正根由之平成七年十月十四日」

　これで日本の東西南北四端のうち、JR線最西端を見て、最東端の碑の写真は鏡味明克先生から戴いたのでJR線は完了となり、鉄道線の最西端である松浦鉄道（MR）の「たびら平戸口」駅への思いをめぐらせながら、発車までコーヒータイムとしたが、佐世保での朝のコーヒーは旨かった。

日本最西端の駅碑（松浦鉄道たびら平戸口）

日本最西端駅碑　松浦鉄道は沿線が長く奥が深い。朝の列車は大学駅までは座席も満席だったが、それを過ぎると空気を運んでいる状態となる。「たびら平戸口」駅の日本最西端駅碑はホームに隣接していてすぐにわかる。

「日本最西端の駅碑（石碑であり高さ約二m）
（正面）日本最西端の駅
（裏面）天皇皇后両陛下巡幸記念
（左面）昭和三十七年　田平町商工会・観光協会
（右面）左面に同じ」

　バックには背景のように、親切な解説表示がある。「日本最西端の駅・たびら平戸口駅」とあって、日本の東西南北の端駅の緯度経度入りの表示がある。

「最西端・たびら平戸口駅（西九州線）
The western most station in japan
北緯三三度二一分三八秒
東経一二九度三五分〇一秒

たびら平戸口駅から博多　一二四km
〃　大阪　七八〇km
〃　東京　一三三六km
〃　札幌　二五五一km
たびら平戸口駅からソウルまで五四二km」

御即位大典記念植樹の碑　最西端駅の碑と同じ庭園内にある。これは今上陛下の御即位大典記念であって、左記のような記載となっている。

「(表面) 御即位大典記念植樹
(裏面) 平成二年十一月十二日
田平町有志一同」

五　日田彦山線に沿って

日田彦山線への旅　今回の日田彦山線へは、久大本線の夜明駅から入った。この線と周辺の鉄道は、明治・大正期からさまざまな炭鉱用鉄道が入り乱れて変遷を繰り返してきた。現在の久大線と日田彦山線などは、黄色い車体の「Y－DC一二五形」の天下であって、JR九州のローカル線は、愛称をイエロードクターと呼ぶ黄色の車体でほぼ統一されてきている。車内の黒を主体としたクロスシートも快適で好感が持てるし、第一に写真映りが好い。

筑前岩屋・彦山間にある釈迦岳トンネルは、九州一の長大トンネルで四三七八・六mである。戦前に彦山方、大行司側から掘削を始めたが、昭和一六年に不急工事として工事中止となった。

戦後の昭和二七年に工事を再開したのだが、翌年の昭和二八年三月一九日に落盤事故が発生、五五名が生き埋めとなり、うち二九名が死亡するという惨事となった。トンネルの開通と同時に筑前岩屋駅が落成し(昭和三一年三月一五日)、日田線と彦山線は全通して日田彦山線となったのである。

筑前岩屋の釈迦岳トンネル工事慰霊碑　筑前岩屋の慰霊碑は、小倉行の上り列車から右方の前方に崖があり、その崖の上にトンネルを模したアーチ形のユニークな碑がある。コンクリート擁壁に「釈迦岳トンネル慰霊碑」と書かれた表示が貼付けられているので、それを目当てにすれば簡単に見出せる。

「（表面）殉職碑（左から横書き）

（裏面）

洵に惟れ釈迦岳隧
道工事中職に
殉じて散華の士
二十九柱哀惜誰か勝へん
工事の竣成に当り顧
みて追憶切りなり
仍ち此処に碑を建て
永くその遺績を讃へ
冥福を祈る（改行は原文通り）

殉職者氏名
国鉄直轄従事員（三名の姓名年齢）
奥村組従事員（二六名の姓名年齢）
国鉄　下関工事事務所
株式会社　奥村組
昭和三十年八月建之」

以上が慰霊碑の記載であるが、その年齢が若いのには驚かされる。奥村組殉職者の内一八歳が三名、一九歳と二〇歳が一名ずつであって、最高年齢者も四二歳である。国鉄の殉職者は三二歳から四四歳である。現在の土建業界で出稼ぎなどで働く人の年齢は、五〇歳は過ぎて六〇歳以上も珍しくない。たしかに一八歳程度の就労者もいるが、いわゆる３Ｋ職場（キツい、キタナい、危険）には、若年層と中年層は寄り付かず、初老から老年層ばかりである。

なお、当然のことであるが女性従事員の名はなかった。後述のように、明治・大正期では女性も女人夫として隧道内で働いていたのだが、昭和初期からは女性がトンネル内に入ることはタブーとなった。

釈迦岳トンネル殉職慰霊碑（筑前岩屋）

トンネル内で女性がタブーなら、機関士が女性というのも珍しくなくなったし、列車に乗って通過する乗客や職員はどうなのかと疑問に思うが、相撲界で土俵に女性が上がれないのと同様に、この戒律は厳格に守られている。

吹っ飛んだトンネル・住民殉難の碑　小倉の軍事施設の一つに陸軍小倉兵器補給廠があったが、昭和一九年の空襲で火薬庫一棟が焼失し、このため安全な場所に火薬類を保管することになり、当時に掘られてはいたがまだ完成していなかった彦山線のトンネルに保管することになった。彦山駅の南側の二又トンネル（二〇〇m）などがその候補となり、昭和二〇年三月より、無煙火薬の三号帯状火薬（綿に硝酸・硫酸を滲み込ませアルコール・エーテルで練り合わす）と、点火用火薬類を運び込んだ。

終戦後の同年一一月、これらの火薬類は占領米軍に引き渡された。一一月一二日にはH・U・ユーイング少尉が下士官、兵六名を引き連れてジープで添田警察署に到着、「今からトンネル内の火薬類を焼却処分するから、作業員を出せ」と命令した。ユー

二又トンネル爆発事故・慰霊塔

イング少尉は二又トンネルの先の吉木トンネルに到着、入口から幅一m、長さ二〇mほど火薬を散布して危険のない旨を警察官らに説明した後にライターで点火した。これが午後一時ごろであった。

　二又トンネルにも同様な方法で点火し、警察官には住民が立ち寄らないように注意した。これが午後三時だった。点火を確認してユーイング少尉一行はジープに乗って帰っていった。

　トンネル入口からは炎が竜の舌のように吹き出たり引っ込んだりしていたが、次第に延び出してついに彦山川を越えて対岸の民家に燃え移った。それで火の見の半鐘が打ち鳴らされ、警防団の若衆三十余名が召集されて、手押しポンプで消火作業をしていた。次の瞬間にトンネルは大爆発をして、一家の働き手であった人々を土砂の下に埋めてしまった。

昭光寺境内の二又慰霊塔　読者は平成一六年四月二二日に北朝鮮の竜川《りゅんちょん》で起こった火薬積載列車の爆発事故のことはご存じであろう。この二又トンネルでは原因は列車ではないが、硝酸と硫酸の爆発と原料も同じで、竜川とほぼ同規模の爆発があったわけであって、福岡県田川郡添田町落合二又地区の家々と住民をあっという間に土砂の下敷きにして生埋めにしたのである。

　三回忌の法要が営まれたのち、遺族らから慰霊塔を建立したいとの話が持ち上がり、地区内の昭光寺境内に建てられ、昭和二三年四月に完成している。正面に仰ぎ見る慰霊塔があって、由緒が書かれた碑文は右手の自然石の副碑に刻まれている。

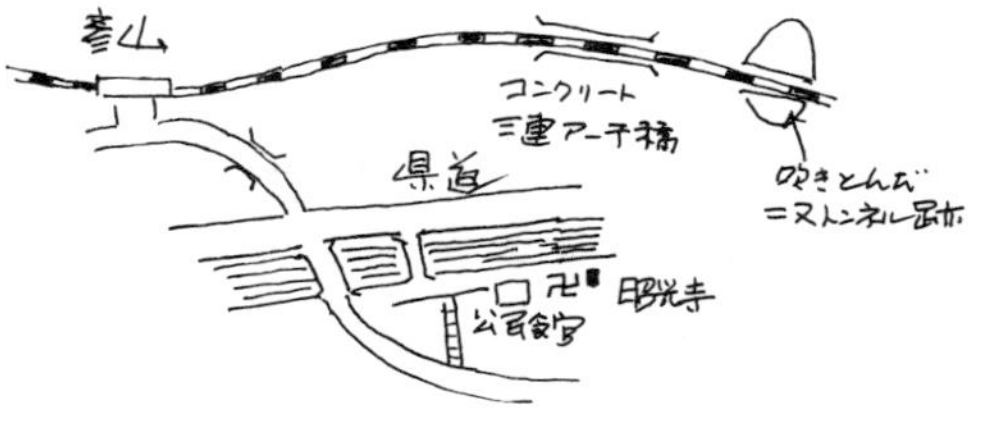

彦山駅から昭光寺への道順図

「大東亜戦争中当処二又隧道内に貯蔵中の元軍用火薬終戦により焼却処分中不幸にして昭和二〇年十一月十二日午後五時二十分大爆発一瞬にして山岳は直ちに爆破せられ其被害上下十数丁に渉り死者百四十五名負傷者百五十一名家居埋没倒壊半壊百四十八戸に及ぶ大惨事なり此の悲惨なる尊い犠牲者の霊を永久に慰んが為に生存者一同協力して本塔を建設す」

右記は筆者と共著の『続・事故の鉄道史』佐々木冨泰氏執筆の章「吹っ飛んだトンネル」からの引用であるが、「苔むして読みづらくなっていた」と書かれた碑も、親切な方が清掃して下さったのだろう、筆者が訪れた時にはほぼ判読可能になっていた。

慰霊塔の右側の副碑は円柱となっていて、犠牲者の姓名が全部彫られている。目立つのが、一人の姓名の後に「仝、仝、仝、……」と姓が続くのが珍しくないことで、一家七名、あるいは八名が全滅したことを伝えている。この副碑には襟を正さずには参拝できないと痛感したのであった。

なお現地昭光寺への道順は、彦山駅前通りを左へ行き、やや広い県道に出ると左折、五〇mも進むと右側に小さな橋があるのでこれを渡り、左折して公民館の前を通ると慰霊塔が見え、昭光寺の境内に入る。駅から徒歩七分ほどであるが、道順がわかりにくいので本書には案内図を添付した。

六　博多から門司港まで

博多駅・ルムシュテルの胸像（レリーフ）　博多駅の在来線中央改札口の正面にある。柱に胸像がレリーフとして埋め込まれていて、像は西側の改札口の方を向いている。碑のありかについては、駅に到着してからでもあちこちと探さなければならないのが通常だが、このレリーフほど改札口に近い像もないだろう。しかし通行人が多くて、写真を撮る間もなかなか取れないのが悩みである。

ヘルマン・ルムシュテルはドイツ人技師で、私鉄であった九州鉄道の建設を指揮し、明治二二（一八八九）年に博多側から開業した鉄道はドイツの技術様式で造られた。

胸像の大きさは縦八〇cm、横六〇cmほどで、その下に左記のような文が横書きで入っている。

「九州鉄道建設之恩人
　ヘルマン・ルムシュテル
　　　　　　　　　　十河信二書
HERMANN RUMSCHOTTEL
　　一八四四～一九一八
　　　　　一九六〇・一〇・一四」

『鉄道碑めぐり』には次のように記載されている。「この碑ができたことで、北海道鉄道建設のクロフォード、本州鉄道建設のモレルと、わが国鉄道の三恩人の像が全部そろったわけである」。

後頁に記載するが、クロフォードは小樽交通記念館（二六七頁）、モレルは桜木町駅（一九五頁）にある。

篠栗線開通記念碑　篠栗線は戦後に造られた路線で、

昭和四三年の開業である。従前は周辺ローカル線と同様、何時間かおきに列車が走っているだけであったが、現在は博多への近郊通勤路線に変ぼうしている。開通記念碑は九郎原《くろうばる》駅前に建てられていて、裏面には昭和四三年五月建立と記されている。碑文は次の通りである。

「開通記念　篠栗線　福岡県知事亀井充書」

ルムシュテル胸像（博多駅）

門司港駅〇哩標　門司港駅の構内にあり、表面と裏面の碑と腕木式信号機と通過信号機があり、〇哩標識には次のように横書きで記されている。

「（表面）〇哩

　ここは九州の鉄道の起点となったところです。明治二四年四月一日、この門司港駅（当時の門司駅）から玉名駅（当時の高瀬駅）まで鉄道が開通しました。このとき門司港駅に〇哩標が建植され、九州の産業と文化は、ここを起点として延びる鉄路とともに栄えてまいりました。その後、駅舎の移転により〇哩標は撤去されて今日にいたりました。

　ここに、鉄道開業一〇〇周年を記念し、先人の偉業をしのびつつ再び〇哩標を建立しました。

昭和四七年一〇月一四日　日本国有鉄道九州総局

（裏面）当時の〇哩標は、ここから南東一九五メートルの地点にありました

明治二二年一二月一一日　博多・千歳川間開業

明治二四年四月一日　門司・高瀬間開業
大正三年一月一五日　門司駅舎現在地に移転
昭和一七年四月一日　関門トンネル開通にそなえて大里駅を門司駅に改称、門司駅は門司港駅となる
同年一一月一五日　関門トンネル単線（現在の下り線）開通」

ご存じのように、関門海底トンネルが開通するまではここから関門連絡船が通っていて、車両航送をしていた。九州に向かう乗客はすべてこの駅を起点にして、さまざまな方角に行く列車に乗っていたのである。門司港駅を出てすぐ左側（北側）には現在も乗船栈橋があり、ここから下関側の唐戸まで客船が通っている。所要時間は一〇分ほどで、現在でも当時の関門連絡船の風情を味わえるので、一度は乗船をお薦めしたい。

時は移って国鉄は民営化されてＪＲ九州となったが、ＪＲの発足を祝って「安全の鐘」が〇哩標識と同じ位置に設置されている。

ＪＲ九州　安全の鐘　〇哩標とともに設置されている、こちらはＪＲになってからのものである。
「この鐘は昭和六二年四月一日九州旅客鉄道株式会社発足を記念し、列車の正常運転とお客様の楽しい旅を願いここに設置した」

重要文化財となった門司港駅舎　門司港駅舎は最初に国の重要文化財に指定された鉄道駅舎である。旧長濱駅舎など、重要文化財に値する鉄道建築物は他にも多いのだが、これらは「鉄道記念物」として国鉄が指定していたので、文化庁（現文部科学省）と国鉄の間で了解事項とされていて、鉄道記念物が重

要文化財になることはなかった。

しかしＪＲが発足してからは鉄道記念物や準鉄道記念物の指定はなくなり、このためにＪＲ九州では国の重要文化財指定を受けるという道を選んだのである。

以前の大きな待合室は模様替えをしてレストランになっているが、駅舎の外観はそのままであり、別棟となっている手洗い所も昔のままで、大きな鋳鉄製のカランも残っている。

門司港駅舎

重要文化財指定なので鉄道碑が建てられているかもしれないと期待したのだが、石碑はなくて左記のような説明板があった。文章は横書きである。

「門司港駅
門司港駅は鹿児島本線の起点の駅であり、また終着の駅でもある。門司港駅（旧門司駅）の駅舎は大正三年（一九一四年）に二代目の門司駅として、現在地に移転新築された。その後関門鉄道トンネルの開通に伴い、昭和一七年（一九四二年）門司港駅と改称した。
建築様式はネオ・ルネッサンス式木造二階建てで、二階に貴賓室を設けるなど高い格式をもっており、当時の駅舎建築を知るうえで貴重である。
この木造駅舎は九州で最も古く、鉄道駅としては始めて昭和六三年（一九八八年）に国の重要文化財に指定された」

旧九州鉄道本社（門司港駅南側）

門司港駅周辺は、近年「門司港レトロ」として観光施設が整備され、関門海峡など全貌を見渡せる門司港タワーも建設された。旧門司三井倶楽部など明治・大正・昭和初期の鉄筋コンクリート造りの海運会社が公開されている。逓信省の電話局舎もあり、これは電話博物館である。ボランティアガイドの説明もうけられ、全部見て廻ると一日たってしまう。

和布刈神事群像　門司港駅舎前の正面に建てられている。駅の近くの岬が突き出した所にあるのが和布刈（めかり）神社で、ここで旧暦の除夜の夜半に神職が海に入り、ワカメを刈って翌元日神前に供え、参詣者にも与える。特に俳人や歌人に好まれる神事であって、これを記念する群像である。碑文は簡単で、次のような俳句が記されている。

「和布刈神事群像
　和布刈る
　　神の五百段
　　なくてくらし
　　　白虹」

旧九州鉄道本社　門司港駅舎を出て右に行き、踏切を渡ってから国道に出てさらに右に行くと、煉瓦造り二階建ての旧九州鉄道本社がある。駅からは徒歩五分ほどだか、これが明治二四（一八九一）年建造の建物であって、以前は国鉄清算事業団九州支社となっていた。駅の南側の裏手にあたる。

門司港地区では最古の洋風建築で、設計はルムシュテルが行なったと伝えられる。間違いなく重要文化財クラスの価値があるが、近年にその価値が認められ保存建物になったと聞いた。

現在は碑は建っていないが、その由緒を記した碑が建立され、これが鉄道文化の拠点となるような施設が造られることを望みたい（筆者は全国の鉄道書籍関係を集めて、鉄道文化中央図書館にする夢を見ている。ここに行けば鉄道関係なら明治から平成まで揃っている図書館という夢である。鉄道の旅客増につながることはもちろんであろう）。

第二章　中国地方の鉄道碑

一　下関から山口線

関門トンネル工事慰霊碑　在来線関門トンネルの下関口にあり、上下線の単線トンネルの中間にある。両トンネルの間にはやや広いスペースがあり、六段程度の階段を昇って参拝するようになっている。

列車からよく見える慰霊碑で、下り列車からだとことに良く見える碑なのだが、現地に行ってみると線路敷はフェンスで囲まれていて許可がないと近づくことができない。筆者は列車の窓から撮影を試みて、不鮮明ながら一枚だけ撮影することができた。『鉄道碑めぐり』には正面からの写真が掲載されていて、碑文も左記の通りだと記載されている。

「（表面）　殉職碑　鉄道大臣八田嘉明書

（裏面）関門連絡線工事殉職者（殉職者三二名の姓名）　昭和十七年十一月十四日建立」

さらに関門トンネル開通十周年を記念して、両方の入口上に「関門隧道」の名を刻んだ石額がはめこまれた。西口は八田嘉明書の「道通天地」、東口は内田信也の書である。

関門トンネルは、下り線三六一四mは昭和一七年一一月、上り線三六〇五mは昭和一九年九月に完成した。殉職者のほとんどは潜函病にたおれたものと言われ、この世界にも稀な海底トンネル建設が、難工事であったことを知ることができる。

関門トンネル殉職碑（下関側　車中より撮影）

車両航送発祥の地碑　下関の駅を南側に出て右側、シーモールと東急インの間の壁面に左記の文章が刻まれ、当時の車両航送の様子も絵となってレリーフに刻まれていて準鉄道記念物となっている。

「準鉄道記念物　車両航送発祥の地

本州九州間の国鉄貨物輸送に大変革をもたらした貨車航送は鉄道院から下関・小森江（北九州市門司区小森江笠松町）間の航送作業を請け負った宮本高次（下関宮本組）が明治四十四年二月一日から試航送を行ない同年十月一日鉄道院はこの航路を関森《かんしん》航路として正式に営業を開始しました。

宮本高次はかねてから貨車航送について深い関心をよせ航送作業を請け負うに当り私財を投じて七トン貨車三両を積載する艀《はしけ》三隻とこれを曳航する蒸気船三隻を建造し当時の困難な海陸連絡輸送を打開しました。

この貨車航送はわが国の車両航送のはじまりであり当時の下関側発着場がこの地点です。

昭和四十一年十月十四日指定

日本国有鉄道　中国支社」

全通記念木の碑・川柳碑　下関駅を南側に出て駅前広場左側バス乗場の歩道橋の下にある。山陽本線が明治三四（一九〇一）年五月に下関（当時は赤間）まで開通したのを記念し、埋め立てたばかりで一軒の家もなく殺風景だったので、駅前に築山を作って石を配し松やつつじを植え、後世に残るものとして蘇鉄の樹を植えて記念とした。

記念碑の方は青色の赤間石を取り寄せて、当時の市長原勝一に書いてもらった。碑の記載は一行だけで「全通記念木」と記されている。下関駅がトンネル開通で現在の位置に変わっているので、この樹と碑も昭和二六年に位置を変えて設置された。この碑の近くに川柳碑も建てられている。

川柳碑は昭和二七年、鉄道八十周年と関門トンネル一〇周年を記念したもので、「人生の行路真直に行けず曲がってもなほ行けず」とあるが、肝心の作者は不詳となっている。

なお当時の下関駅は現在地の南東約五〇〇mにあって、現在も当時の駅前ホテルが建っている。列車は現在の下関駅の手前から、U字形の急カーブを描いて終着駅に達していた。もちろん海岸から関門連絡船と関釜連絡船が発着できるようになっていた。

崑崙丸慰霊碑・日和山公園 下関の日和山公園にある。バスに乗っても五分ほどだが、長大な階段を登らねばならない。タクシーに乗れば公園の頂上まで行けるので、往きはタクシーにして帰りは歩いてもこの方が良いだろう。碑文は左記の通りで、船らしく浮輪が印象的な、清楚な碑である。

「　慰霊碑　崑崙丸《こんろんまる》

関釜連絡船崑崙丸七千八百総頓は、太平洋戦争の最中、昭和十八年十月四日二二時五分、下関鉄道桟橋を出港し、釜山に向け航行中、翌日五日一時二十分、沖島北東十海里の地点にて、敵潜水艦の魚雷攻撃を受け、一瞬にして沈没。乗組員百二十四名、船内警察官三名、税関吏二名、海軍警備兵二名、乗客四百五十一名は船と運命を共にし、悲壮な最後を遂ぐ。

崑崙丸慰霊碑（下関日和山公園）

ここに有志一同の芳志により、かつての関釜航路の基地、下関港を見下ろす日和山公園に碑を立て、尊いこれ等犠牲者の冥福を衷心より祈り、併せて永遠の平和を希う。

昭和三五年十月

建立

有志一同」

日本にとって第二次世界大戦は四五カ月間、かつてない激動の時代であった。そして四五カ月の折返し点、戦中のちょうど中間にあたるのが昭和一八年（一九四三）一〇月である。鉄道の方は「決戦輸送体制」のもと一〇月よりダイヤ改正、貨物列車の増発と乗客列車の削減となった。鉄道にとってもこの月には二つの悲劇が発生する。一つは本件であり、もう一つは、後述する土浦駅での列車三重衝突事故である。

当時の下関－釜山間を結ぶ関釜連絡船は当時は国内航路である。それが潜水艦からの魚雷攻撃によって一瞬に沈没して、乗客四五一名、乗組員等一三一名、合計五八二名が犠牲になった。

この後には関釜航路は麻痺状態になり、敵潜水艦を恐れて昼間だけの運航となったのである。国民のショックは大きかったと思うが、新聞には、一段記事で沈没したことと、地域ごとの乗船名簿が掲載されただけであった。

米軍にとっても、崑崙丸を撃沈させた潜水艦がのちに日本軍によって沈められたので、関釜航路への攻撃は控えるようになったと伝えられている。

山陽新幹線工事慰霊碑・二碑　駅前からバスの「国民宿舎前」下車で、関門海峡でも最も狭い小瀬戸に面して建てられている。「慰霊」の二字が書かれただけの清楚な碑で、新幹線の岡山－博多間の工事殉職者を慰霊している。さらに杉の木の下に別の慰霊碑があって、碑文の記載は左記の通りである。

下関・新幹線慰霊碑（内田哲也氏提供）

「（表面）慰霊
　都甲力　北野信夫　守野正弘　花田直喜

（裏面）昭和五十三年十月二十日、火の山斜坑において尊い命を犠牲にされた方々のご冥福をお祈り致します。
西日本旅客鉄道株式会社　福岡工務所有志一同　広成建設株式会社福岡支店有志一同西日本機械保線株式会社　小倉支店有志一同　平成十五年十月吉日」

事故が起こってから慰霊碑が建てられるまでずいぶん間があいているが、その間の事情は不明である。

仁保駅・木戸山隧道工事慰霊碑　山口線仁保駅のホーム西側、出入口の反対側の小さな丘の中腹に忘れられたように建っている。木草が生えて荒れ放題で参道もさだかではない。地元の方に協力してもらって鎌で草を刈りやっととたどり着くことができた。

当時津和野線と呼んだ山口線木戸山隧道は、当時の第一二工区にあり五八三・三八mだが、地質すこぶる悪く、大正四年一二月二三日午前一〇時三〇分、

木戸山トンネル招魂碑（山口線二保駅）

山口方坑門より少し入ったところが崩壊し、四六名の人夫が閉じ込められた。救助された者三七名（内一名入院後死亡）で他は絶望となり、屍体の発掘を行なったが、全部の屍体を収容したのは翌年四月二五日という難行ぶりであった。碑に記録されている遭難死亡者二四名には、この崩壊事故以外の犠牲者も含まれていると思われる。

「鉄路の工事は何と危険なことであろうか」で始まるこの碑は、筆者が見た鉄道碑のうちでも最も心を打つ感激的なものの一つである。貴重な文化財とも言うべきこのような碑が荒れ放題になっているのは悲しく、JR西日本も協力して小公園にするなど、手入れをして手厚い保存を望みたい。

「招魂魄（上面に横書き）
鐵路之工何其危險也自山口至篠生僅數里間耳而鑿簍道數所長各數百間喪命負傷者頗多至木戸山則開鑿未畢砂石崩窒息致死者若干人聞者莫不隕涕爲工既成有志胥謀建碑于仁保車担外站其魂乃系銘曰　嗟吁命天　斃千工事　其身雖亡　功則不墜
大正五年七月　香村中川新撰竝書」

この漢文を『鉄道碑めぐり』による訳文に直して示したい。

「鉄路の工事は何と危険なことであろうか、山口から篠生の僅か数里の間にトンネルが数ケ所ある、長さは何れも数百間だが、命を失い負傷する者が頗る多い、木戸山にいたっては、未だ掘終りもしないのに砂石が崩れ落ち、窒息して死ぬ者も若干人出て、聞く者は涕を落さずにいられない、工事が成たので有志相談の上、碑を仁保駅外に建て、其の魂をなぐさめる事にした、銘を付して曰く　ああ命なるかな、工事に斃れた人よ、其の身は亡ぶといえども、その業績はとこしえに滅びはしない。

大正五年七月　香村　中川新　撰並書

（下段に横書き）『東京鹿島組東京池袋斎藤福蔵』

（裏面）遭難死亡者名二四名　内女性名三名」

大正初期の碑だが、当時の人々が鉄道開通を熱望し、いかに苦心し、多くの犠牲を払って鉄道建設を進めたかに思いを寄せたい。なおこの時期は、工事慰霊碑は請負者が建立するのが通例なので、この碑も「東京鹿島組」の建立である。

繰り返し言うが、JR西日本も、観光の山口線なのだから、碑のまわりを小公園に整備して観光名所の一つとしてパンフレットにも載せることを提案したい。

二　山陽本線と芸備線の鉄道碑

岩国・爆弾投下中心地碑　岩国駅には二つの空襲碑がある。最初は岩国駅前広場の地下道入口にある碑で、中央に「和」という文字が刻まれ、こちらは市民全体への慰霊碑である。

「（表面）爆弾投下中心地

（裏面）「和」昭和二〇年八月一四日、第二次世界大戦に於いて、岩国駅前地区空襲に依って受難された方々のご冥福を祈ると共に、戦争の恐ろしさと、平和の尊さを祈念しここに碑を建立する。

平成七年八月一四日」

後述の大阪京橋駅の碑も同様だが、わずか終戦一日前の悲劇であったことがわかる。平成七年という割合新しい建立の殉難慰霊碑であるが、当時の惨状をしのぶことができよう。

岩国機関区空襲慰霊碑　もう一つの碑が本碑で、地下道を通って岩国駅の裏口に廻り、さらに線路が撤去されたはずのだだっ広い広場を、左手に三〇〇mも行った、機関区構内の小さな茂みの中にある。機関区といっても今は使われていないので自由に行ける。機関区への爆弾と機銃掃射で五七名の殉職者を出し、その中には女子艇身隊も四名含まれている。

「(表面)『慰霊碑』

(裏面) 昭和二十年八月十四日空襲殉職者の氏名五七名の姓名を刻んだ銅板」

前の献花竹筒には「岩国機関区OB会」「平成八年八月」とあるが、これは献花台の造られた年月である。この碑の方は『鉄道碑めぐり』にも記載されているので、もっと以前の建立であろうが建立年月は不詳である。同書から少し引用したい。

「終戦の前日、アメリカ軍は光の海軍施設と岩国駅の大爆撃をやった。鉄道施設は完全に壊滅、貨物列車二本は転覆し多くの死傷者を出した。この時殉職した区員は五七名に及んだ。それらの人達の冥福を祈るため、機関区の構内には区員の手によって慰霊碑が建てられ一七回忌の法要も営まれた。正面の文字は当時の岩崎区長の書である」

比婆山駅開設記念碑　駅開設記念碑は大きな駅ではなく、名もなき小駅に設置されている場合が多い。芸備線の無人駅、比婆山駅碑もこの例である。鉄道は開通したが地元に駅を設置すべく運動をした成果を記念するものであり、碑文は喜びに満ちている。

「(表面) 記念碑　三新鉄道建設に際し本村は夙に西城、落合両駅間に新駅設置の必要を感じ地方民の組織せる新駅設置期成同盟会と協力し其筋に請願せしが遂に此の要望を容れられ備後熊野駅の実現を見るに至り地方民衆の歓喜極なし　ここに当局並に本請願に関し指導斡旋せられたる人士の芳名を刻し後昆に伝ふ

美古登村　昭和十年十二月二十日

(裏面) 鉄道大臣三土忠造　政務次官名川侃市 (など七十九名の氏名が書かれている)」

三　山陽本線広島付近の鉄道碑

安芸中野国際特急列車転覆事故追悼碑　大正一五(一九二六) 年九月二三日三時三〇分、国際特急と呼ばれた欧亜連絡の下関行き下り特急客一列車 (機関車C五一・客車一一両) は、山陽本線の広島駅手前の安芸中野駅を通過直後に脱線転覆し、木造客車だった各車は折り重なり互いにくい込むなど、二等車と二等寝台車を中心に粉砕状態となった。この列車は新橋発八時三〇分、翌日の九時三八分に下関着で、関釜連絡船から朝鮮やシベリア鉄道を経由して一六日かかってパリに着くことができた。

原因は豪雨のため畑賀川が氾濫して上流堤防が決壊、その水により道床がくずれ、線路が浮いているところに列車が通過したためである。犠牲者は慰霊碑の記録では三六名、負傷者は三九名と記されている。なにぶんにも当時の最上級列車だったので有名人の遭難も多かった。この事故の詳細については『事故の鉄道史』で共著者の佐々木冨泰氏が記しているので、あわせてご一読いただければ幸いである。

事故現地は山陽本線安芸中野駅の西五〇〇mなのだが、慰霊碑は駅前の道を東へ四〇〇m行ったとこ

国際特急列車碑（安芸中野　専念寺）

ろにある専念寺境内である。
　大きな花崗岩を三段に積み上げた石造の台座の上に、高さ一・五二ｍある実物そっくりの釣鐘を据えた青銅像という碑である。頂部には阿弥陀如来座像が乗っているという珍しい形で、他の鉄道碑にもない独特のデザインである。寺院の境内なので保存状態も最高に良い。
　碑文と犠牲者名が陽刻で刻まれ、次のようになっている。

「安芸中野事故追悼碑（碑文）『鐵道遭難者追悼塔』
大雨降洪水至鐵路破列車攪咄嗟之間出来曽有之悲惨事死者三十六人傷者亦不少及収屍當寺誦経篤實大正十五年九月二十三日拂曙也有志者相謀建塔供養以表追悼之意　専念寺十四世静雄誌」
建設は昭和二年八月。
「犠牲者氏名
稲葉知章　田坂徳造　矢部謙造　青木ヤスコ
岩瀬チサコ　高田金太郎　桝本重一　斎藤惣九郎
波多野傳四郎　大悟法等　松井邦夫　斎藤トキ
オイウインド・ラーセン　中舘松生　松永隆一
湯浅安太郎　片山梟吉　中津勸一　福田岡太郎
平野侃介　横田秀一　上野篤　古谷フミ
杉本勝三郎　吉田文吉　上野篤孝　コハノブスキー
田邊竹男　大島潔　小槙尚一郎　高城善一
黒岩重雄　寺村一雄　谷口美代子　山口源三郎

青木米子大阪高津　今村久兵衛造」

表記の漢文を意訳すると左記のようになる。

「大雨降リ洪水至リ鉄路破レ列車覆エル、咄嗟ノ間ニ出ズ、未ダ曽ツテ有ラザルノ悲惨事ナリ、死者三十六人傷者マタ少カラズ、及チ屍ヲ当寺ニ収メ経ヲ誦ス、実ニ大正十五年九月二十三日払曙ナリ、有志ノ者相謀リ塔ヲ建テ供養シ以テ追悼ノ意ヲ表ス」

この時期にはほとんどの客車は木造車で、鋼鉄車の試作も進められていたが、軽い木造客車の方が有利だとの説もあった。しかしこの事故を教訓として、その後に造られる客車はすべて鋼鉄車とするようになった。客車鋼体化の糸口になった事故である。

なにぶんにも当時の最上等列車であったので、鹿児島市長の上野篤氏、子息の上野篤孝氏、三菱造船重役桝本氏、石川島造船技師福田氏、海軍軍医中将寺村氏など、ほとんどが社会的地位のある人々であった。また外国人二名はノルウェーとロシア人であって、オイウインド・ラーセン氏は捕鯨の指導に来た名手であり、コハノブスキー氏は商用で来日し、ハルピンに戻る途中であった。

入野駅建設記念碑　山陽本線の入野《にゅうの》駅の駅舎左手に建てられている。碑文は左記の通りで詳しい経緯は書かれていないのだが、この碑は戦後の昭和二八年建立である。

「(表面) 入野駅建設記念碑　中川俊思書

(裏面) 昭和二十八年十二月　総工費一千三百二十万一千八百円、内入野村支出額一千百十五万七千二百円　寄附者芳名で八三名の氏名」

となっているが、『鉄道碑めぐり』によると、村の篤志家突長善吉氏が明治四三年に入野村長に就任して、その時より駅設置の陳情請願を繰り返したのである。そして明治から半世紀も経った昭和二八年一二月二五日、念願の駅舎が完成して列車が停車するようになった。

尾道・林芙美子像　尾道駅から三〇〇ｍほど東に行くと、商店街の入口に線路を背にして建てられている。林芙美子は尾道を代表する作家で、「放浪記」の一文が刻まれている。

「（碑文）海が見えた　海が見える
五年振りに見る　尾道の海は懐かしい
林婦美子『放浪記』より
中田貞夫　書」

一九八四年七月二十一日建立となっている

四　山陰本線・米子から倉吉まで

山陰鉄道発祥之地碑　米子駅前広場にある。近年の碑ではあるが、山陰地方の鉄道開通の経緯などが詳細に記載され、碑の横には機関車の動輪と当時の客車の車輪が展示されていて、訪問者にはたいへん親切である。「山陰鉄道の歩み」という展示もあり、各線の開通年がくわしく記されている。

「（碑文）山陰鉄道発祥之地・米子
陰陽線なる境鉄道の開通式を伯耆米子町に挙行し、試運転を行へり、来会者一千余名（中略）同地は一帯に国旗、提灯をかかげ、歓喜の様、非常なり（後略）」

明治三五年（一九〇二）一一月一日、境・米子・御来屋間三五㎞の開通式の模様を当時の新聞社はこのように伝えている。また、『山陰鉄道の歩み』には次のように記されている。

「山陰で鉄道が敷かれたのは境港が最も古く、やがて山陰本線、伯備線が開通した。鉄道の開通によってそれまで盛んであった米子の海運は衰えたが、経済・社会の近代化は大きく促進された。米子市は昭和二年（一九二七）四月の市制施行後も交通の要地という地の利を得て山陰の中核産業都市として発展し、今日に至っている。

　山陰鉄道建設、発展に尽くされた先人の功績をたたえると共に、二一世紀におけるさらなる発展を願って、ここに記念碑を建立する。

　　平成九年七月吉日」

山陰鉄道発祥之地（米子）

　この碑が正面左側であり、中央にはC五七四三の動輪があって、機関車の由来を説明している。珍しいのが右側の小さな車輪で、これは開業当初のマッチ箱式の四輪客車の車輪である。大きな駅の駅前広場の正面にあるので、読者の方々にもぜひ見学してほしい。このような碑が、鉄道管理局すべてに出来ると列車の旅も楽しくなるだろう。

大山口列車空襲慰霊の碑　戦争末期、超満員の列車は戦闘機の機銃掃射の目標となって多くの犠牲者を出す例が多かった。よくも山陰のこの地まで戦闘機が来たものと思うが、機銃掃射の碑としては、東京の高尾近くの「いのはな隧道銃撃碑」（二〇四頁）とともに、戦争被害の代表例である。
　碑は機関車とともに大山口駅を出て右に一〇〇mの地に建立されていて、列車の南側の窓からもよく見える。死亡四四名、負傷者三一名を出したこの惨事は、碑とともに長く伝えられていくのだろう。

大山口列車空襲慰霊の碑（死亡44名、負傷者31名）

なお碑は二つあって、上の段には「大山口列車空襲慰霊の碑」とあって、その下には犠牲者の姓名が出身町村ごとに記載されている。

手前の碑は副碑だろうが、由来記として次のように記載されている。

「　由来記

昭和二十年（一九四五）七月二十八日、午前八時頃、大山口駅東方約六百メートルの上野地区切割りに避難した、鳥取始発出雲今市行第八〇九列車に、米軍艦載機三機が銃爆撃を加えた。死亡四十四名、負傷三十一名以上の犠牲者を出し、上野では全半焼三戸の火災も発生した。

列車は十一両編成、前二両は病客車で、呉海軍病院三麻分院を転退院する軍・工廠関係者と付添いの衛生兵、日赤救護看護婦が乗り、他の一般客車はチ号演習に動員された国民義勇隊、勤労動員学徒、軍需工場徴用者、一般乗客等で超満員であった。米軍機の機銃弾とロケット弾による攻撃は、前四両に集中、死傷者の折り重なる惨状を呈した。

敗戦直前、乗客は本土決戦体制下にあったが非戦闘員であり、更に病客車には大きく赤十字マークが書かれていたにもかかわらず、米軍機は執拗に攻撃を繰り返し、静かな田園は一瞬にして惨劇の場と化した。その日を境として、遺族被害者の苦難の日々が永く続くことになった。

平成三年四十七周忌の合同慰霊祭を機に、大山口列車空襲被災者の会がつくられ、その呼びかけに応えた県内外の遺族被災者等一千有余の人々の協賛、関係町等の支援によってこの碑は建てられた。
　愛する肉親を失った遺族の悲しみは消えず、死者は無念の思いを語ることができない、再びかかる悲惨を繰り返してはならない、誓いと鎮魂の祈りをこめてこの碑を建立する。

　　　平成四年七月二十八日
　　　大山口列車空襲被災者の会

（裏面）平成四年七月二十八日
大山口列車空襲被災者の会建立
協賛　大山町　名和町　中山町　淀江町」

と、このように記されていて、物故者名が出身地別に刻まれている。最後には「氏名不詳二名」という文字も刻まれている。「海軍」という区分があり、これが海軍の病院列車であったためであろう。米軍戦闘機は病院客車のマークのある列車を銃撃したのだが、それだけに半世紀前の戦争がいかに悲惨で無情だったのかをうかがい知るのである。
　置かれているSLと、二つの碑は輝いており、黒御影石の碑には文字の所は白く塗られていて、すべてが良く手入れされているのには驚かされて、思わず感謝の祈りをしたくなるほどだ。
　これからも末長く保存されることを願いたいし、読者の方々には、ぜひ大山口駅で途中下車をして参拝されることをおすすめしたい。

倉吉（上井）駅　鉄道開通上碑　山陰線倉吉駅は元は上井《あげい》駅と呼ばれた、倉吉駅を出てすぐ左側、駅舎を背にした茂みの中に建てられている碑であり、明治三六（一九〇三）年建立という、屈指の古い鉄道碑である。周辺の手入れはゆきとどいているのだが、何となく目立たない位置にあり、もっと大切にしてあげたらと思う。しかし左記の通りほぼ全部の文字が読みとれる。
（■は判読不能）

開通上碑（上井駅　明治36年12月）

「（碑文）鐵道開通上碑（上段）
明治三十六年十二月　遞信大臣從三位勳二等大浦篤武篆額
鳥取縣之地北面海港湾甚稀風涛頻起舟楫之利絶為南負山竣嶺重疊地勢隔絶交通之便難矣在昔封建之世持為天険井蛙自安而不知天下之大勢是所以至今見聞不廣而不能併世運也縣下志■概之相謀奔走鐵路之敷詭政府亦有所察馬明治二十五年議遂■三十三年始起功拆縣下境港今茲十二月達東伯郡日下村将不期年而通鳥取漸東以接和田山線蓋不達也然則多年怨嗟之聲轉為歡呼之聲固極之風變為活溌之風面目一新可期而竢矣同村父老慶之来請予誌石予以知縣事不得默止乃書而與駕銘曰

文化漸進　鐵路茲開　貨物出入　家廣往来
可以起業　可以阜財　一縣頼慶　其利大哉

鳥取縣知事正五位勳四等寺田裕之撰　明治三十六年十二月　東京　熊谷謙吉書」

以下は『鐵道碑めぐり』に記載されている翻訳文である。

「遞信大臣從三位勳二等大浦篤武篆額　鳥取県は北に海に面しているのに港湾がたいへんに少なく、風や浪がしじゅう吹いているので舟の便がない。しかも南はけわしい山が重なり合つているので交通の便もない。昔封建の世にあつては、この天険をたのんで自ら井戸の中の蛙となり、天下の大勢を知らなかつた。それが今日、見聞せまく世の中から、おいてきぼりを食つている所以なのだ。県下の志あるものは、これをなげいて相談の上、鉄道を敷くことに奔走したので、政府もこれを察するところあり、明治二十五年にとうとう敷設が本決まりとなつた。三十三年はじめて県下の境港に工を起し、今年十二月東伯郡日下村に達した。もう年内まもなく鳥取に出て東にすすみ、和田山線とつながるのも、そう遠くないであろう。そうなれば、永年怨みこぼしていた声も、喜びの声とかわり、かたくなな気風も活発の気風に変わつて、生まれ変わるようになるのは判つている。同村の先輩たちも非常に喜んで、私の所へ来て碑文を書けという。私も本県の知事たる以上、だまつているわけにもいかず、これを書いた次第である。ことがきに曰く

文化ようやく開け鉄路ここに開通し、貨物の出入と人々の往き来がはげしくなる。

事業もどんどん起り財産も増大し、県は繁昌するいつぽうで、その利益は大変なものだ。

明治三十六年十二月　鳥取県知事正五位勲四等　寺田佑之撰　東京　熊谷謙吉　書」

裏面には明治三十七年五月竣工とあり、建碑基本人福井善十郎と記す。右側にやや小さな箱形の副碑があり、資金を出した人々の姓名が刻まれている。筆者は、この碑を見るだけでも山陰に来た甲斐があったと喜んだのである。

なお倉吉駅には鋳鉄製の跨線橋があり、この銘板では「鉄道神戸　明四十一」と読める。

山陰本線を西へ行き鳥取を越えると、餘部鉄橋近には鉄道碑の多い地帯となるのだが、これは四章、近畿地方の章で記載することにしよう。

三浦駅建設記念碑

五　因美線と智頭急行線の鉄道碑

東津山七〇周年碑　因美線と姫新線が交わる東津山駅前にある碑である。鉄道開通七〇周年記念碑で、戦時中の昭和一七年の建てられた。これため「大東亜戦争大詔渙発一周年記念」という文字も刻まれている。

「(表面)　昭和十七年十月十四日　鉄道開通七十年記念　元鉄道大臣従三位勲二等小川郷太郎書
(横面)　昭和十七年十二月八日　大東亜戦争大詔渙発一周年記念」

しかしこの碑が「大東亜戦争」の文字を残したまま、今日まで建っているのは奇跡的に思われる。

三浦駅建設記念碑・一致団結大願成就の碑　三浦駅は因美線の小駅で、ホーム一本の行違い設備もない無人駅である。この駅のホーム北側に、駅とは不釣合いな、大きな碑が建立されている。

駅開設記念碑は、長い間請願を続けた請願駅の場合が多いが、「一致団結大願成就」の字が深々と刻まれているのは感動的である。ホームを造る費用より碑を建てる費用の方が高くついたのではないかとも思われるが、それだけ喜びも大きかったのであろう。なお因美線のこの区間は、智頭急行線ができてから優等列車の通過がなくなり、全くのローカル線となったのだが、ずっとタブレット閉塞を行なっていた。現在はどうなっているだろうか。

「(表面) 三浦駅建設記念碑 (横書き)
『一致団結大願成就』
(裏面・縦書き) 昭和三年因美線の開通以来一致団結以而関係方面に長帰還請願、愈々昭和三十八年四月大願成就し、当三浦駅は開通した、此の歓びを記念し、茲に記念碑を建て後世に伝える　昭和四十一年十月　三浦町内会一同建之」

鉄道碑を訪ねていて、このような碑に出会える時が最も感動を覚える。鉄道事故の碑には追悼を、殉職者の碑には慰霊を、そして小駅の開設記念碑には喜びと感動を受ける。

那岐駅五十周年記念碑　因美線は大正八年に鳥取側から、昭和三年に津山側から伸延を進めたが、昭和七年七月一日に智頭と美作河井の間が開通して全通した。その因美線開通と那岐駅設置の五十周年を記念して建てられたものである。碑は駅舎の正面にあり、線路の方を向いて建てられている。

「(碑面) 因美線開通　那岐駅五十周年記念　昭和七年七月一日、幾多先輩の汗と血と郷土愛の努力が実り、ここに陰陽を結ぶ線路は成れり」

宮本武蔵駅碑　国鉄のAB線として鉄道建設公団が工事を進め、後に第三セクターの智頭急行線となった駅の一つに「宮本武蔵駅」がある。宮本武蔵の生誕地であることから名付けられた駅名だが、海北友松図がある武蔵館という記念館や生家があって、ちょっとした観光地にもなっている。

武蔵の生誕地はここと播磨の国高砂との二説があるが、大原町ではこちらと定めてしまった。

宮本武蔵駅の駅前、駅ホームを降った階段下に建てられている碑で、碑と躍動する剣士三像がある。

なおこの碑は「智頭鉄道」となっていて智頭急行ではない、開業前の線名が智頭線で、第三セクターの鉄道会社名は開業までは智頭鉄道、それから智頭急行となったので、この碑は鉄道開業前からすでに用意されていたものだとわかる。

「(碑面) 智頭鉄道

宮本武蔵駅　一九九四年三月」

河野原円心駅碑　智頭急行線は兵庫県、岡山県の境を通り、鳥取県に達する。この河野原円心駅は兵庫県に入るが、同じ智頭急行線であるので、ここに記載したい。駅名は南北朝時代の武将、赤松則村(円心)が築城した地なので命名された。碑は小さなもので駅前広場にあり、文字はすべて横書きである。

「(表面) 智頭急行　河野原円心駅

(裏面) 平成六年一二月三日開業

施主上郡町　施工　臨海建設工業㈱」

六　山陽本線・岡山から姫路まで

熊山事故現地慰霊碑　昭和一三(一九三八)年六月一五日三時五八分、山陽本線熊山駅東八〇〇m地点で折からの大雨で築堤が崩壊し、上り第一一〇列車(機関車C五三五九号、客車一三両)が機関車から路盤を転落した。機関車と客車四両は「く」の字を二つ重ねたような格好になって横倒しになった。

さらに転落から一分以内に、東隣の和気駅を定時発車した第八〇一列車が接近し、山側にはみ出していた五両目の側面を、削るようにして激突したのである。事故原因は曲線改良のために新たに盛土した部分が崩れたもので、土木工事の施工管理ミス(盛土内水抜穴の設置不足)とされた。この年は雨が多く、一カ月後の七月には阪神大水害が発生する。

この事故で、二五名が死亡し一〇八名が負傷したが、犠牲者のほとんどは宮島に修学旅行に行った帰途の、和歌山県橋本高等小学校の教師と生徒であった。これは団体旅行のために広島から増結した車両が先頭車（機関車の次位）となっていて、これが木造車であったために、多数の犠牲者を出すこととなった。木造客車の悲劇が繰り返されたのである。

熊山事故慰霊碑

慰霊碑は、事故現場である熊山駅東八〇〇ｍの線路北側の竹薮の中にあり、名号碑と供養塔が線路を向いて建立されている。毎年命日には、今も供養が続けられているそうである。さらに和歌山県の橋本小学校にも、この事故の副碑が建立されている。修学旅行の事故で見られることだが、紫雲丸事故や参宮線六軒事故でも同じような例がある。橋本小学校の碑についても、ここで記述しておきたい。

熊山事故現地慰霊碑の記載は左記の通りである。

「（左表面）供養塔『岡山県知事本間精閣下之書』
（左裏面）昭和十三年六月十五日列車転覆於此地和歌山県橋本尋常高等小学校教師三名児童十八名旅客三名機関手阿波一雄機関助手森常太君等遭難横死
昭和十四年四月造立地蔵尊石像一体資諸霊菩提
発起人　高原紀次郎　服部猪一郎
（右表面）南無妙法蓮華経
（右裏面）昭和十四年四月吉日建之　祈仏果増進旅客安全　発起人（略六名）」

熊山事故橋本小学校慰霊碑　もう一つの副碑は、和歌山県橋本市の橋本小学校内に建てられている。橋本は高野山への玄関口で、南海高野線とJR和歌山線の交差する駅であるが、駅より西へ徒歩一〇分ほどの、街道筋から南側に入ったところに学校があり、門を入って校舎を北側から東側に回りこんだところに慰霊碑が建立されている。

『頌徳碑』宮西、土生、小泉、三先生

　昭和十三年六月十五日橋本小学校高等科第二学年児童七十一名宮西田鶴雄土生恵映小泉久子三先生ニ引率セラレ四国方面修学旅行ノ帰途山陽線和気熊山駅間ニ於テ列車顛覆三先生ハ致命的重傷ヲ負ヒタルモ屈セス一意児童ノ救護ニ努メ遂ニ職ニ殉セラル児童モ亦師ト協力シテ同僚ノ救出ニ努メ中内十八名ハ難ニ殉セリ噫師弟ノ純情同僚ニ対スル友情誰カ感激ノ涙ナカランヤ事畏クモ天聴ニ達スルヤ御内幣金御下賜ノ光栄ヲ拝ス就中宮西土生両先生ハ其ノ所為特ニ卓越教育者ノ亀鑑トシテ文部大臣閣下及本件知事閣下ヨリ追賞セラレ偉勲千哉ニ輝ク此処ニ頌徳碑ヲ建設シ其ノ徳ヲ後世ニ傳フ（殉難者名略）

　昭和十四年六月十五日」

「昭和十四年六月十五日地元有志ノ発願ニヨリ頌徳碑ヲ校庭ニ建立セラレシモ昭和三十六年九月十六日第二室戸台風ノタメ倒壊ス是ガ再建ニ当リ其ノ後遭難負傷ガ因トナリ逝去セラレシ九名ヲモ追記シテ冥福ヲ祈ルト共ニ交通安全ヲ祈願ス

　昭和三十七年六月十五日

　橋本市教育委員会

　施工者　森下石材店」

　この碑で驚いたのが「其ノ後遭難負傷ガ因トナリ逝去セラレシ九名」の部分で、このようなことは公的記録では出てこない。これが正しければ、橋本小学校の犠牲者は三〇名ということになる。

網干事故慰霊碑　山陽本線網干駅は兵庫県にあり、近畿地方なのだが、同じ山陽本線上での事故であり、地理的にも近いため、熊山事故碑と網干事故碑を合わせて参拝される方もあると思うので、ここに続けて記載しておきたい。

昭和一六（一九四一）年九月一六日一八時一二分、山陽本線網干駅一番線に上り第一一六列車が二三分遅れで到着し、先行列車の英賀保駅到着を待合せ中だった。後続の上り下関発東京行第八急行列車が、場内信号機の赤を見落として約八五km／hで先行列車に追突し、第一一六列車の後部客車四両と、急行列車の機関車と客車三両が脱線転覆した。

追突時の速度が高かったため、車両相互の食い込みがすさまじくて、生存者が残っているためガス切断が思うようにゆかず、犠牲者や負傷者の救出に長時間を要した。公的記録では六五名が死亡、一一〇名負傷となっているが、慰霊碑の記録は六七名死亡となっている。

原因は当日、網干－英賀保間が落雷のため停電していて信号機も消灯し、このため閉塞を通信式に変更していた。岡山方から網干までは自動信号機が作動していたため、第八急行列車は網干駅の場内信号の赤だけを見落として、ダイヤ通りに網干駅を通過しようとしたためである。

このような大事故だったので、慰霊碑があるはずだと筆者は現地を訪ねたが、事故現場である駅周辺には何も建っていなかった。駅員に聞いてもわからなかったが、通りかかった古老に聞くと、駅の北西約一kmの小高い山上にある大日寺境内に建てられていることがわかった。地名では「兵庫県揖保郡太子町朝日山大日寺境内」である。

駅から東に七〇〇ｍほど歩いて北に向かい、かなり長い階段を登ると丘の頂上に朝日山大日寺があるが、山は列車の窓からも見られる。

門の左側に御影石造りの碑があった。平板に碑文が書かれたものと、塔のような碑とで一対になっている珍しい碑である。昭和も二桁になると、碑文は読みやすいかな混じり文になるのが通常だが、こちらは全部漢文で書かれている。一年後の昭和一七年の建立だが「発起一同敬白」とあるだけで、遺族が建てたのか鉄道関係者が建てたのかが不明である。「吾等有志者相謀於当山霊域建立」とあるので、事故を悲しんだ地元の人々によって建立されたのだろうか。慰霊碑の碑文は左記の通りである。

「萬法皆空春花朝散秋葉夕落諸行無常朝露根皈夕雲
山消故望法性大處人世病没禍難差別無有此平等理赴
自然不自然相更無之也昭和十六年九月十六日秋已開
頃連日霖雨粛々天地爲欝々干時午後六時如何天魔悪
戯乎突如於網干駅構内列車追突之一大悲惨事突発其
惨状不忍観此洵絶言語悲啼号泣之泪沸々湧不止救護
驅行人々唯呆然自失不知爲處也惟今世挙日支事変有
於聖戦遂行途上而太平洋濤呼風雲将告危急時一瞬而
奪六十有七責生命國家損失實可謂大矣特憶致遭難者
時全生命托列車安然各其向目的地途上忽然隠涅槃雲
其痛根悲憤寔不絶哀悼至也尚亦憶致遺族時者不識愁
傷悲痛尉撫此言辞也於慈吾等有志者相謀於當山霊域
建立慰霊寳塔以欲爲弔遭難者諸精霊之菩提永劫供養
也矣仰願在天諸聖霊廻吾等浄業而神明佛陀照鑑下護
鉄路之安全給乃至法界平等利益
昭和拾七年三月十六日　發起一同敬白」

第三章　四国地方の鉄道碑

一　松山の坊っちゃん列車碑

伊予鉄道一号機関車・鉄道記念物　四国の松山市は「坊ちゃん列車」一色である。鉄道記念物となっている伊予鉄道一号機関車のほかに、市内のあちこちを「坊ちゃん列車」のレプリカが乗客を乗せて走っている。伊予鉄道は路面電車となっている市内線（一部専用軌道）と三路線がある郊外線がある。

ＪＲ松山駅から乗れるのは市内線だけで、郊外線に乗るためには松山市駅まで移動しなければならない。市内線の一日乗車券は三〇〇円と安く、坊ちゃん列車に乗る時はさらに二〇〇円を支払う方式である（坊ちゃん列車のみの乗車は三〇〇円）。

まず郊外線に遊園駅まで乗って、鉄道記念物となっている三津遊園の伊予鉄道一号機関車を見ることにしたい。機関車は客車といっしょに屋根で保護されていて、片側には柱がないので全景の撮影もできる。石碑があって次のように記載されている。

「　鉄道記念物
　　伊予鉄道一号機関車
指定日　昭和四二年一〇月一四日
指定者　日本国有鉄道
建植日　昭和四二年一〇月一四日」

説明文は別の鋳鉄製プレートがある。

「この機関車は『四輪連結水槽付機関車』で、明治二一年伊予鉄道株式会社が松山－三津間に軌間二呎

伊予鉄道一号機関車（三津遊園内　鉄道記念物、愛媛県指定有形文化財）

六吋（〇・七六二メートル）の鉄道を敷設した時から使用されたもので、ドイツのミュンヘン州クラウス工所から輸入されました。当時は米一升が四銭五厘の時代に、この機関車の価格は九七〇〇〇円でした　爾来鉄路も延長されて明治・大正・昭和と実に六七年にわたり、松山平野を走りつづけました。夏目漱石の名作『坊っちゃん』に登場してからは『坊っちゃん列車』の愛称で親しまれてきましたが、いまは使命を全うして、ここに保存されています。

わが国に現存する最古の軽便鉄道機関車として昭和四二年一〇月一四日、日本国有鉄道から鉄道記念物として指定されました」

三津遊園は伊予鉄道直営の遊園地とあって、手入れが行き届いているのは嬉しい限りである。

井上要翁頌徳碑　同遊園駅前の右側に建立されている。氏は初期の伊予鉄道発展に努力した。

道後温泉駅前の「坊っちゃん列車」　道後温泉駅前に行くと、駅舎も昔のままで文化財クラスである。駅の引込み線に「坊っちゃん列車」が停車していて左記のような碑が掲げられている。この現代の「坊っちゃん列車」は石炭ではなくて、ビューゲルを上げて電気で走るのだが、車内は昔のままの雰囲気があり、読者諸氏も一度は乗車されてはどうだろう。碑文は左記の通りである

「日本最初の軽便鉄道　坊っちゃん列車
明治二一年一〇月二八日松山三津間（六・八キロメートル）運転開始。
停車場はすぐ知れた、切符も訳なく買った。乗り込んでみるとマッチ箱のような汽車だ…
夏目漱石著小説『坊っちゃん』より

伊予鉄道は明治二〇年九月一四日に創立、翌年一〇月二八日に日本初の軽便鉄道として松山―三津間の運行を開始しました。当時の伊予鉄道一号機関車は『四輪連結水槽付機関車』でドイツのクラウス社から輸入され、その後明治・大正・昭和と実に六七年にわたって松山平野を走り続け、わが国初の軽便鉄道機関車として、昭和四三年三月八日、愛媛県指定有形文化財に指定されました。

夏目漱石が松山へ教師として赴任したのは明治二八年、道後温泉をこよなく愛し、汽車に乗っては頻繁に足を運んだ模様で、明治三九年発表の小説『坊っちゃん』には、当時の道後温泉や軽便鉄道がユニークに描写されており、その後伊予鉄道の汽車は『坊っちゃん列車』の愛称で地元松山市民をはじめ、多くの人々に親しまれてきました」

なお松山市駅の南側には伊予鉄道本社があるが、ここにもレプリカの機関車と客車が展示してある。碑の説明文も前記と重複するので省略する。

二　四国鉄道発祥の地碑

四国鉄道発祥の地碑　この発祥の地碑は三カ所にある。鉄道には起点と終点があるので、京都電気鉄道碑も両端の二カ所にあるのだが、短い線の開通だったのに三カ所の碑は珍しいだろう。

四国鉄道発祥之地碑・五八六八五の碑・多度津駅前

現在の多度津駅前にある碑で、説明文が詳しい。碑とともに「はちろく」と呼ばれた大正生まれの機関車、「五八六八五の碑」も展示され、丁寧に保存されているのが嬉しい。

「(説明文) 四国鉄道発祥之地　明治二二年五月二三日讃岐鉄道株式会社が多度津を起点に丸亀・琴平間(一五・五キロメートル)で営業を始めたのが当社の鉄道の始まりです。そのころの多度津駅は、この地より西へ約一キロメートル(仲多度郡多度津町大通り、JR多度津工場の西側)の所にありました。その後、大正二年一二月には、多度津駅を予讃線と土讃線の分岐駅として現在の位置に新築移転しました。当時の多度津は、讃岐随一の交通文化の中心地として栄え、大正二年には文豪志賀直哉の小説『暗夜行路』の主人公謙作も、尾道から船で多度津に上陸、ここから汽車に乗って金刀比羅参りをしています。

明治二二年の開業式の祝辞で、財田村出身の県会議員、大久保氏が『塩飽諸島ヲ橋台トシテ架橋連絡セシメバ、常ニ風波ノ憂イナク、南来北行東奔西走瞬時ヲ費ヤサズ、ソレ国利民福コレヨリ大ナルハナシ。』と挨拶し、瀬戸大橋架橋を提唱しました。以来四国島民の夢であった瀬戸大橋は、約一世紀を経た昭和六三年四月一〇日開通しました。

ここに展示してある車輪は、昭和一〇年から四二年ごろまで、発祥の地(旧多度津駅跡)に建立していたものを、一〇〇周年を記念してこの地に移転し、永久保存をはかります。

平成元年五月二三日　四国旅客鉄道株式会社」

四国鉄道発祥之地碑・多度津町民会館前　多度津駅から北側にまっすぐ進むとJR多度津工場の門に突き当たる、そこから道を左手に工場に沿って進むと多度津町民会館に出るが、町民会館の前にあるのが目的の碑であって、駅からは一km（徒歩一五分）ほどである。以前はこの地に元の多度津駅があって列車はスイッチバックしていた。四国に鉄道が開通した明治二二年は西暦一八八九年である。

多度津は予讃線と土讃線の分岐する重要な駅なのだが、駅前に商店や繁華街はなく、なんとなく淋しい駅である。筆者はホームの駅うどんが本物の讃岐うどんで旨かったのが印象に残っている。碑は新しいもので碑文も明確に読める。

四国鉄道発祥之地碑（多度津町民会館前）

「（表面）四国鐵道発祥之地
　　讃岐鉄道多度津駅趾
（裏面）明治二十二年五月二十三日多度津を起点に丸亀・琴平間に鉄道が開業された
（横面）町制施行百周年記念建之
　　　　　当所　ぜにや」

町制百周年は平成三年五月であった。当時スイッチバック式だった讃岐鉄道多度津駅趾に、この碑を建立した。この明治二二年に丸亀－琴平間が鉄路でつながったのである。

四国鉄道発祥之地碑・琴平駅前　琴平駅前にも同様の碑がある。こちらが最も古くて昭和四七年設置である。説明板の横にはシゴハチ（C五八）の動輪が展示されている。琴平駅舎内には四国旅客鉄道のミニ鉄道資料館がある。

「（説明文）『シゴハチの動輪』
明治二二年五月二三日讃岐鉄道会社が琴平－丸亀間の営業をはじめたのが四国鉄道のはじまりです、それから八〇余年蒸気機関車は四国の山野をかけめぐりましたが去る昭和四五年懐かしい汽笛を残しながら四国から姿を消しました
ここに展示してある動輪はシゴハチという愛称で親しまれたC五八蒸気機関車の動輪です
昭和四七年一一月　琴平町長・琴平駅長」

塩入駅前・増田穣三翁之像　琴平の次の駅が塩入である。翁は安政五年（一八五八）生まれで、後に代議士になり、琴平から阿波池田までの鉄道開通に尽力した。説明文は風化が甚だしく判読不能であった、昭和三八年三月銅像再建。

三　四国への海を繋ぐ道

紫雲丸海難と瀬戸大橋　紫雲丸の沈没事故から五〇回忌（四九年目）になり、慰霊碑のある西方寺で法要が行なわれ、遺族や生存者が事故のあった海面で花を海に流し、献花したことが報じられた。

紫雲丸事故がなくても瀬戸大橋は作られたかもしれないが、これが四国架橋への原点であったことは否めない。洞爺丸の沈没事故が青函トンネル建設の原点であったのと同様である。本書ではこの二つの事柄を記載して、紫雲丸と瀬戸大橋架橋の意義を考えていただくことにしたい。

紫雲丸海難事故慰霊碑　昭和三〇年に起こった宇高連絡船の沈没事故で、一六八名の犠牲者が出た。犠牲者のほとんどが修学旅行中の児童であったので痛

ましいかぎりであった。この碑は海難事故の現場を見下ろせる西方寺境内に建立されている。

高松市西宝町にある西方寺に行くには、駅からは五km程度離れているのでバスを利用しなければならない。駅の二番乗場から香西車庫行きか昭和町経由弓弦羽行きに乗り「西方寺下」で下車すればよい。ここから急な坂道を登って西方寺に向かうと、右手に台地が広がり瀬戸内海を見下ろせる場所に出る。基台の上部には高さ丈余の石造観音菩薩像が建てられ、文字が次のように刻まれている

紫雲丸慰霊碑（佐々木冨泰氏撮影）

「昭和三十年五月十一日午前六時五十六分遭難
紫雲丸遭難者慰霊碑
日本国有鉄道総裁　十河信二　謹書
慰霊碑建立ニツイテ
昭和三十年五月十一日午前六時五十六分高松港外ニ於テ紫雲丸ハ第三宇高丸ト衝突沈没シ不幸百六十八名ノ遭難者ヲ出シマシタ爾来私達遺族ハカカル悲惨事ヲ夢想モシナカツタ故人ノ霊ヲ慰メルト共ニ将来ノ交通安全ヲ祈願シテ慰霊碑ノ建立ヲ計画致シマシタ処国鉄御当局ヲ初メ皆様方ノ絶大ナル御協力ニ依リ今茲ニ立派ナ慰霊碑ヲ建立スルコトガ出来私達遺族ハ心カラ感謝ヲ致シテ居リマス尚事故発生当初カラ私達遺族ニ御同情ノ上東奔西走親體ニモマサル御世話ヲ下サイマシタ澤井卯市郎氏ニ対シテハ謹ンデ感謝ノ意ヲ表シマス
昭和三十二年五月十一日

紫雲丸遭難者遺族会長　高本末三郎　謹書

発起人　略」

台座の石には、ほぼ全面にわたって犠牲者の姓名が所せましと刻まれていて、やや痛々しい感じもする。船と運命を共にした船長の中村正雄の名も見られる。観音菩薩像前には、幾体もの石像が参道を作るように並べられていて、遺族が建立したものであろう。碑の横には「紫雲丸和讃」の詩が奉納されているので、それを左記したい。

「紫雲丸和讃

一、帰命頂礼、紫雲丸　昭和の御代の三十年
　暮れ行く春の十一日　まだあけやらぬ朝まだき

二、海の公園瀬戸内の　風光明媚水清き
　龍宮城に招かれて　百と六十八人の

三、霊と共に沈みけり　帰らぬ霊今いづこ
　文明科学の粋をとり　近代船のはながたと

四、誇りし船が一瞬に　もくずと消えしはかなさよ
　人間わざか神業か　うらみはつきぬ瀬戸の海

五、まして哀れやみどり子は　学びの庭に勤しみし
　修学旅行の旅の空　人の運命やしれがたし

六、中村船長責を負い　さんずの川のパイロット
　あやまち多きは人の常　思い返すもあわれなり

七、この世に残りし我々は　朝な夕なのつとめにも
　心にすきを出さぬよう　ふたゝび帰らぬ霊魂が

八、母のみ胸に帰るよう　追善供養を捧げましょう
　それが仏のためであり　我が身のためよ観世音

　南無大慈大悲の紫雲観世音菩薩　合掌

（大和一男　作詞）

（本名　澤井卯市郎）」

紫雲丸衝突の原因　当時は船にレーダーが取り付けられていたが、それは相手の船が点で写るだけで、

速度や進行方向はわからなかった。しかし宇高航路は時間に縛られた鉄道連絡船なので、レーダーだけを頼りに霧中でも全速力で走り、定時運行を守ろうとしていた。

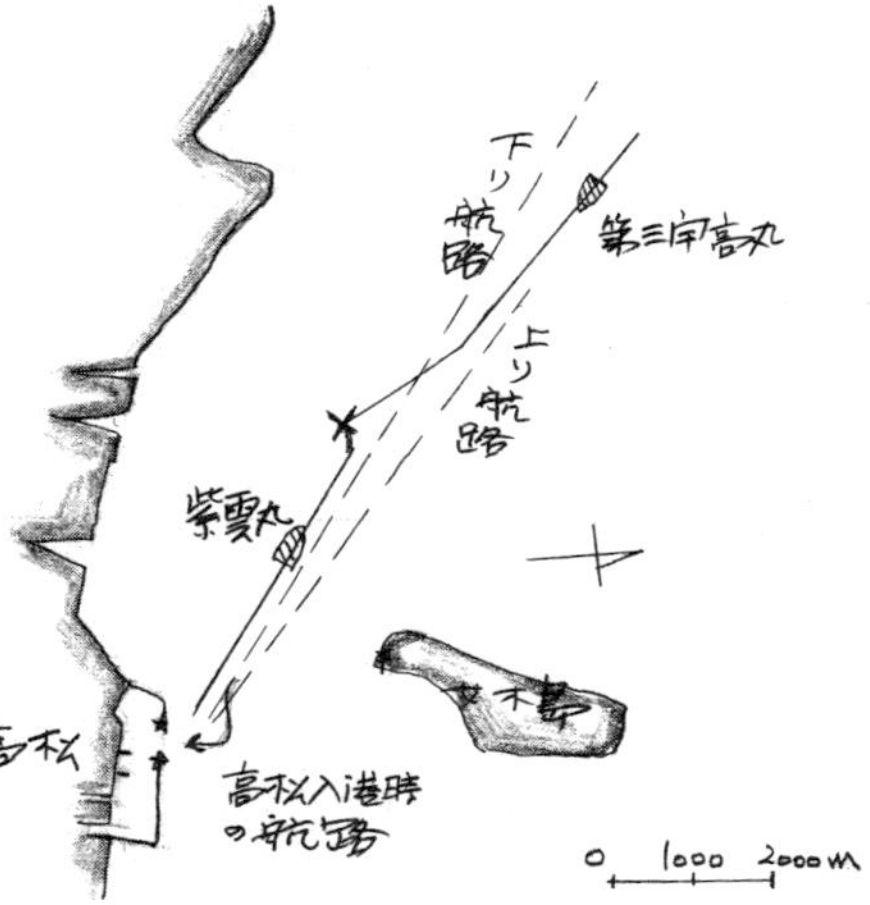

紫雲丸事故（略図）

船は右側通行である、宇高連絡船の基準航路も右側通行で定まっていた。しかしこの基準航路では高松入港の時に、港内の様子がわからないままで急旋回をして入らねばならなかった。高松港の防波堤の中が狭く、連絡船の出入りには困難をきたしていたために、高松港に入港する船は一度沖合に出て、港内の様子をみてから入港するように操船をしていたのである。

紫雲丸も相手の第三宇高丸も、レーダーで相手を確認していたのだが、女木島の岬を少し過ぎる場所であったので、紫雲丸は高松へ入港する第三宇高丸のために早めに右を明けてやろうと考えて、左側通行（右舷を対して）で行き違うという考えを持っていた。一方、第三宇高丸の方は濃い霧のために厳格に基準航路を守るのがよいと考え、右側通行（左舷を対して）で行き違うものと確信していた。

最後の瞬間に紫雲丸は左旋回をするが、中村正雄船長は自分でレーダーをにらんでいて「あらら、おかしい」と言ったが、その直後に横胴に第三宇高丸がほぼ直角に喰い込んでいた。

みたまの塔　愛媛県周桑郡三芳町の庄内小学校に、紫雲丸で遭難死した三〇名の姓名を記した「みたまの塔」があるが、筆者はまだ見ていない。『鉄道碑めぐり』には、十河信二総裁が参拝した時の写真があるが、これを見ると、丈余の慰霊塔であるようだ。

瀬戸大橋碑・殉職者慰霊碑　坂出駅から西北に約五kmの砂弥島と瀬居島を埋立てた地点で、瀬戸大橋の真下にあるのが瀬戸大橋記念公園であって、この公園の突端で瀬戸大橋が一望できる地点で、岬に突き出した橋の真下という絶好の地にある。

筆者は坂出駅から瀬戸大橋記念公園行きの無料バスを利用したのだが、テーマパークの不振が伝えられているので、現在このバスが運行しているかどうか不明である。

慰霊碑は鉄道関係にかぎらないが、瀬戸大橋を鉄道も利用しているので、鉄道関連の殉職者と考えることにしたい。なお慰霊碑には殉職者数が記されていないのが残念ではある。

筆者は瀬戸大橋を計画する根源となり、瀬戸大橋の礎となった紫雲丸の遭難者慰霊碑を、この地へ移してあげられればよいのにと考えた。瀬戸大橋を渡る時はいつも紫雲丸のことを思い出す。

「(瀬戸大橋碑碑文)『瀬戸大橋』(自然石に横書き)

瀬戸大橋架橋推進香川県協議会は、県民の架橋運動の盛り上がりの中で瀬戸大橋の早期架設を推進するため、県内各界各層の関係者を構成員として昭和三四年に発足した。

爾来、当協議会をはじめとして全県一体となっての粘り強い運動が続けられ、幾多の紆余曲折を経ながらも、関係された各方面の方々の格別の御配慮と御尽力により、遂に昭和六三（一九八八）年四月一〇日、瀬戸大橋が完成し本州と四国が初めて結ばれた。

ここに、瀬戸大橋の架橋を記念し、瀬戸大橋が地域の振興発展に寄与することを念願してこの碑を建立する。

平成元年四月吉日

瀬戸大橋架橋推進香川県協議会　会長　平井城一題字　初代協議会会長　金子正則書」

（慰霊碑碑文）「『慰霊』本州四国連絡橋公団

第二建設局　昭和六十三年三月」

第四章　近畿地方の鉄道碑

一　山陰本線・餘部付近の鉄道碑

餘部駅開設記念碑　ホーム一本の餘部駅が開設されたのが昭和三四年、それまでの長い間は村民は餘部鉄橋と四つのトンネルをくぐって鎧駅に出なければならなかった。もちろん請願駅であるが、地元負担ながら駅が認められたとあって、地元民は総出で労力奉仕をしてホームを作る資材を運んだ。その様子が絵になって碑とともに駅に展示されている。

「(碑文)開設記念　昭和三四年四月一六日
坂本勝」

という簡単なもので、坂本勝はこの時の県知事である。後の昭和六一(一九八六)年一二月二八日に回送中のお座敷列車が転落するという餘部鉄橋転落事故が発生したのはご存じの通りで、こちらの慰霊碑である「聖観音」は鉄橋下の現地にある。

餘部橋梁事故慰霊碑・聖観世音菩薩　餘部駅から急坂を下ると餘部鉄橋の下に出る。その橋脚の中央付近の橋梁の真下、地元から犠牲者五人を出したカニ工場跡地に聖観音が建立されていて、足立車掌とともに六人の姓名が刻まれている。これによると、臨回第九五三三列車(お座敷列車みやび)のオハ系改造のオロ一四系客車七両が餘部橋梁(明治四五年建設のトレッスル橋)から転落し、直下のカニ工場を押し潰したために、そこで働いていた主婦五名と車掌一名が死亡し、六名の負傷者が出た。

聖観音（事故現場）

「聖観世音菩薩像建立の趣意

昭和六十一年十二月二十八日正午すぎより山陰特有の低気圧が進入し列車転覆限界風速を超える強風が連続的に吹き荒ている十三時二十五分頃回送中の下り和風列車みやび号が餘部鉄橋中央より客車七両の脱線転落で鉄橋下のカニ加工場を直撃し従業員主婦五名と列車車掌一名の計六名もの尊い生命が奪われ六名が重傷を負う未曾有の大惨事が発生した　列車転落事故は明治四十五年に鉄橋完成以来初めての惨事で遺族や関係者にとつて深い悲しみは言語に絶した　二度と事故を繰り返さないように慰霊碑建立を遺族一同の呼びかけで関係者があい集い犠牲者の慰霊とご冥福を祈り人々の永久平和と総ての交通安全の願いをこめて現地に聖観世音菩薩像を建立する

昭和六十三年十月二十三日

餘部橋梁事故犠牲者

慰霊碑建立発起人会」

「　犠牲者

香住町餘部　俗名　岡本みつ子　行年五十六才

香住町餘部　俗名　藤原静子　行年五十才

香住町餘部　俗名　岡本晴子　行年四十七才

浜坂町久谷　俗名　尾崎はる子　行年四十五才

香住町餘部　俗名　北村加代子　行年三十九才

春日町餘野上野　俗名　足立晴　行年五十五才」

餘部橋梁事故の原因について

餘部橋梁の和風列車

みやび号の転落事故原因については、二年後の昭和六三年になってから事故の調査報告書が出された。報告書が鉄道雑誌に掲載されてその概要がわかったのだが、この報告書はまさに事故隠しであって、橋上の風速計が三三m／秒の風速を記録したが、列車の転覆係数を計算すると、三二m／秒の風速で列車は転落すると書かれていた。

　現地では、一〜二号橋脚に大きな軌道曲がりがあることを認め、客車の台車が橋上に残っているのを認め、列車が脱線して乗り上げた痕跡をも認めながら、単純な風による横転であると結論づけている。

　風による横転なら、最後の荷重はゼロになって軌道曲がりなどは発生しないはずである。この調査報告書の難解な数式を読みこんでいくと、抗力係数という数値がこっそり二・〇に水増しされているのである。しかも通常は一・三ぐらいだが実験によって認めたと書かれ、その実験時（と思われる）の写真まで掲載されている。

　筆者は、真の原因はトレッスル橋梁の改修時の失敗であって、縦材をそのまま使用して、横架材だけをＨ型鋼に取り替えたので、橋梁が横にばかり強くなってフラッター現象を起こし、そのためのレール曲がりであったと結論づけた。餘部橋梁を改修すると列車の通過時の振動が大きくなった。これは村民も国鉄当事者も認めているのだが、「今後よく検討したい」という発言のみで、振幅や波動検査も行なっていない。これは国鉄からＪＲに移行する三カ月前であったので、何もしなかったのかもしれない。

　詳細は筆者が『続・事故の鉄道史』の一三章に記したので、ご参照いただければ幸いである。なお現在は二〇m／秒の風で列車を止めているので、地元ではもう信頼できる交通機関ではなくなっている。

尾崎宏助役弔魂碑　久谷駅の上り線ホーム近くで、

駅舎を左に出た西側にある、目立たない位置なのだが、一人の職員の殉職碑である。扇形の石碑はあまり手入れはされていない。

「(碑文) 弔魂碑　尾崎宏氏ハ、昭和十四年十一月国鉄ニ入社以来、三十七年間現場第一線デ活躍サレ、昭和五十年二月香住駅管理総括助役ヲ拝命、久谷居組間各駅ノ管理業務ニタヅサワツテオラレマシタ。昭和五十一年十二月二十七日、前夜来ノ豪雪ニ対処ノ為メ単身久谷駅ニ勤務シ、転テツ器付近ノ除雪作業ヲ行イ、列車ノ運転確保ニ全力ヲ盡サレテイタトコロ、同日未明当地ニモ稀ナ猛吹雪ノ中、進来シテキタ列車ニ触レテ惜シクモ殉職サレマシタ。コノ強イ責任感ト献身的ナ努力ハ、国鉄職員ノ鑑トスルトコロデアリ、内閣カラ正七位勲六等単光旭日章ヲ、国鉄カラハ福知山鉄道管理局長表彰ヲ受ケラレマシタ。ココニ福知山局管内ノ有志アイハカリ、コノ碑ヲ建立シ永クソノ功績ヲ称エルトトモニ、氏ノ御冥福ヲ祈リ、アワセテコノヨウナ嘆キヲ繰返サナイコトヲ誓ウモノデアリマス。

昭和五十二年十二月七日建之　有志一同」

久谷・職斃病没者招魂碑　久谷八幡神社の境内にある。久谷駅を下車して西向きに急坂を下り、左折して数分でまた左折、国道を越えた所が久谷八幡神社で徒歩一〇分ほどである。以前は駅から鳥居が見えたのだが、建物に隠れて見えなくなった。

これは明治四四（一九一一）年建立の鉄道建設工事殉職者の慰霊碑であり、同年建立の居組龍雲寺の碑と一対をなすものである。碑に「職斃病没者」とあるので、工事事故のほか、飯場の劣悪な環境による病死者が多かったのであろう。裏には職斃者一〇名と病没者一六名の姓名が刻まれている。筆者は薄暗い神社境内で、しばし明治期の鉄道建設殉職者の霊に手を合わせた。職斃者名簿のうちには「因幡・

上田ジツ」という女性名がある。病没者名簿には朝鮮と書かれた氏名が七名ある。安芸、甲斐、肥前、伊予など出身地は各地になっている。

「(表面) 鉄道工事中職斃病没者『招魂碑』

(裏面) 明治四十四年十月一日建之山陰西線第廿二、三工区及餘部架橋工事、自明治四十一年起工至仝明治四十四年竣工之間、従業者及其家族等之中、或斃業者或病死者総有卅餘人、茲発起者相諮互拠出若干金造立碑碣一基合祀、別積百金以其利期毎年四月之辰充挙追悼式之資、依剳死者之氏名、而以計不朽永欲慰英霊者也

　職斃者十名の姓名・病没者一六名の姓名

明治四十四年十月一日建之」

鉄道工事遭難病没追悼碑（居組　龍雲寺）

居組・遭難病没追悼碑　居組駅北一kmにある曹洞宗虎嶽山「龍雲寺」境内にある。駅を出て右へ行くと道なりに北側を向き、集落の入口の左側にある。徒歩一二分程度。これも前記同様の慰霊碑であるが、こちらは殉職者の姓名は書かれていない。この二つの慰霊碑で、初期の山陰線工事がいかに難工事であったのかがわかるようである。

「(表面) 鉄道工事遭難病没追悼碑

明治辛亥三月建之

(裏面) 発起者　当山廿五世天然　東京・千壽吉彦

甲府・高藤福義　石州・吉田三輔外十名
　世話人・長谷川儀一郎　石工栃尾勇吉」

明治辛亥は明治四四年なので、この碑も明治四四（一九一一）年で久谷碑と同年である。明治時代の請負者は、工事が完成するとまず殉職者や病没者を弔う碑を作ったのだろう。筆者は農作業も難儀であろうと思われる湿田や湿地帯を見て歩きながら、困難な明治期の鉄道工事に思いを馳せたのだった。

東浜駅設置の碑　東浜駅は兵庫県から鳥取県に入って最初の駅になるから、中国地方に分類されるのだが、兵庫県の山陰側の鉄道碑群とは近いので、ここに含めて記載しておきたい。碑の所在地は駅前広場であり、駅から徒歩数分で海岸に出る。寄せる波、返す波と美しいのだが、海水浴場の設備はない。

筆者は小さな駅ほど大きな碑を建てる、という原則があることに気付いたのだが、この碑もそれを証明するような大きな碑で、裏面の建立趣意書はすこぶる長文でとてもここに書ききれない。

「（表面）東浜駅設置の碑
　　　　　　鳥取県知事　西尾巴次書」

裏面の要旨は左記の通りである。

鳥取県の西北端に位置する元の「東村」は、陸の孤島となっていて、明治四五年に山陰線が開通してもその恩恵には浴さなかった。昭和二二年となって鉄道駅の設置を公約した岡田光治村長は、請願駅設置に奔走し、ついに昭和二四年七月一日に仮駅が竣工して、午前六時五九分に下り通勤列車が初めて停車した。そのとき駅が浜に近いことから「東浜」駅と命名した。昭和二五年四月一日に本駅が開業。

以下、貨物取扱の開業と閉業があり、昭和四七年に駅は無人化となり、駅舎と官舎敷地などは地元に無償で払い下げられた。請願駅であったので地元負担金は当時の金で一千万円を超えた。多数の方々が駅の設置にご尽力いただいたことを感謝する。

昭和六十二年三月　東地区財産管理委員会

二　神戸および周辺の鉄道碑

須磨駅・大山健一車掌顕彰碑　須磨駅で通過電車退避中の普通電車の大山健一車掌は、ホームから転落した乗客を発見して救助のために飛び降りたが、乗客ともども新快速列車にはねられて轢死をとげた。後の新大久保駅での事故と同じような状況であったのだが、須磨駅の東寄り北側に顕彰碑が建てられていて、左記のように三つの顕彰之碑が刻まれている。

大山健一顕彰碑（須磨）

「大山健一顕彰之碑

第七代　日本国有鉄道総裁　藤井松太郎

安全の誓い

昭和五十年十二月二十七日、大阪車掌区大山健一君は普通電車に乗務し、当須磨駅において新快速電車通過のため待機中、線路上に転落した旅客を発見するや危険の急迫をも顧みず敢然と身を挺して救出にあたりましたが力およばす、旅客とともに折から進入してきた通過電車に触れ、希望あふれる二十五才の若き生命を鉄路に散華されました　この人間愛に徹した至誠至純の犠牲的な行為は多くの人々に深い悲しみとともに言い知れない強い感動を与えました。

私たちは大山君のこの責任感あふれる崇高な行為をたたえその御霊を慰めるとともに、輸送の安全への誓いをこめてここに顕彰の碑を建立し、永くその遺徳をしのびたいと思います

昭和五一年十二月

発起人　大阪鉄道管理局第百十五期列車掛見習同期生一同　昭和四八年度関西鉄道学園研究第二科同期生一同　大阪車掌区自治会（七二八会）

賛助者代表　第三十四代大阪鉄道管理局長　吉井浩　他六十三名」

「表彰状　大山健一殿

あなたは昭和五十年十二月二十七日、第二六七C電車の車掌として乗務し山陽本線須磨駅において通過列車を退避中ホームから通過線路上に転落する旅客を発見するや身の危険を顧みず敢然と身を挺してその救出に全力を尽くしたが及ばず、折りから進入してきた電車に触れ殉職されました。この強い責任感と勇敢な行為は他の模範として顕彰すべきものと認めここに鉄道顕功賞を授与して表彰します

昭和五十年十二月二十七日

日本国有鉄道総裁　藤井松太郎」

「花時計賞　大山健一殿　善行・人命救助

花時計の花のように人々の心に明るさとやすらぎをあたえ　住みよい神戸をつくるために寄与されたあなたの善行をたたえこの賞を贈ります。

昭和五十一年一月二十五日

神戸市長　宮崎辰雄」

須磨駅を右に（東側）出て、海岸への踏切手前にこの碑は建てられており、列車の北側（山側）の窓

からも見ることができる。

鵯越駅・徳風地蔵尊　昭和一九（一九四四）年二月一二日、神有電鉄鵯越《ひよどりごえ》駅にて、ブレーキが故障した湊川行電車は、過走のため脱線し後部電車がホームに激突、前部車両は長田駅まで走り脱線、二八名が死亡し一〇六名が負傷した。

この電車は神港商業の貸切電車で二両連結、前は鋼鉄車、後は木造車、第五トンネル内で後部車が脱線し内壁にぶつかった後鵯越駅ホームに乗り上げ、駅階段で生徒を「大根卸し」のように擦潰したと伝えられる。ホーム柱等には長らく血痕を削り取った跡があった。神有電鉄は現在の神戸電鉄である。

駅の西側に石像の徳風地蔵尊があるが、この事故とともに風水害犠牲者も慰霊するものとなっている。

「（正面）徳風地蔵尊

（裏面）爲大風水害墓石流出無縁各霊並ニ

神有電車沿線遭難者各霊菩提

昭和二十一年三月吉日建之

發願者　神戸徳風會」

山陽新幹線工事慰霊碑　山陽新幹線の六甲トンネル東坑口真上にあり、阪急甲東園より坂を登って五〇〇mの所でやや広い公園になっている。慰霊碑は行き交う新幹線を見下ろすように東を正面にして建てられている。この碑は山陽新幹線の新大阪－岡山間の工事殉職者の慰霊碑であって、岡山から博多間の殉職者碑は、前述のように下関の小瀬戸に面した場所に建立されている。また東海道新幹線区間は浜名湖西岸にあるがここは公開されていない。

「（表面）慰霊碑　山陽新幹線新大阪－岡山間の工事は、昭和四十二年三月に工を起してから五年の歳月を経て、昭和四十七年三月完成しました。この碑は、建設工事に従事して殉職された五十有余名の御霊を祀りその霊を慰めるため、本工事関係者が相計つて建立したものである。

新幹線建設局長　　高橋克男

大阪新幹線工事局長　小林正宏」

裏面には殉職者名が四段になって五四名の姓名がある。

「昭和四十七年三月　慰霊碑建立委員会」

筆者は殉職者五四名は多すぎるのではないかと、少し意地悪な計算をしてみた。総労務者数がわからないので、一日平均六〇〇人が六時間の坑内労務を行なったと仮定して計算すると、約三三万労働時間に一名の犠牲者が出たことになる。これでは戦前の丹那トンネルよりはよいが、ジェット機になったばかりのころの航空機と同じ事故発生率である。

あるいはこう説明すればよいだろうか。一人が生涯にわたって坑内労務をしたと仮定すると、その時間は約六万時間である。そうすると、生涯鉄道工事に携わっていた人の内、二二名に一人の割合で事故のために殉職するのである。

この区間はトンネル工事が多く、まだ数多くの長大トンネル工事に慣れていないため、このような数字になったのだと思う。単純に考えても、五年間ずっと、一カ月に一名の割合で殉職者を出していたわけで、尊い殉職者の冥福を祈るしかない。

甲子園球場の三碑　阪神甲子園駅を降りて甲子園球場に行くまでの間に「甲子園大運動場碑」「阪神タイガース創立五〇周年記念碑」の二つと、球場壁面に近いところに「ベーブ・ルース碑」がある。

甲子園大運動場碑は建設七〇周年の時の記念碑で大正一三（一九二四）年にNYジャイアンツ球場を参考にして建設し、この年が甲子の干支なので甲子園と名付けられたと記されている。阪神タイガース碑は吠える猛虎であって、朝夕「六甲颪」の歌を聞いている。ベーブ・ルース碑は一九三四年にルースがこの球場でプレーしたことを記念する碑である。

以下は甲子園大運動場碑の碑文である

「　『甲子園大運動場』
全国中等学校優勝野球大会（現全国高等学校野球選手権大会）が第一〇回大会を迎える一九二四年（大正一三年）の春、阪神電鉄が米国ニューヨークジャイアンツのグラウンドなどを参考に日本初の本格的な野球場の建設を計画、同大会開催を受け入れのため昼夜兼行の工事で　わずか四カ月半で東洋一の雄大な施設が完成した。この年が甲子の干支で甲子園大運動場と名付けられた。翌一九二五年、全国選抜中等学校優勝野球大会（現選抜高等学校野球大会）も第二回からここで開かれ、七〇年間で約五万二千人の球児たちが甲子園球場で生涯忘れえぬ感激を胸にした。
高等学校野球の今日の隆盛は、永年にわたり甲子園球場で育まれたものである。その建設七〇周年に当たり、甲子園球場建設当初の姿を永遠に残すため、ここに感謝の念を込めて記念碑を建設する
一九九四年八月　　朝日新聞社
毎日新聞社
日本高等学校野球連盟」

三　大阪中心部の鉄道碑

清水太右衛門殉職碑・大阪駅構内　読者の大部分の方は大阪駅を利用したことがあると思うが、この清水太右衛門碑を見られた方は少ないだろう。

大阪駅の北口（裏側）を出てガードに沿って西側に三〇〇ｍも行った、ゴミ焼却炉の横に建てられて

清水太右衛門碑（大阪駅）

いる。この碑を見てさらに進むと、元大阪駅一番踏切に出るが、この踏切は今も使われていて、特急「はるか」などが通過している。

元の碑は明治四〇年一〇月の建立であったが、戦災により破壊されてしまった。それで昭和三一年に二代目の碑が建立されたのである。元の碑は漢文で書かれていて、『鉄道碑めぐり』には元碑の漢文が掲載されている。ここには現在の碑文を左記する。

「（表面）清水太右衛門殉職碑陰記

日本国有鉄道総裁十河信二書

（裏面）故清水太右衛門殉職碑陰記

清水太右衛門は、岐阜県羽島郡小熊村に生れ、明治三十一年大阪駅三等駅夫として就職し、誠実勤勉、上下の信望ことのほか厚かった。

明治四十年五月三十一日、西第一踏切番として勤務中、午後六時ごろ、ばく進し来る列車に向つて突如遮断機をくぐり線路上に走り出た一幼女に気付いた太右衛門は、愕然、大声を発し、とつさに身を躍らせて一瞬これを救つたが、自らは列車に触れ重傷を負い、気息奄々の中にもなお、幼女の危急を叫びつつ遂に職に殉じた。

ときに齢五十四才であつた。

このでき事に感動した人々は、碑を建立して後世に伝えたが、昭和二十年五月被爆により破損した。

たまたま故人の五十年忌に際してその修復を企て

て、ここに永く故人の遺烈を伝えようとするものである。

　　　　　昭和三十一年五月三十一日
　　　　　　大阪商工会議所　会頭　杉道助」

かたはらに扇形の副碑があり、次のように明治天皇御製の歌が刻まれている。

「明治天皇御製　花になり実になる　見れば草も木も　なへてつとめば　ある世なりけり
　　　　　大阪鉄道管理局長　今岡鶴吉　謹書」

これは明治四〇年に、踏切番が身命をとして幼い子女の生命を救った記録である。旧碑の方は大阪駅一番踏切の傍らに建立されていた。新碑の方は少し場所を替えたのであるが、このように、以前の碑になぞらえて建立された例はあまりないようである。ここにも日本国有鉄道十河信二総裁が出てくるのであるが、鉄道碑や鉄道の歴史について最も関心を持ち、その保存と普及に勤めた国鉄総裁として、永く心にとどめておきたいと思う。

安治川口事故・慰霊碑　昭和一五（一九四〇）年一月二九日、午前六時五六分、安治川口駅に到着しようとした通勤客で超満員だった三両編成のガソリンカーの最後部車両が横転し、ガソリンに引火して炎上。犠牲者一八九名を出した。これはわが国の鉄道史上で最悪の事故となった。事故原因は列車がまだ転轍器上にあったのに線路を転換したためで、見張転轍係の焦燥気分であったためと説明された。

しかし当時には、列車が転轍器の上にあった時には絶対に転換できないというデテクターバーという設備があって、安治川口駅にも一度設置された。のちにデテクターバーは何らかの理由で撤去されたのである。おそらく転轍梃子が重くなるということだったのだろうが、せっかくの設備、デテクターバー

安治川口事故碑（移転前）

の取外しという行為が大惨事を招いた。

　発火した原因は、脱線の衝撃で右側に付いていたガソリンタンクが破れ、左側の蓄電池箱に降り注いだためとされ、転覆した車両には天井となった窓以外には脱出口がなく、約三〇〇名乗車していた乗客から一八九名の犠牲者を出した。死因はほとんどが窒息死であった。負傷者は九二名と記録されている。

　慰霊碑は事故現場の島屋踏切の北側にあったが、道路拡張のため最近安治川口駅の西寄り一〇〇mの地点に移設された。今も花がたむけられ水も打たれていて、事故はまだ過去のものとはなっていない。

　碑文は左記の通りであるが、裏面には犠牲者の姓名が何と七段にもわたってびっしりと記載されているので胸を打たれる。平成一三年四月には移設改修法要が行われた。写真は踏切横にあった移設前のものである。

「（表面中央）南無阿弥陀仏慰霊碑
（表面右側）昭和一五年　安治川口駅
（表面左側）一月二十九日　事故遭難者
（裏面）犠牲者名　一八九名が七段に記載
光明名号摂化十万
百八十九名追善菩提
専修寺主　賢春
発願主　浄土宗大阪寺院
　　安治川口駅員一同」

一段目中央の「大味彦太郎」のことを記述しておきたい。彼は三両目に乗車していた車掌である。大味車掌は「皆さん慌てないで下さい」と叫んで車内をしずめ、車掌台のガラスを乗客と協力して割り、脱出する客の腰を押し、自分の肩を踏み台に貸したりして救出に努めた。いち早くまわった炎の中で、煙にむせびながら、脱出する乗客のあるかぎり車内にとどまり、その手助けをした。ようやく破壊口からのがれようとしたが、すでに下半身は焼けただれて、救出された後に病院で死亡した。

後日の新聞の見出しには「炎の車の義人」とたたえられた。職員の犠牲は大味車掌一名のみである。

大阪市電創業の地・碑　地下鉄中央線の「九条」駅を下車、南東に五〇〇ｍほど歩いたみなと通り・九条本町千代崎通西入にあり、平成元年建立であるから、まだ新しい碑である。大阪市電はこの地から築港埠頭までが最初に開通したが、乗客が少なく魚釣り電車と呼ばれた。京都に電車が開通したのも中心部ではなく伏見までであったが、電車というものはどうゆうものかを見せるデモンストレーションのような役割とされていたのだろう。

碑は四角な塔状で左記のように記載されている。

「(正面)　大阪市電創業の地

(右面)　明治三十六年九月に開業した大阪市電の第一期線築港線は西区九條町(花園橋西詰)から築港埠頭までの約五キロ間で、このあたりに花園橋停留場があった。

(裏面)　平成元年九月　　　大阪市建立」

旧逢坂山隧道西口石額　環状線弁天町駅前の交通科学博物館の室内に展示されている。最初の鉄道山岳トンネルである逢坂山トンネルの題額であり、明治一三（一八八〇）年に掲げられた最古の鉄道碑であって、大正八年に京都－大津間の新線が開通して廃線となったものである。

　東口には「楽成頼功　明治庚辰七月　三条実美」の石額があった。この楽成は「落成」の意味、隧道に落は禁物だからと楽の字を宛てたものである。そして西口は井上勝の撰文で、これが交通科学博物館に所蔵されている。元は屋外にあったのだが風化が心配で、今回室内で展示されるようになったのは喜ばしい。このようなトンネル石額は、柳ケ瀬トンネルのものが長浜にあり、そのレプリカが道路トンネルになっている柳ケ瀬トンネルの東西にある。

　「旧逢坂山トンネル　西口石額」全部が漢文であり交通科学博物館による訳文を掲げる。

（旧逢坂山トンネル　西口石額碑文の訳文）

「皇国の山巌を鑽り鉄軌道を通ずるは此の洞（トンネル）権与為り（物のはじめ）績用は以て後に徴す可きなり是の挙たるや、明治十一年十月より起し山の東西を夾み、齋しく穿垪の工に就く。明年九月透徹して中に会す其の延袤三百六十四間なり、而るに石質は粗悪にして蓋壁に適せず、故に挙辺磗を畳みて焉を固む　今ここに今月全く功を竣ふ、乃ち刱めて車を行る（矣）董工は国沢能長と曰う、見に工部六等技手なり。

　明治十三年六月　鉄道局長　技監井上勝　誌

　　　　　　属官　村井正利　書」

　旧逢坂山トンネルの東口は現存していて、当時のままの煉瓦アーチも見られる。しかし西口は名神高速道路の下になっていて現存していない、その上に碑があるのみである（一一節〔一〇〇頁〕に詳細を記した）。六六四・八ｍのトンネルで、設計と技術指導は英人技師が行なったが、職人は日本人だけであった。それまでは職人も英人が参加して指導を行なっていた。工事殉職者は五名でこれは『工部省記録』に詳細に記載されている。なおこのトンネルが完成しないうちに、敦賀線と呼んだ北陸線の柳ケ瀬トンネルを着工し、設計図も逢坂山トンネルのものが使われた。

一八〇〇形SL・二三〇形SL・関西鉄道のマーク　これらは交通科学博物館の外部に展示されている。一八〇〇形SLは、京都－大津間の勾配用に英国から輸入されたもので、双頭レールの上に乗せられている。二三〇形SLは国産第一号とも言うべき量産されたSLである。関西鉄道のマークは、奈良の黒髪山トンネルにあったものを、トンネルの取壊しに際して、交通科学博物館に移された。

SL義経号　これも交通科学博物館の展示物で、JR西日本の鷹取工場で原形に復元され、立派な専用の館に入っている。動体保存ということで、花博の時には会場内の線路を走った。「義経」「弁慶」「静」と、揃って各地で保存されているのも嬉しい（二七三頁に詳細を記載した）。

京橋駅・爆撃被災者慰霊碑　大阪環状線京橋駅の南出口を出た右側にある。

「大阪大空襲　京橋駅爆撃被災者慰霊碑
大東亜戦争終戦前日の昭和二十年八月十四日、大阪は最後の大空襲を受けた。B29戦略爆撃機は特に大阪城内の大阪陸軍砲兵隊に対し、集中攻撃を加えたが、その際、流れ弾の一トン爆弾が四発京橋駅に落ちた。うち一発が多数の乗客が避難していた片町線ホームに高架上の城東線を突き抜けて落ちたため、

京橋爆撃碑

まさに断末魔の叫びが飛び交う生き地獄そのものであったという。判明している被爆犠牲者は二百十名であるが、他に無縁仏となった御霊は数え切れなく、五百名とも六百名とも言われている。当時地獄のような惨状を目撃した大東市の森本栄一郎氏が、あまりの悲惨さに胸を痛め、昭和二十二年八月十四日、自費で建立された慰霊碑である」

「納経塔　戦後、被爆犠牲者を弔う法要が毎年八月慰霊碑の前で鳴野・妙見閣寺によって行われているが、三十七回忌を機に写経による供養をと、遺族及び当時駅での体験者、大阪大空襲の体験を語る会員他多数の市民からの基金、協力を得て建立した納経塔である。

昭和五十八年三月　国鉄　京橋駅長」

昭和五九年には中央にある「釈迦牟尼仏尊像」が地元ライオンズクラブより寄進されたので、現在のような三つ揃いの慰霊碑となった。

碑文にもあるように、毎年の命日である八月十四日には、欠かさずここで法要が行なわれている。

さらに南口広場には、これもライオンズクラブ寄進の「平和群像」がある。

四　大阪周辺の鉄道碑

近鉄・花園駅追突事故慰霊碑・光明地蔵　昭和二三

（一九四八）年三月三一日水曜日。戦争が終わって四年目、人心も落ち着きをとりもどしていたが、工業生産力はまだ回復せず、各地の鉄道は部品の補給もままならず、戦前からのすり減ったレールの上を老朽化した車両が走っている状態であった。そして戦災によって郊外に移住した人が多かったため、通勤客もずっと増加して、疲弊した鉄道への負担も多くなっていた。この時期の関西の鉄道では、全国規模でやりくりのできる国鉄よりも、私鉄の方が状態が悪かった。

光明地蔵（花園事故現場）

この日の奈良発七時二〇分の上六行き七一二急行電車は、先頭が九号車、中間が一一号車、後部が二七号車の三両編成だった。

前の二両は、大正三年の大阪電気軌道の発足時の車両で「モ一形」、後部車は大正九年に増備された「モ一九形」の鉄骨木造車であり、いずれも先頭が丸くなったダブルルーフの三扉車であった。

七一二急行電車は定刻に発車したのだが、生駒駅ではブレーキの効きが悪く、一両分前に行ってから停車した。助役が心配して「行けるか」と聞いたが藤原運転手がうなずいたのでそのまま発車させた。

生駒トンネルの中間から瓢箪山までは三五‰の降り急勾配である。運転手はしきりにブレーキ操作をしたが、ブレーキホースが欠損したためにまったく効かなくなり速度は増していった。トンネル西口を出ると半径二〇〇ｍの急曲線となっている。速度が高すぎたため、前のパンダグラフが外れて架線を切断し、後ろのパンダグラフも破損した。これで電車は二つ目の制動装置も失ったのである。

車内で後ろをふりむいた藤原運転手は「申し訳ありません、車は停車しません覚悟して下さい」と泣きながら頭を下げた。緊急の場合には制御器を後退にして一ノッチに入れる方法があった。これはモーターを焼いてしまうので禁止はされていたが、緊急時の対策として運転手は知っていた。しかしパンダグラフを破損したので、この方法も使えなくなった。

恐怖に騒ぐ乗客は、後ろの方へと波打つように殺到した。乗り合わせた国鉄助役は「床に腹這いになれ、重心を下げろ」と言った。乗り合わせた巡査は「みんな床に座れ、後ろ向きに座れ」と言った。さらに「ガラスが飛ぶから窓を明けろ」という指示も出た。先頭車両の乗客は、考えられるだけの対策をして、その瞬間に備えたのである。

花園駅に先行の普通列車が停車していて、これが鋼鉄車だった。両列車は喰い込んだまま一〇〇mほど前に動いた。急行電車の先頭車は長さも半分になり、床と天井だけになっていた。乗客は二〇〇名以上は乗っていただろう、しかし犠牲者は四九名だった。乗客が暴走に気づいてからの七分間、恐怖の中でも乗客同士が協力したことが、犠牲者が比較的少なかった理由だと考えられる。

花園事故の慰霊碑・光明地蔵　現在の花園駅を下車して西にしばらく行くと踏切があり、この踏切の西南の角に地蔵菩薩立像があって、一瞬だが通過電車からも見ることができる。この踏切が以前の花園駅の踏切であって、駅舎が少し東に移動して新しくなったのである。戦後の事故なのに碑文は漢文で、左記のように簡単なものである。

「奉敬造地蔵菩薩立像　一躯
右者昭和二十三年三月三十一日
午前八時大阪行電車追突現阿鼻
之相有遭難四十九亡霊依之爲令
徳無上所敬造者也
昭和二十三年九月吉祥日建之
発起人有志一同」

浜寺公園駅・駅舎前記念碑　南海本線の浜寺公園駅舎は、明治四〇（一九〇七）年の建設であって、当時は京都鉄道であって明治三〇年に建設されたＪＲ嵯峨嵐山駅舎と双璧の、明治時代の駅舎である。床にモザイクタイルが敷かれた貴賓室もあって、駅舎としての風格が感じられるが、現在は有効に使われているとは言えず、ＪＲ嵯峨嵐山駅舎とともにより有効な利用を望みたい。駅前には碑があって左記のように刻まれている。

「浜寺公園駅　碑
浜寺公園駅は明治四〇年（一九〇七年）我が国近代建築の元勲といわれた、東京帝国大学　工科大学学長　辰野金吾・片岡安博士設計により建てられた洋風木造建築である。屋根の正面に見えるドーマ窓（屋根窓）や、柱の骨組みを壁に埋めず装飾模様として活かすハーフチンバー様式（木骨真壁造り）、また、鹿鳴館の二階ベランダ部分に用いられた柱と似た玄関柱が特徴である。
私鉄最古の歴史ある明治の駅として、地元をはじめ多くの人々から親しまれ、日本建築学会など学術的にも高く評価されている。
一九八八年二月二三日
贈・堺西ロータリークラブ創立五周年記念」

モノレールの営業距離世界一・大阪空港駅　正式に

は大阪高速鉄道という大阪モノレールが営業距離で世界一になり、ギネスブックに登録を受けた記念プレートである。京阪との接続駅である門真市駅から乗ると、全線で三六分かかるので、飛行機に乗る時にはややまどろっこしく感じる。解説板は左記の通りで路線図が掲げられている。

「大阪モノレールは、一九九七年八月に大阪空港駅から門真市駅が全線開通し、全長二一・二キロメートルとなったことにより、イギリスのギネス出版社から認定を受けました。(一九九八年四月二九日)」

新幹線特急券払戻しゲーム　筆者の私事にわたって恐縮だが、もう十数年前のことである。東京出張の折に九時三〇分ごろ京都駅に行くと、ダイヤはがたがたに乱れていて軒並み三〇分前後の遅れとなっていた。鳥飼基地から出る転轍器の故障で、新大阪始発の列車が全く発車できなくなり、遠方から来る直通列車だけが運転されていた。

しばらく駅の案内ボードを見ていると、とつぜん七時何分か京都発車の列車が二段目に表示された。鳥飼基地の故障が直って新大阪からの最初の列車だと思った。筆者は自由席特急券を買っていたので、一列車見送ってこの列車に乗った。二時間以上の遅れでは特急券が払戻しになるというルールは知った上である。列車は快調に走り、三時間弱で東京駅に着いたのだが、定刻よりは二時間以上の遅れ。自由席特急券の払戻しをどうやってやるのかと興味があったが、階段のところに駅員が何人も出て、片っ端から「遅延」の印を押してゆくのだった。

もちろんこの印によって、四七三〇円の特急券の払戻しを受けたのだが、ちょっと申し訳ない気分とうまくやったとの満足感が入り混じって、思わず笑い顔が出た。

五　京阪電鉄・阪急電鉄の鉄道碑

京阪電鉄は碑の好きな会社で、大阪方も京都方も地下線を建設して伸延し、天満橋・三条間が淀屋橋・出町柳間になったのだが、それぞれの記念プレートがある。阪急電鉄は碑には興味がないらしくて、梅田駅の元のコンコースを当時のまま保全しているが、ここにも碑や説明プレートは建っていない。

先覺志茲成（京阪・天満橋掲額）

京阪電鉄天満橋・先覺志茲成の碑　天満橋駅下り線ホームの西端にある。タイル張りの壁面に黒御影石の碑がはめこまれていて、下に説明板がある。

「先覺志茲成　昭和三十八年四月　村岡四郎題

この『先覚の志ここに成る』の五文字は、当社始めての地下鉄線の開通に当って、社長村岡四郎が、創業以来の先輩の宿願である大阪都心部との直結を果すという文意を定め、京都大学名誉教授文学博士那波利貞先生の監修をへて、自ら書いたものです。

台石は黒御影石で、工事一切は、地下線入口の工区を受持った株式会社銭高組の寄贈によるものです。

地下線開通六年後の昭和四四年八月、旧天満橋駅跡にＯＭＭビルが建設されるに伴い、地下線入口の扁額をこの場所に移しました

昭和四四年八月　京阪電気鉄道株式会社」

なお天満橋駅の上りホームにも、開業を祝う展示

物があるが、こちらには説明文は付いていない。中ノ島新線がここ天満橋から伸延されるので、この碑はまたも引越しをすることになるかもしれない。

京阪電鉄・淀屋橋の碑　淀屋橋ホームの最西端にあって、地下線の開通の記念碑となっている。碑文は銅板に書かれ、京阪電鉄の沿革ついても記されていて、すこぶる長文である。

「竣工記念碑

以下、京阪電鉄の沿革と大阪側の地下線建設についての記述がある。

京阪電気鉄道株式会社　社長　村岡四郎　書」

京阪電鉄四条駅の碑　四条駅の地下コンコースには「祇園祭山鉾巡行絵図」という絵画と「海碧」という抽象の彫刻がある。

京阪電鉄三条駅の碑　地下コンコースの駅長室前右手に「三条より出町柳までの竣工記念プレート」がある。これも長文なので全文の記載は省略したい。「京阪電気軌道は明治四三年四月に開業した。京都側で鴨東線と呼ばれた、七条から出町柳までの地下化工事と三条からの伸延工事が昭和五四年三月に着工、地下水の多い砂礫層地盤に悩まされながら、昭和六二年五月にようやく開通した。

昭和六十二年五月

京都市長　今川正彦

京阪電気鉄道株式会社社長　角田寛」

阪急電鉄の碑・河原町駅　碑が嫌いな阪急電鉄が唯一建立した碑が、河原町駅地下コンコースの西寄りにある。これは大宮・河原町間の地下線の竣工を記念するもので、碑文は簡単であり、京阪神急行電鉄の社名となっていた時代のものである。阪急ではこのほかに、阪神大震災で全壊した伊丹駅の完成と、駅前広場の竣工碑があるが、これは市の建立である。

「竣工記念

大宮－河原町間一・七七粁

昭和三八年六月一七日

京阪神急行電鉄株式会社」

六　京都の鉄道碑

電気鉄道事業発祥地・碑（京都駅側）　日本最初の電車が京都で走ったことはよく知られているが、これも京都駅から市内に向かうのではなく、南の伏見港を連絡する線であった。これは京都電気鉄道という私鉄であって、後に京都市営の電車が発足して、二つの路線の激しい乗客獲得合戦があった。

最初の電車が走る時には「時速八哩以下にする、告知人を付ける」という厳しい注文がついた。告知人というのは、赤旗を持って電車の先を走り「電車が来まっせ、危のまっせ、轢かれまっせ」と叫んで廻った少年である。これは観光バスなどでは市内線でも行なわれたように説明されているが、実行したのは伏見線だけで、それも一年間であった。廃止した理由は、告知人が転んで「危のまっせ、轢かれまっせ」と叫ぶ当人を轢いてしまったためであった。

この碑は、京都駅の北の駅前広場の東端、ステーションホテルの前に塩小路通りを向いて建立されている。碑文は左記の通りで、昭和五〇年の碑なのでそう古くはないが、落書きがされているのが残念である。電車は最初は八条の踏切横から発着し、跨線橋ができてからこの碑の前から出発するようになった。しかし奈良線の列車とは竹田で平面交差していた。ここで一度衝突事故が発生している。

「電気鉄道事業発祥地

日本最初の電気鉄道はこの地に発祥した。即ち明

電気鉄道事業発祥の地碑（伏見油掛町）

治二十八年二月一日京都電気鉄道株式会社は東洞院通り七条下る鉄道踏切南側から伏見下油掛通りまで六キロの間に軌道を敷き電車の運転を始めた。

この成功を機として我が国電気鉄道事業は漸次全国に広がり、今日の新幹線電車にまで発展することになつたのである。

よつてその八十周年にあたり先人の偉業を讃えてこの記念碑を建てる。

昭和五十年二月一日

日本国有鉄道
京都市交通局
関西電力株式会社
阪急電鉄株式会社
京阪電気鉄道株式会社
近畿日本鉄道株式会社
阪神電気鉄道株式会社
南海電気鉄道株式会社
京福電気鉄道株式会社
鉄道友の会京都支部」

我国に於ける電気鉄道事業発祥の地・伏見側碑

この京都電気鉄道の南の終点は下油掛町で、幕末で有名な寺田屋の横で、駿河屋本店前に建立されている。京阪を中書島で降りて北に道路沿いに行くか、伏見桃山で降りて大手筋商店街を直進し、竹田街道に出てから南に進むかの二通りがあって、それぞれ徒歩一〇分程度であって、寺田屋を目標にすれば間違いないのだが、駿河屋の軒先に目立たなく建っているので、見逃さないように注意してほしい。

下油掛町の前には「京橋」という橋があって、これの架橋を避けるために、ここを終着点としたらしい。この碑も鉄道友の会の建立であって、記載は左記の通りである。明治廿八年は西暦一八九五年。

「（正面）我国に於ける『電気鉄道事業発祥の地』
（右面）明治廿八年二月一日京都電気鉄道株式会社は京都市下京区東洞院通東塩小路踏切（旧東海道線）南側から伏見町油掛通まで電気鉄道を我国において初めて開業した
（左面）昭和四十五年二月一日　鉄道友の会京都支部」

梅小路蒸気機関車館の碑　梅小路の館内には多くの蒸気機関車が動態・静態で保存されていて、機関車の有火展示運転も行なわれ、ここだけで半日は楽しむことができる。館内を紹介するのが本書の目的ではないので、入口の碑だけを紹介したい。

「（碑文）鉄道一〇〇年にわたる蒸気機関車の栄光をたたえ　ここにその雄姿を永く保存する

昭和四七年一〇月一〇日

日本国有鉄道　（以下英文で同主旨）」

同館への経路は、京都駅前B三乗場から京都市バス二〇五系統に乗り「梅小路公園前」下車、南へ数分である。梅小路蒸気機関車館の入口建物は旧二条駅（元京都鉄道本社、明治三七年）であり、館前の梅小路公園では、京都市電の北野線の電車が動態保存されていて、公園内の軌道を往復しているので体験乗車もできる。

七　京都周辺の鉄道碑

稲荷駅ランプ小屋と旧東海道本線　奈良線の京都から二つ目の駅が稲荷駅だが、ここには準鉄道記念物になっている煉瓦造りのランプ小屋があり、説明板には左記の通り駅の沿革が記されている。

「　旧東海道本線
（施工）明治十一年八月二十一日
（完成）明治十三年七月十五日
（廃止）大正十年八月一日

大正十年、現在の東海道本線のルートである膳所－京都間が開通するまでは、旧東海道本線（馬場（膳所）－大谷－山科－稲荷－京都）が東西両京を結ぶ幹線として活躍していました。

この線区の建設には非常な難工事（山間部を通過する初めての鉄道であったことと、トンネルの掘さくや丘陵部の切取り築堤など）が伴い、当時としては大規模な土木工事でしたが、特筆することは、この工事がそれまで外国人に依存していたことから脱却し、すべて日本人の手により建設が進められたことです、明治十三年七月十四日明治天皇臨御のもとに開業式を挙行、翌十五日全線開通のはこびとなりました、そして最急行が走破するなど華やかな時代を迎えたわけですが、急曲線の連続急勾配に禍いされて、大正四年から線路変更工事が開始され、その完成とともに廃線の運命をたどりました。

『ランプ小屋』は、旧東海道本線の建物として残った只一つのもので、同時に国鉄最古の建物として貴重な遺構の一つとなっております。」

筆者としてはこれを読んでひとこと口を挟みたくなる。逢坂山トンネルをふくむこの区間の工事は英人技師の設計と測量によって行なわれ、トンネル工事中も大津で英人技師のために寺を借り上げたことが記録されている。すべて日本人の手により行なわれたというのは、京阪神間の工事では煉瓦工などの労働者にも英人が従事していたが、この工事から労働者はすべて日本人になったという意味である。

稲荷駅ランプ小屋（明治12年10月の建物財産票がある）

稲荷ランプ小屋については、財産標には明治一二年と記されているが、『工部省記録』には記載がなく、やっと翌年に危険物庫として新橋駅にランプ小屋が造られた。もちろん新橋駅よりも先に稲荷駅にランプ小屋を造ることはないだろう。小型で規格型のランプ小屋が作られるのが明治三〇年代なので、この建物はそれよりは前、筆者は建設は明治二〇年代の前半と考えている。煉瓦の材質から見ても、明治一二年とするのは無理で、したがって国鉄最古の建物というのも正解ではないだろう。現存する最古の鉄道建築物は旧長濱駅舎（明治一五年）で、現役最古は武豊線の亀崎駅舎（明治一九年）である。

ＪＲ桃山駅・自動信号化一万km達成碑　ＪＲ桃山駅の京都行ホームの中央にある。碑文は左記する。

「　自動信号化　一万km達成記念標識
　　一九五七年一一月一八日
　　　　日本国有鉄道
　　　　天王寺鉄道管理局
　　　　大阪電気工事局」

鉄道殉職者追悼供養塔（奈良）

木津駅・安全の碑　木津駅三番ホームの南側にある。「安全の碑」はＪＲ各駅で見られ、特に天鉄局管内が多いようである、この駅のが最も大きいので代表として取り上げた。緑十字印があるスタイルは各地共通だが、もっと小さいものが多い。

八　奈良市内の鉄道碑

鉄道職員殉職者追善供養塔　奈良の大仏前にある。大仏殿の手前に仁王門があるが、その仁王門の手前を左の茂みの中に入ると目的の碑がある。大仏参道には「五百立神社・鉄道供養塔　参道」という石碑の案内があるので、それに従って行けばよい。

本碑はちょっと他に例がない石造の十三重塔であって、『鉄道碑めぐり』でも「さすがに古都奈良という土地柄だけあって、ちょっと他に類を見ない荘重古雅な供養塔である。恐らく全国鉄を通じて、最優のものであろう」と激称しているが、筆者も同感であって、高さ一〇・三ｍ、重さ三八・八ｔという壮大な供養塔は、全国に数ある鉄道碑のうちでも第一に見栄えがする碑だと思っている。

「鉄道職員殉職者追善供養塔」と大書されているように、当時の国鉄大阪鉄道管理局職員が浄財を拠出して、管内殉職者のためにつくられたものであり、現在も大阪・天王寺・福知山各支社の殉職者を合祀して慰霊祭がここで行なわれている。

「（本碑表面）鉄道職員殉職者追善供養塔
（本碑裏面）昭和五年十月建之
（副碑）鉄道職員殉職者供養塔
昭和五年十月建之
寸法　供養塔　高三十四尺
自壇上至宝珠　一万三百四十七貫
基壇・台石・軸石・初層笠・十三層笠
軸石内に尊仏本尊釈迦如来脇工観世音菩薩勢至可速及二天王金剛力士密述火炎尊像を刻む」

記念植樹の碑もあって、碑文は左記の通りである。

「（表面）建立五十周年記念植樹
（裏面）昭和五十五年六月関西地区職員有志」

関西鉄道大仏駅碑　奈良市の法蓮町を北に行った所の小公園にあり、廃線跡ブームにのって近年に造られた碑である。

大仏線と云われた廃線跡をたどると「大仏駅」の跡と伝えられるこの地に出る。奈良ドリームランド前の切通しの道は以前の鉄道跡で、ここに黒髪山トンネルがあった。このトンネルの壁面煉瓦の一部は大阪交通科学館に保存されていて、関西鉄道のマークも見ることができる。

最初の関西鉄道は加茂駅から山越えで来て、ここの大仏駅がターミナルだった。大仏線の廃線跡には築堤もあり、橋台などの遺跡も残されていて、こちらを一日がかりで探訪してみるのも面白い。関西鉄道はその後現在の奈良駅への乗入れを果たし、名古屋－湊町（ＪＲ難波）の連絡を実現するのだが、この大仏線はあまりにも勾配が大きいので、わずか九年後の明治四〇年に木津経由の路線に変更されてしまった。したがって、大仏線と大仏駅が使われたのもわずか九年間ということになる。

「　関西鉄道大仏駅について

明治二十八年に草津－名古屋間を全通した関西鉄道は、柘植から大阪方面への進出を計り、二年後の三十年十一月に加茂まで開通した。

ここから梅谷を経て黒髪山トンネルを下り、明治三十一年四月、この地の北側法蓮の交番所の南あたりに大仏駅を設置した。

この鉄道は、市民・観光客にも親しまれ、大仏詣での人達もこの駅で下車し一条通りを通って東大寺に参拝していた。奈良駅へは、その年の十二月に到達したが、乗り入れが実現したのは、翌三十二年五月であった。その後、線路が木津経由に変更となり、明治四十年八月までの約九年間で廃止された。

昭和三十九年頃までは、トンネルも残っていたが、現在は取り壊されて当時の面影はいまは見られない。

平成四年四月　奈良市」

九　高野山の碑

高野山は海抜九八五mの幽寂の地であり、西暦八一六年に空海上人が創建した。筆者は関西私鉄が出す「3デイチケット」を使って何度も訪問した。鉄道碑も幾つか奉納されているが、最も驚いたのが左記の高知県繁藤大山崩れの碑で、六一名もの犠牲者があったので、以前に現地に慰霊碑があるものと思って訪ねたが、現地には碑はなかった。

ずっと気にかけていたのだが、それがはからずも高野山奥の院の境内に碑が建立されているのを発見し、「ああここにあったのか」と思って、しばし土讃線の惨事を思い感慨にふけった。

高知県繁藤大山崩れ殉職殉難者慰霊像　高野山奥の院のバス停を降りて奥の院参道の中間位の右側にあ

る。大山崩れで犠牲者は地元消防団の人々が多かったが、列車も繁藤駅に停車していて、乗客とともに川まで押し流された。碑文を左記しておきたい。

「（正面）　高知県繁藤大山崩れ殉職殉難者慰霊像

（側面から裏面）　昭和四十七年七月五日土佐山田町繁藤地区は前夜来未曽有の豪雨に襲われ雨量実に七四一ミリに達せり、同日午前十時五十分頃土讃線繁藤駅前の追廻山大崩壊、同日早朝同地区警戒中に生埋めとなりたる消防団員一名救出中の、町消防団員町役場職員地域住民国鉄職員報道記者等一瞬にして殉職殉難する者六十名、同九時過ぎ同町新改川増水による人命救助中殉難せるもの一名、合計六十一名。これが供養のため現地繁藤小学校長溝渕忠広氏初願百方奔走寝食を忘れて是が実現に当り、東京都中央区勝どき六丁目日本食糧倉庫株式会社々長三須武男先生の特別なる御厚情と藤沢市鵜沼松ケ岡小林采男氏並びに、当山奥之院維那柴田全乗師の御斡旋持明院住職竹内崇峯師の御好意に加え、ライオンズ国際協会三〇二W・二地区更に県内富田造林株式会社々長富田睦氏　香川建設社長香川善六氏　南国建設業協会　高知新聞社　ＲＫＣ高知放送　四国銀行　高知相互銀行　株式会社大二高知支店その他県内外多数の温き御支援と製作者和歌山県橋本市大谷善兵衛氏の義侠により昭和四十八年十月地域住民と共にここに慰霊像を建立しこれを永世に伝う。殉職殉難者次の通り（遺体確認の順・氏名省略）。

繁藤山崩山慰霊碑（高野山奥の院）

犠牲者を出して激しく降る雨の　窓にはじけて音たてゝ流る（繁藤小学校教諭　上村八重　詠）
父母を失いたるは前に出よ　四分の一の児らが席立つ　（右仝　島村朝子　詠）
前土佐山田町教育長　岡村龍太　撰
高知市比島町　渓石　吉村金太郎書
土佐山田町　高瀬石材　刻」

この事故についての『三代事故録』の記録は「昭和四七（一九七二）年七月一〇日、土讃線繁藤駅構内にて列車停車中、豪雨のため山崩れ発生、D五〇形機関車及び一両目客車が民家十数戸とともに押し流され大破」とある。同じ日の記録は「自民党臨時大会にて田中角栄氏総裁に当選」とあった。

南海電気鉄道株式会社供養塔　これはもう少し進んだ右側、阪神大震災碑の隣にある。特記事項はないが、「昭和二十八年六月建之」と刻まれている。

そして「鉄道殉難者慰霊碑」というのが付録のように建てられている。

南海丸遭難物故者供養塔　南海電鉄碑の左奥にある。ちょっと見付けにくいが大きな碑である。昭和三三（一九五八）年一月二六日に和歌山港と徳島側小松島を結ぶ、南海電鉄の鉄道連絡船「南海丸四九八トン」が、淡路島南方にて強風（平均一五m、突風二五m）を冒して航行中、潮流と突風による大波で一瞬にして転覆沈没し、生存者なしの海難事故があった。乗客および職員一六七名全員死亡するという事故であった。鉄道で百名以上の犠牲者を出した事故なら、誰もが一生記憶されるが、海難事故は犠牲者が多く出るわりには、そう永く記憶されることはないようである。

船からの最後の通信が、通信士による「キケン、キケン！」だった。通常の航路は和歌山港と小松島を直行するものだったが、この日は強風のため、淡路島の友ヶ島寄りの弓なりの航路をとっていた。

この事故の原因は海難審判の結果、客室になっている船の上部が重く、復元性能が足りなかったものとされた。この碑は南海電鉄碑のやや先にあるが、犠牲者数と事故原因については記載がない。こんな碑を見ると、ちょっと会社側の誠意も疑いたくなる。

「南海丸遭難物故者慰霊碑
昭和四十四年十一月吉日建之
昭和三十三年一月二十六日没
南海汽船株式会社」

一〇　紀勢本線に沿って

湯浅駅・安全の誓い碑　安全十字の入った「安全の誓い」の碑は、関西で特に天王寺支社を中心として各駅で見られるのだが、この紀勢本線・湯浅駅の安全の誓い碑には、すっかり考え込んでしまった。

「『安全の誓い』
過去の尊い教訓を胆に銘じ
あやまちを二度と繰返さないようにしましょう
昭和五五年一〇月　湯浅駅」

事故が何であるかは不明、「あやまちを二度と繰返さないようにしましょう」と書かれているが、何の過ちをやったのかがわからないのである。鉄道事故の記録を調べてみても、湯浅駅付近での事故記録は見当らない。ご存じの方は御教示戴きたい。建立場所は正面改札前で改札口を通るとすぐにわかる。

本州最南端の串本駅碑　串本駅には本州最南端の碑があるだろうと思い訪れたが、駅舎に向かって左側にその碑が建立されていた。黒御影石に彫られた平凡な碑で、碑文は左記のようになって入る。

「(縦書き) 本州最南端の串本駅碑
(下部横書き) 串本ライオンズクラブ」

レイディ・ワシントン号のブロンズ像　串本駅前広場にある。

「帆船であって寛政三年に寄港したアメリカ商船
一九九五年五月一三日建立
　　串本ロータリークラブ創立二〇週年記念」

佐藤春夫詩碑・紀伊勝浦駅前　紀伊勝浦は三重県だと思っていたら、意外にも和歌山県であった。まあ駅名に紀伊がつくから当然なのだが、大阪側からも名古屋側からも最遠の地点で、JR東海の特急もこの駅を始発にしている。この碑は小さな駅前ロータリーの築堤上に建てられている。昭和三四年六月、和歌山県勝浦町文化協会の建立で、佐藤春夫はこの地の出身である。

「　秋刀魚の歌
あはれ秋かぜよ、情あらば伝えてよ
—男ありて夕餉にひとり
さんまをくらひて、思ひにふけると
さんま　さんま
そが上に青きみかんのすをしたたらせてさんまを喰
ふはその男がふる里の習ひなり
その習をあやしみなつかしみて女は
いく度か青い蜜柑をもぎて夕餉に向ひけむ
あはれ人々に捨てられんとする人妻と
妻にそむかれたる男と食卓にむかへば
愛うすき父を持ちし女の児は

小さき箸をあやつりなやみつつ
父ならぬ男にさんまの腸をくれむといふにあらずや
佐藤春夫」

佐藤春夫（一八九二～一九五四）は、詩人で小説家、慶大中退で永井荷風などに師事、古典的な情緒詩を書いた。小説は『田園の憂鬱』『都会の憂鬱』など。紀勢本線は普通列車の速度が遅いのと、時々長椅子車が来るので厄介である。湯浅・串本・本碑の三碑で、まあ一日行程といったところでしょうか。

一一　滋賀県南部の鉄道碑

坂本ケーブル駅舎　日本一長い坂本ケーブルは、昭和初期の開業と歴史も古く、山上駅（比叡山）山麓駅（坂本）ともに、駅舎は国の登録文化財とされていて、戦前の良き時代の雰囲気が残っている。このケーブル線は戦時中でも廃止されず生き残った。登録文化財となった経緯はファイルで見られるのだが、碑は建てられていない。坂本ケーブルの山麓駅まではJR比叡山坂本駅からバスが出ているが、京阪電鉄坂本駅からだと徒歩八分ほどで行ける。

もたて山石仏群（ほうらい岳地蔵）　坂本ケーブルには中間駅が二つある。麓に近い方が「もたて山」駅で、その駅前には「ほうらい岳地蔵」と呼ばれる石窟があり、三百体ほどの石仏が祀られている。

これはケーブル線建設時に工事中掘り出されたものので、次のような説明板が設置されている。

「（説明文）この地蔵尊は、大正末期のケーブル建設工事中に発掘されたものを集めお祀りしてあるもので、信長による叡山焼討ちの際犠牲になった多くの人達の霊を慰めるため、土地の人々が沢山の地蔵尊を刻み、山麓一帯に安置し冥福を祈ったものである

初代逢坂山トンネル東口

と云い伝えられている。

この地名ほうらい岳は中国のほうらい山にならい名付けられたもので、めでたい縁起のよい名前として、良縁、慶び事などがかなえて下さる地蔵尊であると人気があり、若者を始め、不老長寿を願う熟年、お年寄りのお詣りも大へん多い。

大津市観光課」

鉄道碑を訪ね廻ると、このような遺跡も出てくるものだと感心した。ケーブルカーは途中下車もできるので、比叡山参拝時に一列車ずらして、ほうらい岳地蔵に参拝してほしい。

初代逢坂山トンネル東口　鉄道記念物となっている逢坂山トンネル東口は、当初のものと複線化した南側のものとが残存し、当時の面影を伝えてくれる。いずれも煉瓦造の坑門で明治の列車が出てきそうな気がする。碑はないが左記のような説明板がある。場所は現在の大津駅の西側で、京阪電鉄上栄駅で下車して踏切を越えて西側に登った所にある。

なお説明文の日本人だけで完成したという点は、まだ測量、設計から現場指導まで英人技術者が行なっていて、稲荷駅の項（九〇頁）で筆者の見解を説明した。

「（説明文）鉄道記念物・旧逢坂山ずい道東口

この隧道は明治一一年一〇月五日東口から、又同年一二月五日西口からそれぞれ掘さくを始め、約一年八カ月の歳月を費して明治一三年六月二八日竣工したもので、大正一〇年八月一日線路変更により廃線となるまで、東海道本線の上り線として使用されていたものであります。

全長六六八・四mにおよぶこの隧道は、日本人技術者が外国技術の援助を得ずに設計施工した、我が国最初の山岳ずい道として歴史的な意義をもつものであります。坑門上部にある石碑は、竣工を記念して時の太政大臣三條実美の筆になるものであります。

日本国有鉄道　昭和三六年一〇月一四日建設」

逢坂山隧道碑　旧逢坂山トンネルの西口が、名神高速道路の建設でその下になって埋没してしまったので、せめてもの記念として道路公団が建立した碑である。京阪電鉄大谷駅を東へ行き、少し入った高速道路の上に碑だけが建っている。

「(碑文) 旧東海道線　逢坂山とんねる跡　明治十三年日本の技術で初めてつくつた旧東海道線逢坂山トンネルの西口は、名神高速道路建設に当りこの地下十八米の位置に埋没した、ここに時代の推移を思い碑を建てて記念する。

昭和三七年一二月　日本道路公団　建之」

大津駅の北緯三五度線標識　大津駅の上りホーム西端に地球儀のようなものがあり、赤い線が描かれている。「これは何だろう」と思いつつ、せっかく好みの座席に着いたのだからと思い、いつか列車が混んで座れない日に写真を撮ろうと思っていた。現地に行ってみるとこれは「北緯三五度線の標識」で左記のような説明文が添えられていた。

「北緯三五度線と大津駅 (原文は横書き)

大津駅は北緯三五度線上に位置しています。線上を東の方向に進むと千葉県千倉町で太平洋に出、アメリカ大陸ではオクラホマシティー、メンフィスなどの都市を通り、地中海のクレタ島キプロス島を横断し、バグダッド、テヘランの二つの首都、チベット高原、西安の北方を通過し、島根県江津市で再び日本に上陸し、この大津駅に戻ってくることが出来ます。

このモニュメントは、琵琶湖線開業一〇〇周年記念事業の一環として、大津駅がこのような地球規模の線上にあることを、広く知って頂くために設置しました。

なお、地球上のある点の位置を表す方法には緯度と経度を用いる方法があり、北緯三五度線とは、地球を真球体と仮定すると、地球のある一点と地球の中心を結ぶ線が、赤道面となす角度が三五度となる地点を結んだ線のことを言います。

一九八九年七月一日

西日本旅客鉄道株式会社」

まあ読む方も写した方もご苦労様という碑であるが、旧国鉄時代にはこんな碑が建てられることはなかった。ＪＲとなって分割民営化のよい面が出たのだろう。筆者は分割民営化記念碑として記憶する。

湖西線建設工事慰霊碑　湖西線の中間、堅田駅前にあって、駅前広場から駅舎に向かって左側である。よく目立つ位置にあるのだが、ちょっと碑のデザインが地味なためか、あまり知られていない。工事殉職者一六名の姓名が刻まれている。

「(碑文)　慰霊碑　藤田書

湖西線山科沓掛間の建設工事は、昭和四十二年三月に着手してから七年余の歳月を経て、昭和四十九年七月完成しました。この碑は、建設工事に従事して殉職された十六名の御霊を祀り、その霊を慰めるため、本工事関係者が相計って建立したものであります。

日本鉄道建設公団　大阪支社長　藤田雅弘撰

昭和四十九年七月　慰霊碑建立委員会」

近江鉄道豊郷・交通道徳碑　近江鉄道豊郷《とよさと》駅ホームにある小さな四角の石標である。

「一、降リ」

「二、乗リ」

「三、押スナ」

とだけが各面に書かれている。交通道徳碑というのも筆者が名付けた。裏面は壁に付いていて読みづらいのだが、昭和一七年に建てられたことと、建立主が海軍関係であったことだけがわかった。ちょっと例のない珍しい碑だが、無人駅になっている現在から考えると「三、押スナ」というほど乗客があったのかと、過去の繁栄に驚かされる。

一二　滋賀県北部の鉄道碑

旧長濱駅舎　二階建煉瓦造の旧長濱駅舎は明治一五（一八八二）年の建設で、現存最古の鉄道駅舎である。鉄道記念物に指定されているが、国の重要文化財にはなっていないので、以前のリニューアル工事では少しおかしな改造がなされた。

旧長濱駅舎の裏側に、D五一SLとED七〇の交流機関車を入れて、旧長濱駅舎ともども「長浜鉄道スクエア」としてリニューアルオープンをした。

場所は長浜駅の南側（米原寄り）で踏切を渡った西側であり、駅からは徒歩五分である。この長浜鉄道スクエアと関連して、宿場町の町並みや大通寺の門前町の保存が行なわれて、観光地化が進んでいる。

旧長濱駅舎は東西二四・五m、南北九・七mで、木骨構造の石灰コンクリート造り二階建、外壁はコンクリート素面仕上げで壁の厚さは五〇cm、四隅の角は花崗岩切石積み、窓や出入口は煉瓦アーチと、鹿鳴館風の洋館で、英国人ホルサムの設計であり、神戸の稲葉弥助が工事を請け負った。

萬世永頼（柳ケ瀬トンネル東口題額）

柳ヶ瀬隧道題額　この駅舎の庭先には柳ヶ瀬隧道題額が展示されている。柳ヶ瀬線が廃線になるまでは隧道の上に掲げられていた。

隧道東口（雁ヶ谷口）の碑には「万世永頼　参議伊藤博文」とある。

西口（柳ヶ瀬口）は井上勝の発議による撰文が漢文で書かれている。この碑文の訳文（それでも難しい）が長浜鉄道スクエアに掲げられているので、その訳文の方をここに記載しておきたい

「（碑訳文）柳瀬洞道（トンネル）の碑

江（近江）より越（越前）にいたるに塩津柳ヶ瀬道あり崇峰（山々の峰）険峻にして鉄路行敷（しく）せんとするには鑿つに非ずして、これを通すは不可なり。其れ柳ヶ瀬よりするは梢夷かつ便（やりやすい）なり。洞の長さも七百三十九間、傾斜は西に下ること四十分長の一なり。明治十三年六月を以て剏工す。

先ず山の西より始めて、十六年四月に至り、又其の東に鑿つ入ること百五十間、東西の工徒（工事の人たち）相過ぎて（中間で出会って）豁然として貫通す、是の歳十一月十六日なり。

洞中の石質は柔脆にして崩壊易し、堅石を以って其の両辺の上に築き、磚を以って穹隆（アーチ）は梁形の如し。

今月に逮んで功（事業）すべて竣す（おわる）、是に先んじて鑿通するは凡そ三カ所なり。

曰く、刀根は長さ百八間、曰く、小刀根隧道は長さ三十一間、曰く、曾曾木は長さ三十間此西北里余（一里余り）距りて在り、面勢結構此れと同じなり、嗚呼此の鉄路成りて南北一貫し、京畿北陸を一日を以て往還すべし、行者は斎装の苦無く、居者は転輸の便あり、工業は益隆り、而して物産は愈阜なり。豈に二州（近江と越前）の民の幸に止まるのみならんや、其れ西口及び三洞の工者は長谷川謹介工部一等技手と曰えり、東口は長江種同二等技手と曰えり。局長の井上勝、其の事を石に紀さんと欲して以って某に曰りて叙するをす。其の始末此の如し。

明治十七年三月、工部五等属、村井正利、謹んで撰し書す。」

（福井県側にあった石額）

柳ヶ瀬隧道は近畿地方と中部地方の境である。柳ヶ瀬線に関連して小刀根隧道の碑や、現在の柳ヶ瀬隧道（道路となっている）のレプリカなど関連するものが出るが、それは中部地方の章（一二〇頁）で細述したい。

山中隧道題額・葉原隧道題額　いずれも柳ヶ瀬隧道題額と並んで旧長濱駅舎前にある。

いずれも「従二位勲一等伯爵黒田清隆題」とあって、山中隧道題額の杉津《すいづ》口は「功加千時」山中信号場口は「徳垂後裔」葉原隧道題額の敦賀口は「与国咸休」山中口は「永世無窮」とある。

どの額も蒸気機関車の煙で煤け、長い間、鉄道の難路を守り続けてきたものと思う。なおこの区間は北陸トンネルの開通とともに廃線となったので、隧道題額もこのように長浜に移されて保存されている。

一三　信楽高原鐵道事故の慰霊碑

信楽高原鐵道事故慰霊碑　五月晴れの平成三（一九九一）年五月一四日、保有する四車両を全部連結した信楽高原鐵道（以下ＳＫＲと呼ぶ）の列車と、ＪＲからの乗入れ列車が正面衝突をした。

ＳＫＲ五三四Ｄ列車は信楽駅発車時刻一〇時一四分だったが、信号が赤のままだったため、電気技師をリレー室に派遣し、一一分遅れの一〇時二五分に、設置されたばかりの誤出発検知装置を頼りにして赤信号のまま出発した。

キハ五八系三両編成のＪＲ列車は、この時三分遅れであったが、小野谷信号場に対向列車はいなかったものの、出発信号が青現示であったのでそのまま進行した。信楽で「世界陶芸祭セラミックワールド信楽」が開催されていたので、ＪＲ列車は乗車率二五〇％を越える超満員であった。

閉塞区間に列車がいるのにもかかわらず、その閉塞区間に対して青信号が掲げられたのは、日本の鉄道史でも前例がなく、信楽での一例だけである。

慰霊碑と安全の碑などはまさに衝突をした事故現場に建てられている。ＳＫＲの紫香楽宮跡《しがらきぐうし》駅で下車し、国道を五〇〇ｍほど貴生川側にもどった、線路と国道に挟まれた細長い場所である。この慰霊碑も類例のない碑であって、合掌をした手を表現しているそうだ。

衝突現場には一本の石柱が建立されている

「平成三年五月十四日
　信楽高原鐵道列車衝突事故現場」

慰霊碑は右に本文、左に犠牲者名碑となっている。

「慰霊碑

　平成三年五月十四日午前十時三十五分、ここ信楽高原鐵道単線軌道上に於いて、ＪＲ西日本直通乗入れ列車と信楽高原鐵道列車が正面衝突し、四十二名の尊い命がその犠牲となって失われた。
　この慰霊碑は犠牲者の御霊のご冥福をお祈りするとともにこれを教訓として二度とこのような大事故を繰り返すことのないよう、鉄道の安全を念願し建立されたものである。
　　遺族一同
　　信楽高原鐵道株式会社
　　西日本旅客鉄道株式会社」

信楽高原鐵道事故慰霊碑

いままで犠牲者の姓名は略してきたが、本事故に関してはその全文を記載したい。

「名碑（敬称略）

安藤壮之助　中尾きみ子
安藤ふみ子　中島治三郎
伊原一男　中島未晴
今谷益雄　中田晶子
臼井信子　中原辰子
内田眞二　野田花子
大内司朗　林　昇
栫　和子　平野秀一
木村てい子　平野眞正
国江恵美子　藤目幸子
久保高子　古川吉次
長尾トシコ　松林達雄
村川ツヤ子　都田美代子
熊谷與三郎　向谷冨子

栗谷源三郎　森上　修
黒川和子　吉崎佐代子
後藤正利　奥村清一
高橋宗人　中島春男
樽井言致　中村裕昭
樽井美代子　淵本　繁
寺川初栄　吉澤彦一」

このうち後の五名がＳＫＲの社員で、その他は乗客である。衝突したＳＫＲ車両はアルミ缶を潰したように「つ」の字に曲がり、ＪＲ列車のほうは先頭車両が四五度に曲がって天を向いていた。ＳＫＲ車の方が破損はひどかったが、ＪＲ列車が超満員であったため、乗客の犠牲者はＪＲ車がほとんどである。

安全の碑　平成一五年五月一四日になって、事故現場に新しい碑が加えられた。本碑はこの事故の遺族と弁護士が中心になって設立された鉄道安全推進会議（ＴＡＳＫ）により建立された。

「安全の碑
　信楽列車事故の遺族らが中心となって一九九三年八月八日に結成された鉄道安全推進会議は、中立公正で独立した鉄道事故調査機関の設立を求めて活動をつみ重ねてきた。
　その願いが通じ二〇〇一年一〇月一日国土交通省内の機関ではあるが航空・鉄道事故調査委員会が発足した。
　これは犠牲になった四二の御霊の安全への思いが万人の心をゆるがし結実したものである。
　ここに亡き犠牲者を偲ぶとともに、今後のわが国の事故調査制度のさらなる充実発展と鉄道事故の根絶を祈念してこの碑を建立する。
　二〇〇三年五月一四日
　鉄道安全推進会議（ＴＡＳＫ）」

信楽高原鐵道事故慰霊堂　信楽町「不動寺」内にある、「紫雲山聖武院不動寺」と呼び、事故現場を西に少し戻って右折し、舗装されていない東海道自然歩道の標識に沿って歩くこと四分である。道路側からはあまりお寺のように見えないので、右手にある「不動寺」の標識を注意して見ていただきたい。

SKR事故・不動寺慰霊堂と仏像

この慰霊堂は平成五年六月、事故現場より移設されたもので、それまでの二年間は現地には慰霊堂があった。住職は稲森さんと言われる方で、このように慰霊堂を大切に守ってきていただいた。

慰霊堂には由緒を記した記載文字などはない。

セーフティーしがらき・鉄道安全宣言の町　信楽事故を風化させないよう、遺族の会から資料館建設の要望が強まり、信楽町などが中心になって事故から六年目の平成九年四月三〇日オープンした施設である。この年の五月が七回忌で、その回忌の前に鉄道事故資料館が建設されたのである。

建立された場所は信楽駅の待合室の隣で、待合室を拡げるように一階は全部開放されている。建物は二階建の一二〇㎡で、建設費は三〇〇〇万円であった。入口には「セーフティーしがらき・鉄道安全宣言の町」と書かれている。

展示品は事故車両の一部で、壊れたヘッドマークや無線電話器・計器類であり、前述のＴＡＳＫの会が鉄道への安全提言を行ない、この提言によって安全車両と呼ぶＳＫＲ三〇〇形三〇一号車ができて、その安全車両の説明や、この鉄路がＪＲ信楽線からＳＫＲに移った歴史も説明されている。
ＴＡＳＫ（鉄道安全推進会議）の活動によって、日本にもアメリカＮＴＳＢと同じ、航空鉄道事故調査委員会ができて、いままでとかく曖昧になっていた鉄道の事故原因調査が、闇に埋もれず明白になりつつあるのは喜ばしいことである。

ＳＫＲ事故の経過と概説　筆者は大津地裁で行なわれた刑事裁判のほとんどを傍聴した。裁判が長期になったのはＪＲ西日本が責任を認めなかったからだった。

方向優先梃子　ＳＫＲは陶芸祭前年の秋ごろから陶芸祭輸送の検討を進めたが、中間に行違い場所（小野谷信号場）を設置し、ＪＲから車両も人員も借入れて三〇分ヘッドの運転とし、信号も新たに単線特殊自動閉塞信号を設けることにした。これは線路の全面に電流が流れるのでなく、駅近くの部分の電流だけで安全を確保する装置であった。
この工事は小野谷信号場を中心に、ＪＲ側とＳＫＲ側で別々に行なわれ連絡も不十分であった。まずＪＲ側はＳＫＲに連絡せず方向優先梃子（六五Ｒ）を設置し、ＳＫＲ側も連絡なしで信号系を変更した。ＪＲ側は列車が少し遅れていたため早目に方向優先梃子（反位片鎖錠・乗り入れてくるＪＲ列車にのみ優先走行させ、対向列車を抑止するための梃子）を入れた、これが原因で信楽駅の信号が赤固着となって青に変わらなくなったのである。

誤出発検知装置と強硬な発車　ＳＫＲは信栄電業から派遣されていた技師に、リレー室内での点検を依頼した。結論から言うと、ＪＲの方向優先梃子（六五R）が引かれている限り、どのような点検をしても無駄だったのだが、運行に責任を持つ業務課長が、単線になった線路の先にある誤出発検知装置を踏めば相手方信号が赤になることを期待して、駅長らの反対を押切り列車を出発させた。

この列車が誤出発検知装置を踏んでいた時に、リレー室内で点検中の技師が、あやまった接続、方向回線とUZ回線を接続していたので、これで誤出発検知装置の回線が切れ、閉塞区間には列車なしの表示となった。それで青信号で進行したJR列車との正面衝突というまれな事故となってしまった。

JR側が六五R設置の連絡不備をなかなか認めようとはしなかったため、刑事裁判も民事裁判も長期となったが、いずれもJR西日本の責任を認めて、遺族らの勝訴となっている。

第五章　中部地方の鉄道碑

一　三重県の鉄道碑

近鉄・総谷トンネルでの特急衝突事故　三重県の鉄道事故碑を二つ続けて紹介しよう。最初は近鉄特急同士の衝突事故で、近鉄大阪線で昭和四六（一九七一）年一〇月二五日一六時ごろに発生した。

原因は名古屋行き特急が、東青山駅手前三㎞の地点で、ATSの誤作動により非常ブレーキがかかって停車し、制動が弛緩しないのでそのまま東青山駅まで走り停車した。乗務員は各車の空気供給コックを開放して制動弛緩したが、コック開放のままなのを失念し、東青山駅の助役を乗せたまま、制動不能の状態で急勾配（三三‰）を降った。列車は約一〇〇㎞／hのスピードでトンネル手前の安全側線で脱線し、そのままで総谷トンネルに突入、対向の特急列車とトンネル内という最悪の場所で正面衝突をした。二五名死亡、二一八名負傷と記録されている。下り特急列車は急勾配のため最大速度となっていて、上り特急もそれなりの速度であっただろうから、よく犠牲者が二五名で済んだものと思う。

下り特急運転士のATS故障時の処置誤りで、ブレーキ装置の基本知識を欠いたためとされた。犠牲者が少なくてすんだのは、この時期には近鉄特急の乗車率が悪く、この時期から昭和五〇年代初めにかけての乗車率の落ち込みぶりは、傍で見ていても気の毒なぐらいであった。名阪特急は新幹線の前にノックアウト寸前であったが、国鉄が昭和五一年に空前の運賃・料金の値上げをしたために、近鉄の方も

近鉄・総谷トンネル事故慰霊碑

息を吹き返したのだと伝えられている。

この慰霊碑の所在を東青山駅で尋ねたのだが、次駅の榊原温泉西二kmの成願寺にあると教えられた。所在地は三重県一志郡白山町上ノ村三六一であり、慧命山発心院成願寺と呼び、明応二年創建の寺であるということである。

駅からは少し距離があるので、参拝される方は、行きはタクシーにして帰りは徒歩三〇分ほどを歩かれるとよいだろう。

慰霊碑は鉄道関係では珍しい宝篋《ほうぎょう》印塔《いんとう》である。鉄道碑としてはおそらくこれ一つだろう。境内の向かって右側にある。好感の持てる碑なのだが犠牲者名は刻まれていない。

「（表面）慰霊塔
（右面）昭和四十七年七月近畿日本鉄道株式会社
（裏面）梵字
（左面）為慰昭和四十六年十月二十五日東垣内列車事故物故者霊位」

参宮線六軒事故の慰霊碑　昭和三一（一九五六）年一〇月一五日、参宮線六軒駅（現在は紀勢本線だが当時は参宮線であった）に下り二四三快速列車が約一〇分遅れで到着、同駅で上り二四六快速列車と行違うという列車指令からの連絡（運転整理・行違変更）を受けた。所定ダイヤでは、両列車とも停車する松阪駅での行違いとなっていたのである。

当時は列車無線がなく、このような運転整理（列車行違変更など）は駅に連絡するだけであり、列車は信号機を見て停車・通過などの情報を受けるだけとなる。下り二四三列車は場内信号機と併設された通過信号機を見落とし、六〇km／hの所定運転速度で駅構内にかかった。そこで出発信号機の赤を見て急ブレーキを掛けたが及ばず、安全側線に進入して転覆、その約二〇秒後に進入した上り二四六列車は上り線路上にはみ出していた下り列車の客車と激突した。そして乗り上げた機関車の配管が破れ、高温蒸気を一両目の客車の中に吹きこんだのである。

六軒事故（現地慰霊碑）

この車両に乗っていたのが、修学旅行の東京教育大学付属坂戸高校の師弟であった。車内にはトランプが散乱していて涙を誘った。慰霊碑記載の左記のように多数の死傷者を出したのである。

この事故の碑は、現地の碑が、現地踏切横と松阪清光寺にあり、さらに東京教育大学付属坂戸高校の正門を入った所にも建立されて、都合三碑が存在するし、個人が奉納した地蔵菩薩もある。まず石造で四角塔碑である現地慰霊碑から記載したい。

現地慰霊碑　六軒駅南の踏切横西側

「（表面）参宮線列車事故遭難者慰霊碑

岩上香堂謹書

（裏面）昭和三十一年十月十五日午後六時二十分、

コノ地ニ於テ列車ノ衝突事故アリ、時アタカモ修学
旅行期ト県下通勤者ノ帰宅途上ノ刻ニシテ、満員ノ
列車ハ忽チ阿鼻叫喚ノ巷ト化シ、一瞬ニシテ四十二
ノ尊キ人命ヲ失ヒ多クノ重軽傷者ヲ出ス、殊ニ埼玉
県坂戸高校修学旅行ノ一行ハ、三名ノ引率教官ヲ失
ヒ生徒ノ大半ガ遭難、ソノ惨状ハ言語ニ絶ス、吾等
ハ将来カカル惨事ノ絶無ヲ祈念シテ止マス、今コノ
処ニ慰霊ノ碑ヲ建テ四十二柱ノ御霊ヲ永遠ニ弔シ冥
福ヲ資助ス、
　昭和三十二年十月十五日　三雲村長　宇野誠
（裏面続き）遭難者氏名
三重県出身者　坂戸高等学校教官
井上常藏　臺　光　島田雄次
濱田文朗　畑　駿一郎　千装寛一
東山もよ　粕谷美智子　発知秀雄
殿村清三郎　福島道弘
千草一郎　坂戸高等学校生徒　増尾政美
奥村一夫　森田茂生
尾崎清春　安藤順一　安野吉雄
吉崎　正　飯野関男　石川栄子
辻　長太郎　猪鼻宗男　内野富美子
安田　稔　川野正二　大川フミ子
藤本鶴江　神田光治　神田いち
荒木　賢　木下真平　高篠計子
坂井清一　小村勝男　中野キヨ
坂上靖男　道祖土芳雄　中村富江
下村　喬　重田利三郎　山崎よし子
曾原石工　水谷重生
（右面）東京教育大学付属坂戸高等学校
全国国立大学付属学校連盟
同　ＰＴＡ連合会
列車事故遭難者三重県遺族会
（左面）参宮線列車事故遭難者遺族会」

参宮線六軒事故松阪清光寺慰霊碑　現在はＪＲ東海自慢の「快速みえ・キハ七五系」が走る松阪駅から数分で、駅前通りの右側に松阪シティホテルがあるが、ホテル前を右折した右隣にある。しかし「清光寺」の掲額はどこにもないので注意したい。墓地を抜けて梵鐘のあるところの左側に建立されている。

「(表面) 国鉄参宮線列車事故殉難者碑

(左面) 東京教育大学付属坂戸高校

　　同　遺族会

　同　同期生一同

　読経者　俊徳　偲惨状　書之

(右面) 昭和三十一年十月十五日遭難

　昭和四十三年　十三年忌法要の日建之」

駅の近くだったので、ここで当日の法要と忌法要が行なわれ、十三回忌の時に建てられたのである。

話は戻るが、場内信号機を誤認して、出発信号機を冒進したとされた下り二四三列車の機関士は、事故直後から裁判終了まで「場内信号機と通過信号機」は青であった、そして出発信号機も青だったのが視認直後に赤に転換したのだと主張した。

また直前の停車駅の津（一八時七分）では行違い変更の運転通告券を受けとっておらず、六軒駅のホームには通票受柱が建てられたままであったと主張した。停車列車ではタブレットは駅長か助役が手渡しをして通票受柱は使わない。

裁判では行違い変更の指示を出したのは一七時五三分であったと認定し、機関士への通告券の授与は所管の天鉄局内規では定まっていないとの理由で、最も後味の悪い有罪判決となった。

『鉄道重大事故の歴史』（久保田博著）にも、この事故を機関車乗務員のみの過失としたのは公正でないようにも思うと、一行だけ記されている。

筆者も現地を調べたが、下り列車からの見通しはまことによく、三雲川橋梁を渡ると一望千里、信号は確認地点のずっと先から見通せる。ここでは信号誤認などは起こらないように思う。上り列車の方は、やや高くなっている橋梁が見通しを遮るので、衝突直前まで対向列車の転覆は見通せない。

またこの事故では非常ブレーキの制動力が問題になった。機関士が非常を取っても（非常ブレーキを掛けても）前から五・六両目以降は通常ブレーキしか作動しない。これは機関車が重連で制動管が曲がっているため、制動力が落ちるためであった。重連でなければ、出発信号機の赤を見てからホームの外れ付近で停車できるという理論になっていた。

この事故の波紋は大きく、後に国鉄は全列車に車内警報器や信号の色灯化、ついでATSの設置へと動くきっかけになった。要するに高速鉄道の閉塞や運転整理に、タブレットと腕木信号機というシステムはもう限界を迎えていたのである。

六軒事故坂戸高校慰霊碑　付属坂戸高校は、東武東上線の「若葉」駅を下車、西の方角に十数分は歩かねばならない。右手の校門を入ったすぐ右横に建てられている。

「（表面）殉難碑

（裏面）昭和三十一年十月十五日午後六時二十分参宮線六軒駅構内において下り列車が脱線し、これに上り列車の激突する惨事がおきた、この時本校の関西旅行団は下り列車に乗りあわせ、惜しくも教官生徒二十七名は尊い生命を一瞬にして失った。ここに碑を建て殉難を悼みその霊を永遠に慰める。

昭和三十二年十月十五日

東京教育大学附属坂戸高等学校長

三坂和英　記　　　岩上香堂　謹書」

これに教官の畑駿一郎・臺光・粕谷美智子の三名に続いて落命した生徒名があるのだが、これは六軒の現場碑と重複するので省略したい。

六軒事故地蔵菩薩　犠牲者の個人で慰霊する碑もある。これは願主が大川フミ子であって、坂戸市横沼の藤井山勝光寺にある地蔵菩薩像である。

「(正面) 芳純院文学修妙大姉　フミ子　十七歳
(台座) 吊詩坂戸高校　師弟遭難
　金栗初開暁更新　躍々発郷五十人
　鉄路惨事須臾空　菊花咲而嘆永遠
　　在犬山町　深田越山
昭和三十二年十月十五日　施主　大川仙蔵　とみ」

下庄踏切の「みちびき地蔵」　亀山から紀勢本線を一駅下った下庄《しものしょう》駅から南へ徒歩七分の「第一下庄踏切」の西側に、祠に入った踏切地蔵が見られる。踏切地蔵は各地で見られて枚挙に暇ないのだが、こんな立派な御殿に入っているのは筆者はここで初見参であった。

「(碑文) みちびき地蔵
　平成四年一月　三谷学　建立」

亀山からの各駅停車の列車は一時間一本程度なのだが、一列車ずらして見学する価値はありそうだ。

桑名駅開業百周年記念碑　桑名駅の下りホームにある。珍しい赤御影石の碑で、背がドーム形に丸くなっている。ここでは中原中也《なかはらちゅうや》の桑名の駅という詩がメインになっていて、左側にプレートとしてはめこまれ、肉筆の書も石に彫られている。中原中也(一九〇七〜一九三七)は抒情的で透明な独自の詩風をひらいた詩人である。

「　桑名の駅　　中原中也
桑名の夜は暗かつた　蛙がコロコロ鳴いてゐた
夜更の駅には駅長が　綺麗な砂利を敷き詰めた

桑名駅開業100周年記念碑

プラットホームに只独り
ランプを持つて立つてゐた
桑名の夜は暗かつた　蛙がコロコロ鳴いてゐた
焼蛤貝の桑名とは　此処のことかと思つたから
駅長さんに訊ねたら　さうだと云つて笑つてた
桑名の夜は暗かつた　蛙がコロコロ鳴いてゐた
大雨の霽つたばかりのその夜は
風もなければ暗かつた
　一九三五、八、一二　此の夜　上京の途なりしが
京都大阪間の不通のため　臨時関西線を運転す
　　　　桑名駅開業一〇〇周年記念
　　　　　一九九四年七月五日」

二　敦賀までの北陸本線

柳ヶ瀬トンネル題額のレプリカ　従前の北陸本線の難所、柳ヶ瀬ルートも近江塩津経由の平坦な複線に改良されたため、現在の柳ヶ瀬トンネルは意外にも県道となっていて、自動車で通行できる。

単線トンネルなので車道も一方通行で、入口前の信号機で七分ほど待たされる。内部の煉瓦アーチは大部分をモルタル吹付けにされてしまったが、一部には煉瓦が見られて、明治初期の雰囲気はよく残っているので一度は通過されることをお薦めしたい。以前はこのトンネルを通る六往復程度のＪＲバスがあったのだが、これは廃止されてしまったので、自家用車かレンタカーということになってしまう。
もし読者がレンタカーを一日使うのであれば、敦賀付近の鉄道碑と鉄道施設が一日で見られるし、今庄まで足を延ばすこともできる。

小刀根トンネル西口

この県道の両側の出入口前に、前記の旧長濱駅舎（長浜鉄道スクエア）前にある柳ヶ瀬隧道題額のレプリカがそれぞれ置かれている。気が付く人も少ないが、イキなはからいだといつも思っている。

小刀根トンネルと同トンネル石額　小刀根隧道（ことねトンネル）は福井県敦賀市にあり、柳ヶ瀬トンネルの西二㎞。小刀根隧道は長さ五六ｍの小隧道だが、明治一四（一八八一）年一〇月の完成で、完全な形で現存している最古の鉄道トンネルである。
西口坑門の要石（かなめいし）は「明治十四年」の文字が掲げられ、最近には敦賀市指定文化財として説明板も作られた。このトンネルを最初に発表した筆者としては喜ばしいことである。現地に行くには敦賀から刀根までのバスもあるが回数が少なく、見学には柳ヶ瀬隧道とともに車に頼るほかはない。

小刀根トンネル説明板（隧道西口）　小刀根トンネルはわずか五六ｍだが、創建の明治一四年から、何の改造もされずに現存している。最古のトンネルは逢坂山トンネルだが、これは西口が埋められて高速道路の下となったので、前後とも貫通していて原形をとどめる現存最古の鉄道トンネルである。

場所は元の刀根駅の近くで、敦賀か新疋田からの道路は拡幅した刀根トンネルを出て元の鉄道線路の通り直進する（道路はここで曲がっている）とよい。

道路側の隧道西口には説明板があって、これで敦賀市指定文化財になったことを知ることができる。

「敦賀市指定文化財　建造物・小刀根トンネル

指定年月日　平成八年八月十一日

管理者　日本道路公団（敦賀市）

時代　明治時代

（説明文）明治十四年（一八八二）総高六・二m

全幅一六・七m　総延長五六m

明治二年（一八六九）一一月、新政府は東京－横浜間、京都－神戸間、敦賀－米原間（後に敦賀－長浜間に変更）の鉄道敷設を計画した。

敦賀－長浜間の工事は、明治十三年四月に四区に分けて着工された。これは日本人技術者のみによる工事では、明治十三年七月に開通した京都－大津間に次いで二番目のものである。

敦賀－長浜間のトンネルには明治十四年に開通した曽々木・刀根・小刀根トンネル、明治十六年に貫通した柳ヶ瀬トンネルがあるが、現在曽々木トンネルは消滅し、柳ヶ瀬・刀根トンネルは車道に利用するため一部ないし全部の拡幅工事が行われ昔の姿をとどめていない。またこの工事以前に着手完了した京都－大津間の東山・逢坂山トンネルもその後の鉄道電化工事などによつて改修がなされている。

このような意味から、建設当時の姿を今に伝える日本最古の鉄道トンネルであると言える。

また、レンガ造りの馬蹄型の構造、内部の岩盤露出部分とレンガ積上げ部分などの手法にも当時の建築技術がうかがわれ、貴重な遺構である。

なお、この鉄道は、昭和三十二年の深坂トンネル開通までは北陸本線として、それ以降、昭和三十九年の廃線までは柳ヶ瀬線として利用された。

平成十二年三月三十一日　敦賀市教育委員会」

明治一四年は一八八一年のはずだが、このような記載となっている。そして東山・逢坂山トンネルの記載も間違っていて、旧逢坂山トンネルは現在線のものではない。小刀根隧道の開通は明治一四年一〇月であった。この「明治十四年」と書かれた石を要《かなめ》石《いし》と呼ぶ。なお要石に文字があるのは西口だけで、東口の要石には何の記載もない。

交流電化発祥の地碑　敦賀駅南二kmに現在のＪＲ貨物機関区があり、「交流電化発祥の地」碑がある。機関区の中だが一言お断りすれば自由に入ることができるので、本稿で取り上げることにしよう。下り線右側の車窓からは一瞬だが見ることができる。

交流電化は仙山線を試験線区として昭和三〇年より開始され、その後交流電化の優位が認識されて北陸本線を交流化することになった。昭和三二年に北陸本線の柳ヶ瀬経由線が別線になり（その後廃止）新しい深坂隧道を通過する新線になったと同時に、新架線で六〇サイクルの交流電化となって、貨客両用としてＥＤ七〇機関車が使われることとなった。現在での交流電化地区は九州各地と北陸線、それに関東北部から東北各地と北海道である。

交流電化は高電圧で大量の電気が送れる点、変電設備が簡略となる点、架線が軽くなる点など、多くの優位性が伝えられたが、車両内で直流変換するため価格が若干高くなり、交直流変換システムが技術の進歩により簡略となるなど、現在では交流電化が特段の優位にあるとは言えない。しかし新幹線は大容量の電気を送るため交流しかなく、交流電化の技術は新幹線で最も生かされたと言うべきだろう。

ちょっと不思議だが、JR西は直流電化を進めていて、小浜線も七尾線も直流電化である。ゆくゆくは北陸線全線の直流化を目指しているらしく、北陸本線の普通列車はとっくに耐用年限を過ぎた陳腐の交直流両用電車でまかなっているため、各駅停車の北陸線に乗るといつも不愉快になる。

交流電化碑は玄関の茂みの中に建てられている。碑文はすこぶる長いので全文の引用はせず、要点だけを記しておきたい。

「(碑文)『交流電化発祥の地』金沢鉄道管理局長矢山康夫書

由来・世界最初の六〇サイクル交流電化による鉄道動力革命の成功を記念して、近代動力の中心敦賀機関区に碑を建立するに当り、わが国鉄交流電化発祥の由来を記す(中略)。総裁十河信二・技師長島秀雄らによって交流電化の採用が決断され、その試金石として北陸線米原敦賀間の幹線に急きょ実施することとなった(中略)。関係各氏と会社の名を刻んで交流電化の成功を永久に記念したい。

アジア各国鉄道首脳者交流電化視察団を迎えるの日　一九五八年五月一七日建立」

敦賀駅百周年記念碑　駅前で碑は駅舎に向かって左側にある。「敦賀駅百年」となっているが駅は当初は現在位置ではなかった。井上勝らの建設した線路は、市街地を横切って敦賀港まで達していた。資材や貨物輸送のためである。最初は港駅でスイッチバックしていたが、運用に支障がでるので弓形のショートカット線を造りその中間に駅を移転した。現在の敦賀駅ホームがカーブしているのはそのためである。

「この動輪は敦賀駅開業一〇〇周

年を記念して設置した物であり、地元敦賀市と国鉄が両輪となって力強く二〇〇年を目指して幕進することを象徴しています。

昭和五七年月三日　敦賀駅長

二九六〇〇（形式九六）動輪」

三　北陸本線・北陸トンネルの碑

北陸トンネル列車火災事故慰霊碑　後述の北陸隧道碑とともに下り列車の左手の窓から見られる。慰霊碑は敦賀駅から北三kmの北陸トンネル敦賀口の左側にある。列車からはよく見えるが、いざ行こうとすると、バスの回数も少なく、小一時間歩くかレンタカーを利用しなければならない。慰霊碑はこのような事故としてはやや粗末な木碑である。風化がはげしかったが、平成三年に保線区の人々によって新しい碑が作られた、しかしこれも以前と同じ木碑である。将来、恒久的な慰霊碑が建立されることを望みたい。

昭和四七（一九七二）年一一月六日午前一時一三分、敦賀駅を発車した大阪発青森行五〇一急行列車「きたぐに」（客車一五両）は、延長一三・九kmの北陸トンネルに入り敦賀側から五・三km地点を約六〇km／hで力行中、前から一一両目の食堂車から出火した。列車は車掌からの連絡で運転士がトンネル内の現場に緊急停車し、車載の消火器で消そうとしたが火は拡がる一方であった。

そして、鎮火が不可能な時には客車を切離して類焼を防ぐという規定にしたがった乗務員は、客車の切離し作業を続けて三〇mだけ移動したが、火炎によって水漏れ用のビニール樋が溶断し、これにより架線がショートし高速度遮断機の作用で停電してしまい、電気機関車は運転不能となった。この時列車

北陸トンネル火災事故慰霊碑

後部には寝台扱いの車掌・鉄道公安官など多数が残ったが、ハザ・ハネ（ハザは座席車自由席、ハネは三段のＢ寝台車）を連結した前部車両には、運転士・指導運転士など少数の職員で対応しなければならなかった。乗務員は乗客を車外に避難させ、今庄側に誘導しようとしたが、排煙ガスのために窒息状態になるなど、指導運転士一名と乗客二九名の計三〇名が死亡し、七一四名が負傷した。
列車は連休最後の日でほぼ満席だったが、乗客全員が窒息状態になったのである。北陸トンネルは複線形で、断面も大きかったので最悪の事態とならなかったが、もしこれが単線トンネルだったなら、史上最悪の鉄道事故になっていたものと思われる。
原因は、食堂車喫煙室の電線老朽化による漏電、つまり電気ショートだと推定されたが、食堂車が全焼し現場を見ている証人もいないため確証できなかった。列車をトンネル内で停車させた判断が悪く、そのままトンネルを走り抜け、南今庄駅で消火活動をすればよかったのである。
なお機関士と専務車掌が起訴され、八年余の長い裁判となったが、金沢地裁ではこの二人に無罪を言い渡した。このような大事故で無罪判決が出るのはかなりまれな例だが、当時の火災時の服務規定通り作業を進めた結果だとされた。この列車の辻邦義機関士が、法廷で感激的な最終陳述をしているので『黒い炎との闘い』から引用した文を、佐々木冨泰・網谷りょういち『続・事故の鉄道史』に掲載した。ご一読戴ければ幸いである。

「(碑文) 南無阿弥陀仏
　昭和四十七年十一月五日
北陸トンネル内列車火災事故犠牲者の碑
平成三年八月五日新碑建立　ＪＲ敦賀保線区」

　木碑にはこのように記されていて、粗末な石仏が安置されている。さらに卒塔婆が何枚か立てかけられていてほとんど読めなくなっているが、左記の一枚だけが何とか判読できた。

「(卒塔婆文) 惟時　昭和五十九年十一月六日
　速成御仏身　俗名・小中善四郎」

　なおこの人は青森県の出身であって、出稼ぎなどから戻る途中だったのであろうか。

北陸隧道碑・同工事殉職者慰霊碑　北陸トンネル列車火災事故慰霊碑から三〇ｍほど戻った陸橋のかたわらに建立されていて、やはり下り列車の左手に見える。昭和一〇年前後から、このような大工事を竣工させた時には官（鉄道省・国鉄）で記念碑と殉職者慰霊碑を建てるようになった。その最初は丹那トンネル熱海口にある殉職者慰霊碑ではないだろうか。北陸隧道碑と慰霊碑も赤御影石を使った碑で、鈞合いよく線路の方にむけて建立されている。

「(碑文) 北陸隧道碑（横書き）
　題字　日本国有鉄道総裁　十河信二
　碑文　日本国有鉄道岐阜工事局長　上原要三郎
第一工区西松建設　第二工区熊谷組　第三工区　大成建設　第四工区佐藤工業
　昭和三十七年六月十日建之」

とあり、工事は昭和三二年一一月より昭和三七年三月二〇日までかかったこと、掘削誤差は高さ三㎝、左右七・七cmであったこと等が記されている。右横にこの工事で犠牲になった人々の慰霊碑がある。

「(碑文)工事慰霊碑・慰霊　永平泰禅書
北陸隧道工事殉職者の霊に捧ぐ」

とあり、殉職者名の二七名の姓名が刻みこまれている。湖西線と北陸トンネルとで、近畿から北陸三県へ行くのにはずいぶん便利になったのだが、そのためにはこれだけの尊い犠牲があったものと感謝しなければならない。なお慰霊碑に「木野ミツ」という女性名が刻まれているのが珍しい、隧道工事には女性は入れないのが業界の規律だが、これは隧道外での事故だったのだろうか、このことについて『北陸隧道工事誌』には何の記載もない。

「きたぐに」寝台券払戻しゲーム　もう十数年も前のことである。筆者が冬に飯山線沿線に出掛け、長岡から京都までの「きたぐに」下段B寝台券を買っていた。列車は大雪のため難行し、来迎寺の駅で長時間停車をして窓の外は激しい雪だったが、筆者は「後戻りさえしなければいいや」とぐっすり寝込んでいると車内放送のチャイムが入り、列車は柏崎で打切り長岡まで引き返すとのことで、この時刻が五時三〇分ごろ、柏崎で長時間停車して長岡に戻ったのが六時五〇分ごろであった。

この場合は急行券さえ持っていれば、長岡―東京―京都間を新幹線で迂回乗車できる。それはいいのだが問題は寝台券で、寝台券を払い戻すかどうかの境目は午前六時であり、六時を過ぎて寝台利用すれば払い戻さないという規定になっている。この場合、「きたぐに」が打切りになったのは午前六時より前、それから長岡までは回送列車の便乗とも考えられる。しかし筆者が寝台にいたのは六時五〇分まで、六時を過ぎて寝台利用をしていたのも事実である。

迂回乗車の上越新幹線の中で「寝台料金は払い戻しできませんので、あしからず」という車内放送、それでは何としても払い戻させてやる、という闘志が湧いた。考えたことは「きたぐに」の乗客のうちでまっ先に京都駅精算窓口に行くこと、他の乗客が先に行って「寝台料金は払い戻しできないと言っていたが本当か」などと言えば駄目になってしまう。

時刻表で最も早い列車と階段の位置などを研究し、駅員との想定問答集も考えた。そして一番に精算窓口に行って寝台券を出し「〝きたぐに〟は五時半ごろ柏崎で運転打切りになりましたので」と言うと、いともあっさり六三〇〇円の寝台料金が払い戻されて、想定問答集は使わなくてすんだ。

精算窓口などの職員は「客の話にスジが通っていれば、客の言う通りにしてやれ」という教育を受けている。筆者もそれは知っているので自信はあったのだが、六三〇〇円をめぐる攻防なので少し興奮した。しかしこのようなどちらとも取れるケースは、乗客にとって有利なように取り計らってやるのが正しい取扱いではないだろうか。

四　北陸本線・今庄から金沢まで

今庄町雪崩事故慰霊碑　北陸トンネルを北に抜けた今庄町は、以前は機関車の付け替えや勾配にそなえての補機の連結など、鉄道の町として栄えた。この町は県下きっての豪雪地帯であり、鉄道に事ある時には今庄町住民がこぞって協力をした。

昭和一一（一九三六）年は記録的な大雪の年とされるが、今庄北方の湯尾トンネル南口で雪崩があり線路を支障した。この除雪のために大勢の鉄道職員が動員されていたが、作業中に再度の雪崩があり、約四〇名が生埋めとなり九名が死亡した。そのための慰霊碑であり、今庄駅から北へ約一㎞の八十八個所の登り口にあり、線路の方を向いて建てられている。駅を正面に出ると二〇〇mほどで旧街道筋に出る、ここを右折して北側に、昔の姿をとどめた今庄の町並みを抜けて、ゆっくりと一五分ほど歩いて行かれるとよいだろう。この碑は西側の列車の窓からも眺められる。

「(表面) 弔魂碑

名古屋鉄道管理局工務課長　佐々原勲之

(裏面) 昭和十一年一月廿二日、当地方ハ近年稀ニミル降雪ニテ交通全ク杜絶シ列車亦不通トナリ鉄道当局ハ急拠動員、湯尾隧道南口附近ノ線路除雪ノ工ヲ急グニ至ル。コノ工ニ加ハルモノ百数十名今ヤ必死ノ力ヲ以テ風雪狂飛スル中ニ丈余ノ積雪ト戦ヒツツアリシガ、午前十一時十五分、俄然大旋風起ルト見ルヤ忽チ南坂一面ノ雪ハ「大アハ」トナリ大地ヲ搖シテ線路上ニ落下シ附近一帯ニ拡リ不幸四十余名生埋ノ大惨事ヲ現出ス。急報ニ接シ挙村一致直チニ之ガ救出ニ死力ヲ尽シ、翌廿三日午後三時全ク救出ヲ了シ重態者廿二名ヲ本村ニ収容救護ニ当リシモ、天命遂ニ不慮ノ横死ヲナスモノ九名ニ及ブ。

嗚呼故郷ニ父母妻子ヲ残シ奮然起チテ交通事業ノ為奉公ノ誠意ヲ尽シ天災ニ倒ル、国ヲ思ヒ遺族ヲ想ヒ魂魄何レノ天ニ迷ハン爰ニ本村有志相図リ碑ヲ建テ其ノ霊ヲ祀リ其ノ名ヲ録シテ後世ニ伝フ。

昭和十一年一月廿二日、撰之

石川県石川郡宮保村宮保　五影堂駒二
〃　清水将之
〃　西井渥
石川県石川郡笠間村笠間　本彦敏雄
石川県鹿島郡七尾町三島　平野勇吉
〃　橋屋作太郎
石川県河北郡高松町高松　白江常吉
石川県金沢市高儀町　腰舞豊司

石川県金沢市日吉町　　山口清太郎」

　このように、漢文でなく当時としては平易なカナ混じり文で書かれているので全文を記載し、犠牲者名も記載することにした。これを見ると地元の人々ではなく、金沢の方から応援に来た保線区の除雪隊であったと思われる。なお湯尾隧道は現在の位置ではなく、鉄道線路より少し東に寄った所に道路トンネルとして現存している。なお文中の「大アハ」というのは大雪崩のことで、北陸地方では表層雪崩のことを「あわ」と呼んでいる。

雪崩碑と国鉄慰霊碑（今庄）

国鉄職員物故者慰霊碑　雪崩事故慰霊碑とともに線路の方を向いて建てられている。今庄駅や管轄区の人々の物故者慰霊碑である。昔は今庄駅が鉄道の重要な要（かなめ）であったことがよくわかる。

えちぜん鉄道勝山駅前・恐竜の碑　旧京福電鉄は二度の事故を起こし、全線廃線にして福井地区からの撤退を表明した。一時は全線が長期間運休し紆余曲折があったのだが、県や自治体運営の第三セクターえちぜん鉄道として奇跡的に復活した。この像は京福電鉄時代、勝山市が発掘された恐竜群の骨格を展示し「恐竜博覧会」を開催した時のもので「イグアノドン」という恐竜の像であって、現在も「恐竜博物館」があって恐竜全般の展示が行なわれている。

　この像は小さな駅舎の右側に置かれている。新えちぜん鉄道もこの恐竜のように末長く運行されることを願った。

海江田一松氏之碑
（海江田車長碑）

尾山神社海江田車長の碑（金沢）

金沢市内の尾山神社境内にある。駅からはバスで五分ほどだが、境内を参道より右手にとり、裏口になっている門の脇にある。明治三一（一八九八）年に列車から転落して殉職した車長の顕彰碑である。このような碑は各地にみられるが、個人の顕彰碑としてはもっとも古いものの一つであろう。

「車長」という職名は鉄道発足当初からあり、ほぼこの碑の年ぐらいまで使われた。現在の専務車掌と考えればよいだろうが、列車についての全責任を負う車掌である。古い碑なので風化のため判読不能の字も出ているが、漢文で書かれた全文と『鉄道碑めぐり』記載の訳文を記しておきたい。

「（表面）海江田一松氏之碑（右から横書き）
數百旅客數千貨物轉瞬倏
忽達于百里外天下利器莫
過汽車者然利之所在則險
亦從之列車之安危係于車
長車長自囁險以護列車車
長之職亦難矣金澤驛車長
海江田君以本年九月十日
駕第二十八列車赴米原驛
其過高月驛也蹎蹶而墜爲
車所轢折其右脚動脈破裂

出血不已翌朝終没享年二
十三君名一松鹿児島縣人
後移籍沖縄縣父曰與八君
性温厚■毅勉而不倦奉職
鐵道局雖日尚淺而事務敏
捷不少■滞同僚咸曰将來
有望而今則已矣驛長松井
君等不勝悼惜胥課建碑徴
文子余余據状敍其梗槩係
以銘曰
　雷轟電激　躡険乗危
　終死于職　壯斯男児
明治三十一年十一月二十七日　武藤元信撰文
正五位勲五等工学博士　平井晴二郎題額
上村要次郎書
（裏面）發起人（右から横書き）
鐵道作業局員等有志中　松井道助　小林長造
山内信吉　大原純一　治郎九卯次郎　篠原惣太郎
明治三十一年一二月建之」

『鉄道碑めぐり』による訳文は左記の通りである。

「幾百の旅客、幾千の貨物もまたたく間に百里の外に達するという、天下の利器まことに汽車に過ぐるはない。しかしながら便利なものは亦危険を伴うもので、列車の安危は車長の肩にかかつている。車長自らが責任をもって列車を護つているというわけで、その職もむずかしいものである。

金沢駅車長の海江田君は、本年九月十日第二十八列車に乗務して米原駅に向い、高月駅を過ぎる時つまずいて墜ち、車に右脚を轢断されてしまった。動脈が破裂したため出血やまず、翌朝とうとうなくなつた。享年二十三であつた。

君の名は一松、鹿児島県の人で後に籍を沖縄県に移している。父は与八といつた。君は温厚でコツコツと飽きずに仕事をするたちであつた。職を鉄道局に奉じてまだ日も浅いが、事務はテキパキやるし少しもグズグスしていないので、同僚も皆将来有望だつたのに今となつては何とも残念と惜しがつている。駅長の松井君がことに嘆き、皆と相談して碑を建てることとし、文を私に求めた。よつて私はそのあらましを述べた次第である。

銘に曰く、

雷のごとく轟き雷のごとく激しい、危険な乗物に乗つて、ついにその職にたおれた壮烈なるこの快男児よ、(安かれ)」

五　東海道本線に沿って・米原から武豊まで

関ヶ原駅鉄道唱歌の碑　駅の改札口を入った駅舎内に、鉄道唱歌の関ヶ原の節が刻まれた珍しい大理石の碑がある。各地の鉄道唱歌碑の一つである。

「(碑文) 鉄道唱歌
天下の旗は徳川の　帰せしいくさの関ヶ原
草むす屍いまもなお　吹くか伊吹の山おろし」

大垣駅構内・殉職者慰霊碑　大垣駅下りホーム一番線の東寄りにある。駅ホームに慰霊碑があるのはおそらく全国でもここだけだろう。明治一七(一八八四)年に開駅された古い駅で、車両基地があり大きな貨物ヤードもあった。創業以来、二七柱の殉職者を出しているという。駅員一同が積立金をして昭和三六年に殉職者慰霊碑が建てられた。

自然石をあまり加工していない素朴な碑で、右に併設の大垣駅創設七十周年記念碑とともに好感が持てる。大垣は乗換え駅でもあり、すこぶる参拝しやすい碑なのでぜひ訪れてほしい。

「(表面) 殉職者慰霊碑

（裏面）昭和三十六年三月
　大垣駅共助会　碑文　十河総裁　書」
大垣駅創設七十周年記念碑
「（碑文）大垣駅創設七十周年記念碑
　桂林書　昭和二十九年五月」

大野伴睦像（岐阜羽島駅前）

岐阜羽島駅前・大野伴睦像　ご存じのとおり、岐阜羽島駅前には大野伴睦銅像がある。駅北口を出て駅前広場の左奥である。浦佐駅前に田中角栄像があるが、それと双璧をなすものであろう。

たしかに岐阜羽島は大野伴睦が、浦佐は田中角栄が政治的手腕で造った新幹線駅である。鉄道建設や駅の設置に政治家がかかわるのは功罪両面があるのだが、少なくとも、岐阜羽島駅前の大野伴睦銅像を見て不愉快な感じにはならない。

こちらは「御夫妻之像」となっているのが特徴であり、威圧するような雰囲気もなく、碑文も平易であって好感が持てる。岐阜羽島駅に通じるメイン道路にも「睦通り」という名が付けられている。

「大野伴睦先生御夫妻之像
従二位勲一等　大野伴睦翁は
岐阜県山県郡美山村の出身
岐阜県が生んだ一大偉人であ
る、大正十四年東京市会議員
に当選、政界に入る端緒とな
り。国会議員三十年其間国務

大臣に、衆議院議長に亦自民党副総裁に挙げらる、こと連続七期に及び昭和三十九年五月二十九日七十四才を以て惜しくも永眠された、翁の功績は特に我が国の国際的地位を高める一方国民全体の福利増進を心とし、中部横断運河の提唱を始め全国各地域の開発に寄与し就中、木曽、長良揖斐の三大川の架橋並びに洪水、道路の整備等殊に岐阜県の玄関として東海道新幹線岐阜羽島駅を実現し、岐阜県並びに羽島市の発展の基礎を確立された、茲に仝志あい計り翁ご夫妻の銅像を建て永久にその功績を感謝し後世に伝えることとした。

昭和三十九年十二月

大野伴睦先生銅像建設期成会

日の本の政に明け暮れ七十年　万木

人の世は伴に睦みて花も実も　西隆」

改行や句点も原文通りにした。

中京競馬場での名鉄パノラマカーの保存　桶狭間合戦場に近いJRAの中京競馬場では、名車と言われた名鉄パノラマカーが三両保存されている。「パノラマステーション」とあって、その歴史や沿革は記されていないが、筆者が加筆して述べておきたい。

名鉄七〇〇〇形パノラマカーは昭和三六（一九六一）年に登場、当時の国鉄の話として「一見豪華すぎる車両だ、国鉄ではこんな車両は作れない」ということだった。その後昭和三八年に七五〇〇形を増備した。運転台を上にあげて、先頭座席全部をカブリツキ席にしたレイアウトはことのほか好評で、筆者も京都から東京に行くのに、岐阜－豊橋間をわざわざ名鉄に乗ったこともあった。

結局第九次車まで造られ（昭和五〇年）、本線特急は全部パノラマになった。これをモデルに小田急のNSE車が造られたのが昭和三八年、しかしこちらは特急券を取る列車で、特急券なしの列車としてパノラマカーの名は全国区となった。この時期は東海地方の交通で名鉄の全盛時代だった。

だらしなかった国鉄がJRとなり、一一七系電車を大垣－浜松間に投入、これで名古屋地区では負け続けていたJRがやや挽回した。どうも国鉄からJRとなったどさくさに、一一七系をどっさり移籍させたらしく、関西の一一七系は激減した。

現在は圧倒的にJRが優勢で、三扉車で全座席が転換クロスシートになった三一一系に始まり、快速列車はより快適な、三扉転換クロスシートの三一三系となってこの世の春という具合である。名鉄の増備車はロングシート車ばかり、はた目ではもうJRとの競争はあきらめたかに見える。鉄道史上、これだけシェアが逆転した例として名古屋地区の交通をあげたい。ともかく鉄道車両では、優等列車で長椅子（ロングシート）の時代は終わったのだ。なおこの項は名古屋の平野彰男氏のお世話になった。

武豊駅・高橋駅手顕彰碑　武豊線は東海道本線の建設に先立って資材運搬のために建設され、明治一九（一八八六）年に完成した路線である。このため現役最古の駅舎と言われる亀崎駅舎、同時代の半田駅舎の一部、半田駅ランプ小屋や煉瓦造りの橋梁ピアなど歴史的遺産が多い。鉄道碑も高橋駅手碑をはじめ三つの碑が見られるが、二つを紹介しよう。

高橋駅手碑（武豊）

武豊駅前のロータリーにある高橋駅手碑は、これも珍しい胸像となっていて陶器で作られている。殉職職員の顕彰碑は各地で見られるが、このような実像となっているのはこれ一つである。水没しようとしている列車を身を犠牲にして救ったもので、須磨の大山車掌同様、鉄道職員の鑑とされ、このような碑が建てられたのであろう。

「(碑文) 高橋熙君顕彰記

昭和二八年九月二五日襲来した十三号台風により、武豊町塩田地区の護岸堤防が決壊し、高潮の浸水によって鉄道線路が洗われたので列車の運行が危険な状態となった。この時旅客列車が東成岩駅を発車したことを知った武豊駅駅手高橋君は、荒れ狂う濁流と暴風雨とをおかして発煙筒を打ち振って危険信号を送った。このため列車は危機寸前に停車して、多くの乗客の生命は救われたのである。然し、高橋君は哀れにも怒濤にのまれ、悲壮な殉職をとげてしまった。

その尊い犠牲的行為に感激し、有志が相談して君の胸像を建て、その功績を永遠に伝える。

昭和二九年九月

愛知県知事　桑原幹根撰　志芳書」

以下は高橋熙君顕彰碑の募金趣意書であるが、なかなかの名文なのでここに掲載しよう。武豊駅の長瀬駅長や沿線各駅の職員、それに国労名古屋地方本部が協力を申し出、さらに武豊駅には募金箱を置いた。〝僕の小遣いを募金に〟と差し出した児童もいて、予定した三〇万円はすぐに集まった。

「趣意書

去る九月二五日の台風一三号は、知多半島に大きな被害を与えたのですが、特に武豊駅員が危険信号により列車を救った上、自身は殉職するという一恨を残しましたことは、皆様のご記憶に新しいことと思います。

当日夕方、塩田海岸の堤防が切れて、高潮のため線路が危険な状態になったときは、丁度半田駅から、旅客列車が百余名の旅客を乗せて、武豊駅に出発したときでした。

高橋熙君（二三歳）は、列車がこの危険な線路に来る前に、危険信号を示して列車を止めるように命令を受け、武豊駅から東成岩方面へ駈け出しました。強い風雨も物ともせず、而も線路を流れる高潮を渡って危険信号を高く打ち振りながら、北へ北へと進んで行きました。

その頃東成岩駅を出発した列車は、石川橋梁に差しかかりましたが、この危険信号をみて驚いて急停車し、無事東成岩駅へ戻りました。列車も旅客も助かったのです。

しかし高橋君はそのまま帰りません、同僚が一晩中よび叫んで探し歩きましたが、その影さえ見ることができませんでした。

高橋君は、危険信号を振り続けているうちに、刻々と増加した高潮のため、遂に尊い一命を鉄路の華と散らしてしまいました。

危ない！止まれ。危ない！止まれ。と、咽も裂けよと呼び続けた高橋君が、死ぬまで振った危険信号は、そのまま右手にしっかりと握られていました。

私達はこの気高い精神と勇敢な行為をたたえ、且つ冥福を祈るため、同志相謀って武豊駅前に高橋君の胸像を建てたいと存じます。

皆さん、どうか、この高橋君の行為を永へにたたえて霊を慰めるため、多少にかかわらず御援助下さるよう、切にお願い申上げます。

おって御送金の向は、御手数ですが国鉄武豊線武豊駅あてお願い申上げます。

なお計画推進の都合もありますから、十一月卅日までに一応〆切りたいと存じますので、よろしくお願いします。

発起人　国鉄労組名古屋地方本部委員長　板倉保

刈谷駅長　織田辰雄

国鉄労組刈谷支部長　竹内弘」

なお最近は武豊を「たけとよ」とは読んでくれずに「たけゆたか」と呼ぶ人が多いとか。余談だが、JRAジョッキーの武豊は父親が武邦彦、これも名ジョッキーだった。武豊はコーナーの位置取りが絶妙で、先頭にも立つし最後尾から豪快な追い込みもする。その前は福永洋一が鞭遣いの名手で、「馬を見ずに洋一を買え」といわれた時期があった。その世代の前が野平祐二でやわらかいタズナさばきと、ほとんど鞭を遣わない騎乗法は芸術的で絶妙だった。筆者は三世代の名騎手をみられて幸運だと思っている。

武豊停車場跡地碑　現在の駅はのちに設置されたもので、最初は線路は海岸の桟橋まで延びていた。横浜から武豊桟橋まで定期船があり、この駅から鉄道と人力車、琵琶湖の汽船を乗り継いで京都や大阪と連絡していた。この武豊桟橋跡地に碑があり、その横には当時使われたであろう転車台も見られる。桟橋は埋立てられて位置がわからない。

「(碑文) 武豊停車場跡地
この地は、明治十九年三月、県下で最初に開通した武豊線の起点武豊停車場跡地である。わが国初の鉄道が明治五年、新橋・横浜間で開業、同七年には神戸・大阪間が開業した。その後、関東・関西間の幹線鉄道建設計画が具体化し、そのルートには多少の曲折はあったが、中部地方における鉄道建設資材の輸入基地として武豊港が選ばれた。この地先には、長さ八十間(約百四十五メートル)、幅三間(約五・五メートル)の木製桟橋が造られ、ここから熱田までの鉄道線路の敷設となった。

明治十八年七月に着工され、翌十九年三月一日に三十三・二キロメートルが開通した。武豊線は当初資材運搬専用線であったが、開通直前に旅客営業も許可されて開業をした。

開業の翌二十年二月には、明治天皇、皇后両陛下が、わが国初の陸海軍大演習を御統監のため京都からこの武豊線にて行幸され、武豊線の歴史の一ページを飾っている。明治二十五年、字金下に現武豊駅が設置されたため武豊停車場は営業を中止したが、昭和五年再び武豊港駅として復活し、貨物運輸営業を開始した。以後、戦争、敗戦、復興と激動の中で迎えたモータリゼーションの波に押され昭和四十年ついに廃止となった。本年武豊線開通百年を迎え、町の発展に大きく寄与した武豊線を偲び、ここに記念碑を建立した。

昭和六一年三月一日」

楽聖宮城道雄先生供養塔　刈谷駅東側七〇〇mほどで、名鉄線とクロスする東側が小公園となっていてそこに建てられている。盲人の琴の名手として世界的に知られていた宮城道雄が、夜行急行列車から墜死したことを悼む碑で、ここが墜死現場である。
中央の芝生の上に三重石塔が建てられていて、塔身三面上部に宇治平等院の音声菩薩を模した浮彫りがあり、右に「春の海」左に「水の変態」の曲が点字で記載されているのが珍しい。

「(表面) 楽聖宮城道雄先生供養塔
(裏面) (前略) 昭和三十一年六月二十四日関西交響楽団との協演のため大阪に向ひ、列車銀河の寝台にありしも、夜半誤って鉄路上に転落せるを発見、手当中翌二十五日永眠す、享年六十二才なり。
昭和三十二年五月建之　刈谷市　宮城会　日本盲人会　日本芸術院会員豊道慶中書」

六　東海道本線に沿って・浜松から沼津まで

東海道新幹線工事殉職者慰霊碑　これは新居町駅西方の湖西町にあるのだが、ここが新幹線敷地内なので参拝することはできない。このような碑は公開されることを望みたい。

六合駅・最高速度達成記録碑　六合駅の北口広場にある。まだ新幹線ができていなかった当時、一七五km/hという狭軌世界最高記録を記録したことを記念した碑で、こういった挑戦がやがて新幹線技術となって花開いたのである。六合駅は新しくできた駅で、碑も小さなもので地味な存在だが、このような碑を丹念に探すのも鉄道碑探訪の面白さであろう。

「(碑文) クモヤ九三〇〇〇狭軌最高記録一七五km/h達成
一九六〇年一一月二一日六合~藤枝間(上り線二〇二K五四七m~二〇三K八七七m)において一七五km/hの狭軌最高記録を達成した　東海旅客鉄道株式会社　一九九五年一一月二一日建立」

藤枝の煉瓦造りランプ小屋　藤枝駅上りホームの西側にある。小規模なランプ小屋で装飾も多く、規格型のランプ小屋ができる以前のものだとわかる。煉瓦がフランス積みになっているのが特徴で、フランス積みはここと原駅にしか見られない。明治三〇年ごろの建築。

踏切地蔵（下土狩）

下土狩駅踏切地蔵像　いわゆる踏切地蔵は各地に数え切れないほどあるが、御殿場線下土狩駅の踏切地蔵像が日本では最大であろう。駅を出て左側への道を行くとまもなく、線路と反対の右側に大きな地蔵像がある。家と家との間にあるのでよく見ていないと通り過ぎてしまう。これは鉄道自殺と推定され、記載された碑文は具合の悪いことが書かれていたのであろうか、字が削られている個所があり、左記の通りである。

「（表面）我妻ライ子（七字削られる）大正十四年十一月一日家出同月二日午前十一時四十五分頃、当所ニ於テ自ラ三十七年ノ生涯ヲ断チ畢ンヌ。我店員深ク其死ヲ悼ミ、事業関係者其他有志ノ賛助ノ下ニ地蔵尊一体ヲ鋳テ我ニ贈ル、我厚ク其誼ニ感シテ之ヲ拝受シテ茲ニ之ヲ建立シテ永ク亡妻ノ冥福ヲ祈ル。

大正十五年十一月二日　横浜　荒井奈々吉

（裏面）地蔵尊鋳造寄進者芳名

（姓名、男四五名、女十五名、計六十名）

大正十五年十一月二日　詫子刺

（石灯篭）大正十五年十一月二日建立　荒井家」

語り伝えられるところによると、横浜の豪商（一説に大きな牛肉料理屋という）の嫁女が、姑の虐待に耐えかねて鉄道自殺したものという。

下土狩駅踏切碑　下土狩地蔵の先の踏切にある。碑には「南無妙法蓮華経」とだけ書かれていて、踏切地蔵との関連は不明である。本書に書ききれなかったが、各地に踏切地蔵の例は数多い。

沼津駅・井上靖群像　駅前の正面広場にある。左手にC五八の先頭部と動輪があり、その右側に母子像としてある。井上靖としても初期か中期の作品らしく、「鉄道碑めぐり」にも、「最近有名になったという井上靖という作家の」という書き出しで紹介されている。碑文は簡単で次のようなものである。

「もし原子力より
大きい力を持つ者があるとすれば
それは愛だ。愛の力以外にはない
井上靖」

七　信州地方南部の鉄道碑

長野県（信州）の鉄道碑は『信州の鉄道碑ものがたり』（降幡利治著）という単行本が出ていてこれに詳しい。長野新幹線の建設などでこの本の記載から場所が替わった碑もあるが、現状を記載しておきたい。

中央東西線鉄路接続点碑　中央西線の原野駅から北二㎞ほど、北隣の宮ノ越駅からも同じ位の距離である。中央本線の開通までの経緯は紆余曲折があってここでは省略するが、中央西線については木曽を通る現在の線と、伊那・飯田経由の案とがあって、激しい誘致合戦をした。木曽に皇室ゆかりの御料林があるため木曽経由に決まったとも言われている。

中央線の工事は笹子や小仏トンネル、木曽の峡谷など難工事が続き予定よりも遅れた。東側からの鉄道は明治四三年に宮ノ越まで開通。名古屋方面からも木曽福島まで開通し、最後に両側の鉄路が手を結んだのがこの地点であり、レールの接続が明治四三年、鉄道の開業が明治四四（一九一一）年五月一日であった。

宮ノ越駅のある日義村は、中央東西線の接続点となったことを喜び、接続地点に大きな記念碑を建てた。碑は当時珍しいコンクリート製の四角柱であって、周囲には多くの碑があるが、これは日露戦争戦勝記念など鉄道とは関係がない。旧日義村の村役場のあった地だそうだ。なお原野駅の南側には中山道の江戸と京都との中間点の標識もあり、東西の接続点としてはふさわしい地なのだろう。

碑は長野方面に行く列車の右窓から見える。

「（表面）中央東西線鉄路接続点

（裏面）明治四十三年十月建設

手塚光雄外有志

（説明文）中央東西線鉄路接続点記念碑

中央線の敷設工事は、東は東京、西は名古屋を起点として進められ、明治四十三年（一九一〇）この地点において接続した。それを記念して建てられたのがこの碑である。鉄道敷設工事を担当したのは、鉄道院名古屋建設事務所（加藤勇所長）であった」

倉本駅開駅記念碑　中央西線には多くの駅開業記念碑がある。鉄道開通当初には駅は設けられなかったが、請願の末にやっと駅ができ、その喜びを碑としたもので、いずれも駅構内かホームに建てられている。倉本駅の碑が上りホームにあって列車からもよく見えるので、この碑を代表として碑文を記載しておきたい。

「(表面) 倉本駅開通記念碑
運輸大臣増田甲子七書
(裏面) 昭和四十三年九月一日 倉本開駅二十周年記念 倉本 立町 萩原 区民一同建之」

田立駅移転記念碑・十二兼駅開業二十周年碑・大桑駅開駅記念碑、木曽平沢駅開駅記念碑と、中央西線の北側は各駅に鉄道碑が揃っている。

木曽平沢駅開駅記念碑 木曽平沢駅は請願駅で何度も陳情を重ねた結果、昭和五年六月五日に開業し、村人は喜びを碑にして駅前に建立した。ところが輸送力増強のために行き違い設備を設けることとなって、駅は西寄りに五二〇m移転したので、開駅記念碑だけが取り残されてしまった。したがってこの碑は現在駅の五二〇m東寄り、平沢福祉センター前に建っている。筆者は奈良井宿には何度も行っているのだが、この平沢駅碑はまだ見ていない。

みどり湖駅開駅記念碑 駅の下りホームにある。昭和五八(一九八三)年に岡谷と塩尻を直通する塩嶺直通線の開業によってできた駅で、地蔵様のような丸い格好の碑である。

善知鳥山《うとうやま》鉄道工事記念碑 小さいながらも美しい碑であり、鉄道工事記念碑となっているが、実質的には工事の殉職者慰霊碑であろう。

碑の所在地は、辰野迂回線の小野駅を下車して、トンネルとは反対の南側に旧街道に沿って五〇〇mほど行き、「祭林寺」の標識に沿って右折すればよい。祭林寺境内の門前といった所で、小高い見晴しのよい場所に建てられている美しい碑である。

「(表面) 文屋組 (右から横書き) 為配下死亡者

一同、善知鳥山鉄道工事記念碑
（横面）明治三十八年十月二十日
（裏面）世話人　北口定治　高屋末吉
　　　　　　　山根淳　ほか九人」

善知鳥山トンネルは、中央東線の辰野迂回線となっている塩尻－小野間にあり、全長一六五二m。すべて煉瓦巻立で、現在も当時のままのトンネルを列車が通過している。明治三五年より掘削を始めたが、湧水が多くしかも四〇分の一の勾配とあって排水に苦労した。それに日露戦争が勃発して工事中止にもなった。戦争終結とともに請負工事は再開され、明治三九（一九〇六）年二月に竣工した。工事犠牲者は数名であったと記されている。

善知鳥山鉄道工事記念碑

請負人は菅原工務所であったので、碑を建てた文屋組は下請であったと思われる。請負人は殉職者の慰霊のために碑を建てるとともに、近くの小野神社、筑摩神社に石の鳥居を寄進している。

祭林寺の手前の祭林寺標識を直進した付近には、小野宿の宿場町の建物が当時のままに残っているので、碑と一緒に観賞していただきたい。塩尻にある郷原宿と同じで、本棟（ほんむね）造りと呼ばれる妻入りの大きな建物である。駅も宿場も寺院も、現代とは無縁のような従前のままのたたずまいを見せている。しかし鉄道幹線からは外れてしまっているので、列車本数が少ないのが難点である。

川岸駅開通記念碑　駅前に大きな記念碑が建つ、大正一二（一九二三）年である。

信濃境新駅記念碑　駅前に大きな文字の記念碑が建つ、昭和三（一九二八）年である。

八　大糸線の鉄道碑

信濃鉄道碑　信濃大町駅の裏側の踏切横にある大きな碑であって、碑の後ろを鉄道が通っている。松本ｰ信濃大町間の鉄道は昭和一二（一九三七）年に国鉄に買収されるまでは私鉄だった。その買収国有化を記念して建立されたものである。

明治四三年に軽便鉄道法が公布されて私設鉄道の助長策がとられた。松本ｰ大町間は明治四五年に信濃鉄道株式会社を松本市に設立し、松本側から工事を起こした。折からの不況で工事は停滞したが、部分開業を繰り返して大正四年には大町の手前の高瀬川岸まで通じた。翌大正五（一九一六）年七月五日に信濃大町駅が落成し、私鉄区間は全通した。

大町以北は国鉄線として工事が続けられたが、難所が多く水害や山崩れに悩まされ、完成直前であった大糸北線工事は、戦争のために昭和一八年に中断されてしまい、全通して営業開始したのは、何と戦後の昭和三二（一九五七）年である。

「（碑文）記念碑（右から横書き）

信濃鉄道株式会社ハ明治四十五年三月松本市ニ創設セラレ、大正二年四月鉄路ヲ起工シ同四年十一月全線ヲ開通セリ。即チ松本ヲ起点トシ豊科穂高有明常盤ヲ経テ大町ニ達スル延長二十二哩余ノ軌道ナリ、沿線ハ安筑地方ノ沃野ニ在ルモ本邦中央山脈ニ属シ交通便ナラズ、タメニ文化ノ恩恵ニ浴セズ運輸機関ノ整備ハ地方人ノツトニギヨウ望セシ所ナリ（中略）本鉄道ガ政府ノ買収命令ニ接シタルヲ以テ、本社ハ国有鉄道ノ本義ヲ尊重シテ直ニ之ニ応ジ、昭和十二年六月一日其ノ一切ヲ移管シテ本鉄道ノ使命ヲ完了セリ（中略）茲ニ本社ノ沿革ト使命完了トヲ石ニ刻ムハ信濃鉄道株式会社ヲ永遠ニ記念スル所以ナリ

昭和十二年十一月十五日

鉄道大臣従三位勲二等　中島知久平

文部省嘱託従五位勲六等　岩垂憲徳　書」

この信濃鉄道が大正一五年という早期に電化したことは、地方鉄道としては注目してよいだろう。このため戦後に中央東線が電化しても、すぐに新宿からの直通列車を設定することができたのである。現在は白馬や黒部などの観光基地として発展している大町駅であるが、このような先人の苦労があったことも知っておく必要があるだろう。

南神城駅設置記念碑　駅前広場にある。各地にある駅設置記念碑の一つだが、設置に努力した村長長沢紀代司への顕彰碑となっている。なおこの駅はＪＲ東日本の最西端に位置する駅とのことで、単線のホームにはそちらの標識も建てられている。

「（表面）南神城駅設置功労者　長沢紀代司翁　請願昭和十七年四月十七日　許可昭和十七年十月三十一日　開業昭和十七年十二月五日

駅設置経歴。神城村は地域広き為、一駅にては不利不便少なからず、村経済文化に至大の影響あるを痛感し、ここに南神城駅設置が強く要望され、村当局より関係各大臣に設置方を請願すると共に、長沢紀代司翁は自費を投じて之が実現の為関係方面に東奔西走の結果、愈々設置の認可を視、該工事費全額を村に寄付しここに開業の運びになり、従来の不利

不便は悉く解消し、本村発展の為至大の貢献をなす。

国務大臣内閣官房長官　増田甲子七題

（裏面）長沢紀代司　明治八年八月三十日生」

平岩・戸沢三千太郎頌徳碑　大糸線の平岩駅前にある碑で上が欠けている。この区間は前述のように昭和三二（一九五七）年に開通した。碑は昭和三八年に建てられたもので、戸沢三千太郎翁の頌徳を偲ぶものであり、又々十河信二書となっている。判読できる部分だけを左記しておく。

「（表面）『頌徳』前国鉄総裁十河信二書

（裏面）戸沢三千太郎翁頌徳碑　鉄道大糸線の建設が計画されてから全通まで実に四十年の歳月が経過し、此間大東亜戦争等もあって着工された工事も中断或は撤去と云う悲運に遭うなど、こうした中に長野・新潟両県間に大糸線促進期成同盟会が組織され、翁は推されて会長（以下判読不能個所あり）六星霜産業文化に観光に沿線の躍進は誠に顕著であります、両域住民は翁の偉大なる功績を、之を永久に記念する為茲に頌徳碑を建立した次第であります。　昭和三十八年十一月建之

荒井市　岡田石材店刻」

平岩は糸魚川市であるから新潟県だが、大糸線の関係としてここに記載した。屈指の豪雪地帯であり、山崩れなど土砂災害が頻発する姫川沿いの鉄道で、一年以上不通になっていた時もあった。このような厳しい線だからこそ、その開通の喜びを碑に建てようと考えたのであろう。大糸北線は建設されレールも敷かれながら、戦争のために敷いたレールが撤去されて十数年も放置されるという経験もしている。現在はJR西日本の路線であるが、電化もされずお荷物ローカル線となっているようである。

九　小海線の鉄道碑と笹子トンネル碑

鉄道の最高地点は、高原列車と言われる小海線の野辺山駅周辺だが、ここには鉄道最高地点の碑、最高地点駅碑とたくさんの碑や標識がある。「ＪＲ鉄道最高地点」としたものもあるが、これは鋼索線鉄道などでもっと高い地点があるためであろう。

日本鉄道最高地点碑（標高1375m）

日本鉄道最高地点碑　最高地点碑は駅から東側の小淵沢の方に戻った一三〇〇ｍほどの地点で、白い碑なので列車からもよく見える。徒歩二〇分程度。

「（碑文）野辺山高原『日本鉄道最高地点』
標高一三七五米　平成元年盛夏
南牧村長　菊池和儀書」

とあり村で建てたものらしい。

ＪＲ鉄道最高地点標識　最高地点碑から線路を挟んだ反対側にある。

「（碑文）『ＪＲ鉄道最高地点』標高一三七五米　平成元年十月一日建立　東日本旅客鉄道株式会社長野支社　彫書　保坂露洗　近喰和夫
施工管理　中込保線区　施工　㈱新津組」

これは前碑と同年の平成元年に、ＪＲが建立したものである。

ＪＲ最高駅野辺山　駅に戻るとＪＲ最高駅碑のオン

パレードである。

「（碑文）ＪＲ最高駅野辺山
　標高一三四五米六七」

と書かれた駅舎前の碑をはじめ、駅構内には「最高駅野辺山」の同文の標識が二個所もある。さらに念を押すように、駅舎を出てすぐ左側には次のような碑が建てられている。駅近くの公園には、かつて小海線を走ったＣ一二の機関車が保存されている。

「（碑文）標高一三四五米六七
東日本鉄道最高駅野辺山
　喜峯ケ丘公園　昭和六十二年　陽春完成」

筆者も学生時代、小海線でＳＬ牽引の混合列車に乗った思い出がある。客車は一両だけで木造客車だったし、乗客は超満員であって貨車との連結器は半分ずれていた。急勾配線なので、よく八高線のような事故にならなかったものだと今でも思っている。

野辺山の公園にＣ五六機関車が保存されている。保存状態は良好で、また走れそうな気もする。シゴロクは小海線というイメージのファンも居るので、できればまたその勇姿を見たいものである。

「（碑文）由来　この蒸気機関車は昭和十二年三月より北海道の原野を走り昭和二十五年八月から中込機関区に転属し戦後の混乱期に貨客混合列車として登場、小海線の輸送に活躍した。国鉄の合理化により昭和四十八年六月廃車となる、同年十一月十七日に長野鉄道管理局より貸与を受け野辺山高原へ永住することとなった。昭和五十年八月四日より『高原列車ＳＬホテル』として全国のＳＬファンに親しまれてきたが、客車などの老朽化に伴い昭和六十二年三月に業務を廃止し平成元年九月歴史民俗自然公園へ移転し、永久保存されることになりました」

小海線全通三十周年記念碑　この碑は野辺山の隣駅

の清里駅の、小淵沢行き（上り）列車から見て右手やや前方の小高い丘の中腹にある。列車からよく見えるが、駅舎を出て右手に行き踏切を渡らねばならない。「ＪＲ清里駅・標高一二七四米六九四」と記載した標柱が立っている。この碑は小海線建設に尽力した鉄道大臣への謝恩碑となっている。

「（表面）『小海線全通三十周年記念』海山書小川・八田両先生謝恩碑　松村謙三謹題

昭和四十年春　建之

（裏面）小海線は本年をもつて全開通以来三十年となりました。当時の鉄道大臣小川平吉、同次官八田嘉明（のち鉄道大臣）両先生の御努力により、太平洋と日本海を結ぶ最短距離産業線として建設したものであります。当高原鉄道の建設は実に容易ならぬ苦難の連続でありました。その功あつて現在では、産業、文化の貢献に寄与すること誠に絶大なものがあります。

ここに同志相図り、両先生の遺徳を称え、此の地をトして建碑しました。

昭和三十九年十月吉日小海線三十周年を記念して。

小川・八田　両先生謝恩碑建設会　梅山書」

昭和三九年ではまだ機関車が混合列車を牽いて走っていたころであろう。それからディーゼル化されて貨物列車はなくなり、観光化された高原列車として評価を得て今日に至っている。

笹子隧道記念碑　中央東線の建設は割合早期であって、甲府までは明治三六（一九〇三）年である。その間の難工事としては、当時日本一であった笹子トンネルであった。

当然記念碑が作られるわけだが、笹子駅前には五ｍは越すかと思われる巨碑が建てられている。碑が大きいので、笹子駅でとまどうことはない。

世紀の大工事であったので、副碑や殉職者慰霊碑などもあるかと想像していたが、これ一碑だけであった。古い碑であるがよく手入れされ、花もたむけられている様子であるが、碑の裏側の来歴については判読不能の個所も出てきている。

「(表面) 笹子隧道記念碑

陸軍大将伯爵　桂太郎書

(解説文) 笹子隧道記念碑建設の由来
笹子隧道は明治二九年(一八九六)年一一月に完成した。全長四六五六米は、当時東洋一の鉄道トンネルとして注目された。
また、峻岨を貫く大工事は、当時の技法からも驚嘆の的であった。就中、山梨県の交易を遂げる第一歩としての意義は大なるものであった。
この度、記念碑が舞鶴公園より笹子駅前に移転することになり、昔日を回顧しつつこの一文を記す。
平成五年(一九九三年)六月二九日
大月市長　秋山重友」

一〇　信州地方北部の鉄道碑

明科竜門寺・弔鋏道工夫死亡者之碑　篠ノ井線松本の二つ北の明科駅南七〇〇mほどに竜門寺がある。この寺は正門が旧道の方を向いているので少しわかりにくい。新道を歩いて右手に墓地がある地点の先で旧道に折り返すように右折するのがよいだろう。碑は寺内正面の盛土の上に大きく建っているので、寺を入ればすぐにわかる。

篠ノ井線の明科から稲荷山までの山岳地帯は冠着トンネルや白坂、湖沢の難所があり、難工事の連続であった。トンネルのほかに崖を崩し谷を埋める工事に難行し犠牲者も多く出た。工夫の多くは他県からの人々で囚人も駆り出された。竜門寺の過去帳には八名の犠牲者名があるという。そのうち二名は住所氏名年齢など不詳とされているが、犠牲者はとてもこれだけの人数ではなかっただろう。さらに西条の関昌寺や坂井村の安養寺にも葬られた。

工事は篠ノ井側から明治二九年に着工され全通したのが明治三五（一九〇二）年である。竜門寺の来応和尚は鉄道工事犠牲者を悼み、慰霊の碑を建てたいと念願した。このための寄付金募集は紆余曲折するが、願書には「犠牲者が国のため民のため身を犠牲に供したというのに、世間では死亡者に一掬の涙をそそぐ者もまれ」と訴えている。

「（碑文）『弔鉄道工夫死亡者之碑』
正五位勲五等鳥越金之助篆額」

とあるが、説明文の漢文は量が多く全文を記載するのは適当でないだろう。

碑文の訳文では、「猛獣巨蛇にあい、辛酸苦心危巌の下に骨を埋め屍を懸瀑の底にさらす、前後その幾度かを知らず」と難工事を表現し「鉄道の難工事で工夫の多数が屍をさらした、国利民福のため命を失ったのに、世の人が彼らを見捨て顧みないことはまことに哀れだ、竜門寺の来応和尚は、深くこれを哀れんで冥福を祈り、同士とはかって碑を建て、その事由を記して来る者に告げようとするものだ」と設立の趣旨が記されている。

「明治三十四年十月中浣　青巒居士　大内退撰
華井文松書　白鳥文次郎刻」

この碑は工事請負者が建てたものではなく、寺主導で建立されたのが異色である。明治期の鉄道建設犠牲者を弔う碑は全国的には少なくはないのだが、これほど大きく立派な碑を、沿線の片隅の寺院が自力で建立されたことに感心する。後述にコレラ病死者供養塔を記すが（一五八頁）、こちらとともに、信州の鉄道工事を代表する碑として心に留めておきたいと思う。

信越線工事犠牲者供養塔　長野駅の表口を出て南に（篠ノ井方向に）五〇〇mほど行くと道路がオーバークロスする架道橋があるが、その真下に線路の方を向いて建てられている。

まずは参拝にも便利な場所なのだが、この明治二〇（一八八七）年の碑は、ここに来るまでに二度も移築されている。最初は善光寺境内に建立されたのだが、昭和四三年に忠霊殿を建てることになって一帯の碑や塔は倒され撤去の最中であった。国鉄職員と鉄道友の会の有志が拠金して長野保線区の前庭に移転することとなり、昭和四三年に移転法要を行なった。しかし長野新幹線建設によって支障となったため、再度の移転となって現在の地に落ち着いたのである。善光寺境内からの移転は廃棄の危機一髪であり、仏の因縁を感じたと述べられている。

碑文の大要は横の「供養塔の由来」に詳しい。

「　供養塔の由来

この碑文の意味は、今や国内いたるところに鉄道建設が行なわれており遠い所へもまたたく間に行けるということは、単に便利というだけでなくわが国の富強の基でもある。この信越の堺にも先年からこの鉄道建設の仕事が始まり、けわしい山を掘り抜きそのため工事従事者達が危険におかれ重傷者・圧死者の数が数十人に及んだ。しかもその前年はコレラが流行し疫死した者が数百人いるか知れない、なんと悲しいことではないか。

こうして鉄道工事で亡くなった人達はその所々に葬られているが時が過ぎれば荒れ果てて世の人達にも忘れ去られてしまうだろうと、この工事従事者の使用人達が心配して犠牲者達の功績を永く世に伝えその霊を弔うために、仏都善光寺の地にその碑を建てて冥福を祈ることになった。

私は丁度京都の妙法院門跡と善光寺大勧進住職を兼ねていて、この偉大な仕事を大変嬉しく思いこの深い因縁のしるしに事のあらましを書いたのである。このように寂順大僧正の犠牲者の霊に対する極楽往生の願いがこめられている。

明治一九年、二十年は直江津、軽井沢間の鉄道工事の真最中であった。今のような土木機械もなくただ人の手よるほかやり様のなかった当時の苦労、そのうえ悪病の流行とあってはまさにその惨状眼をおおわしめるものがあったであろう。その消息はよくこの碑文が物語っている」

しかし「供養塔の由来」に書かれていない捧詞の部分は、前出の『信州の鉄道碑ものがたり』から引用したいと思う。

「次の詞を捧げる。

人生というものは霜や露のようにはかない。しかし仏の御光はどんなものにも等しく照らし、見捨てることなく、温かに包んでくれる。その御仏の光に抱かれて祈りを続けるならば、大願を乗せた船が流れにしたがって彼岸に到達するように、亡くなった人の霊も蓮華の花となって美しくその命が咲き還るであろう。

明治二十年九月到彼岸日

妙法院門跡兼善光寺大勧進大僧正寂順撰弁書」

そして碑の裏側には次のようなプレートがある。

「明治二十年九月　善光寺境内建立

昭和四十三年九月　長野保線区　移転

平成九年十一月　現在地　移転」

この明治二〇年というのはまだ東海道線も全通していない。東西連絡が中山道の計画であったころ、直江津から軽井沢まで資材運搬線として現在の信越線が建設されたのである。重傷者圧死者数十人、コレラ犠牲者数百人というのも誇張ではないだろう。まだ土木や建設技術が幼稚だった時なので、碑文では驚くほどの犠牲者が記されているのである。

これは豊野の「虎列拉（コレラ）病死者供養塔」や、妙高高原近くの「太田切工事碑」によって知ることができる。直江津－長野間はトンネルのほかに大規模な切土や盛土区間が連続しているので、当時は人足と軽蔑された鉄道人夫に多くの圧死者が出たことは十分推測できるのである。

汽車ポッポの碑　この汽車ポッポの歌碑は、長野電鉄河東線の松代駅の駅前広場にある。長野電気鉄道が河東鉄道と合併し、河東鉄道は即日長野電鉄と改称して存続会社となり、長野電気鉄道の方が解散した。現在は長野市に合併している松代町出身の作曲家で、この歌に曲をつけた草川信《くさかわしん》を記念して建てられたもので、童謡歌手川田正子が歌詞の碑文を書いたことが読み取れる。

昭和一三年に「兵隊さんの汽車」として作詞された。「きしゃきしゃ、ポッポポッポ、シュッポシュッポシュッポッポ」というおなじみの曲なのだが、「兵隊さんを乗せて」が「僕らを乗せて」に変わって戦後もずっと歌い継がれてきた。作詞者の富原薫は御殿場の小学校教諭であったので、歌詞の方は御殿場線が原点と考えられる。楽譜やイラストも入って楽しい鉄道碑になっている。碑の歌詞は三番である。なおこの項は鏡味明克先生にお世話になった。

豊野・虎列拉病死者供養塔　豊野駅から北へ約二㎞で徒歩三〇分、並行していた信越本線と飯山線が分かれる地点の、線路とは反対の西側の土手の上にある。うっかりすると見逃してしまいそうな小さな碑だが、筆者が鉄道碑めぐりをして最も印象深く、感銘を受けたのがこの碑である。コレラを「虎列拉」と書かれているのはいかにも時代がかっているが、自然石に刻まれただけの素朴な碑であって、記載されているのは左記の文字だけである。

「(碑文)『虎列拉病死者供養塔』

コレラ犠牲者供養塔(豊野)

明治十九年中死亡　仝廿三年四月　吉田組建之」

碑の脇に豊野町教育委員会の説明板があって、次のような説明文がある。

「(説明文)虎列拉病死者供養塔

明治十九年(一八八六)、コレラ病が全国的に流行した。この時全国では十万人以上が死亡、死亡率は七〇%であったという。

当時の浅野村では信越線敷設工事の飯場が温床となって大流行し、村人をはじめとして工事に従事していた吉田組(新潟県)の工夫十六名が感染して死亡した。後、明治二十三年(一八九〇)四月、犠牲者の慰霊のため、吉田組によってこの供養塔が建立された。裏面には死亡した十六名の氏名が刻まれている。

昭和六十一年　豊野町教育委員会」

明治二三(一八九〇)年であるから、この本で紹介する古い鉄道碑の一つである。『信州の鉄道碑ものがたり』によると『豊野町誌』に、「鉄道建設工事が始まると、多くの土工が入込んで来たが、彼等の多くは性どう猛であり好んで乱暴を働いたので、婦女子の被害も非常に多く村民のひんしゅくを買うことも多かった。又明治十八年頃是等の土工中にコレラ病が発生し、これに端を発して村内にまで蔓延し死者を多数出した」との記述がある。

工事請負の吉田組は明治期有数の請負業者だったが、前記の通り明治二〇年に「信越線工事犠牲者供養塔」を善光寺に建立し、ついで明治二三（一八九〇）年に本碑を建てたのである。筆者が行った時には、どうしても裏面を見ることはできなかったが、「宮本房太郎」ら、一四名の姓名が刻まれていて、「北村松之助・妻シゲ」の名も見られる。事故と病気でどれだけの犠牲者を出したのであろうか。まことに痛ましいことで、悲しい残酷な時代だった。

豊野・島崎藤村碑　豊野駅上り線ホームに建立されている。藤村の『破戒』第七章一節の豊野駅頭での場面が記されている。文字は藤村の自筆原稿から採ったとされる。

「長野県国語国文学会長　東栄蔵撰　昭和六十三年九月二十三日」とある。

黒姫・小林一茶碑　黒姫駅下りホームにある。大きな自然石に刻まれているがよく目立つ碑である。駅百周年記念として建てられた。

「（碑文）やれ打つな蝿が手をする足をする　一茶

駅百周年記念」

とあり、小林一茶は黒姫とはほど近い信濃国柏原の生まれで江戸後期の俳人である。

妙高高原駅からは、明治三三年に築堤の崩落事故で一六名が犠牲となった「太田切工事碑」や、戦後の築堤崩壊による列車事故の「田切殉難碑」があるが、妙高村坂口新田という妙高高原駅からはかなり離れた場所にあるため、詳細な記載は略したい。

大屋停車場開設碑　しなの鉄道の駅舎に向かって右手にある。例によって最初は駅がなかったが、請願によって駅ができたことを喜ぶ碑である。

「(碑文)『大屋停車場碑』

正三位勲二等子爵渡辺国武篆額」

「(碑文訳文)　大屋は北国街道分岐の地で、古くは一駅になっていたが、信越鉄道創設時には、ここに停車場はできなかった。国利を挙げるためには産業を盛んにしなくてはならないが、それには交通の便を良くすることが必要である。信濃の物産は蚕種・生糸が主要なもので、これを業とする者が多い。

鉄道が通じた恩恵は大きいが、停車場が設けられなければその便に欠ける。大屋は周辺の要衝で、諏訪・伊那・松本・埴科・高井諸方面の人々が東西に赴くに必ずここに出るところなのに、停車場が設置されないのは官で地勢をつまびらかにしていないか ら、と陳情した。幸い、官でこれを受け入れ停車場を設けることになり、迂回の苦しみを免れ、商業の旅、物資の輸送の便が良くなり、蚕種・製糸の業も盛んとなる。

三千余人連署の陳情、県会議決、内務省への建議、また道路・橋梁の改修も決し、大屋へは便利になる。鉄道庁では吏員を派遣して現地調査、着工、明治二十九年四月二十一日開業式を行なった。人々の喜びはことのほか大きい。碑文を乞われたことを喜び経緯を叙し詞を贈る。

明治三十三年八月起立」

傍らにある木製の説明板の文面は次の通り。

「(説明文)　大屋停車場之碑・由来、この碑は、当時の神川村をはじめ丸子・塩川・長瀬・依田・県・殿城・豊里等の各村やさらに諏訪伊那にまで及ぶ人々が、大屋駅の設置の請願運動をしたことにより、大屋駅が開業したことを記念して明治三十六年に建てられたものです。明治二十一年に官設鉄道直江津線、現在の信越本線が当地に開業した時は、上田－軽井沢間には田中・小諸・軽井沢の三駅しかありませんでした。地元の利便はもちろんのこと、当地の主要産業である養蚕製糸業を広めることが国の発展に大きな役割をはたすものであるということで、県会議員の尾崎吉太郎、土肥甫両氏が請願運動の中心となり、明治二十四年から鉄道庁・県庁に陳情した結果、明治二十九年一月二十日、待望の大屋駅が開業しました。

請願運動は三千余名の有志が署名をし、請願の運動費を寄付した人々は、碑の裏面・側面に刻まれている数だけでも六百二十七にのぼっていることを見ても、いかに大屋駅の開業を望んでいたかがわかります。このようにしてできた大屋駅は、国鉄の請願駅のはしりであるといわれています。

平成六年十一月三日　大屋駅長」

大屋駅の大時計、なお大屋駅には大正期以来ずっと使われている大時計があって、今も正確に時を刻んでいるのが珍しい。

「(説明文) 大屋駅の大時計、大正十一年十一月設置当時の価格七十円でした。昭和八年及び同十九年に修理をしています。初めのものは分銅式でしたが現在のものは振子式に改造されています。長野鉄道管理局内で同型のものは当駅に現存されているのみで、正確に時を刻んでいます。

昭和六十一年十月十四日　大屋駅」

森宮野原・日本最高積雪地点碑　飯山線に入ると、

さすがは雪の飯山線だけあって、新潟県境の森宮野原駅に「日本最高積雪地点碑」がある。昭和二〇年に記録した積雪と同じの、七・八五ｍという高さまで標柱が建っていて、本当にこの高さまで雪が積もったのだろうかと大いに驚かされる。

　各地にいろいろな日本一があって標識が建っているが、この「最高積雪碑」が筆者が最も関心をよせる標識である。私鉄であったころの飯山線は、雪が降ると春まで運休するのが通例であったというが、

日本最高積雪地点（森宮野原）

国鉄になってからの飯山線は、三ｍを超す雪の中を定時に運行しているので感心させられた。窓からは雪の壁ばかりで何も見えない時もあった。

「（標柱文）『日本最高積雪地点碑』

　積雪七・八五ｍ　昭和二十年二月十二日記録・飯山線森宮野原駅。

　ここは東経一三八度三五分　北緯三六度五九分標高二八八・六九六ｍで、全国屈指の深雪地帯であり、昭和二〇年二月一二日に七ｍ八五㎝の積雪がこの地点で観測されました。　栄村」

　雪の研究家である高橋喜平氏の体験報告によると、このような日はカンジキを履いて雪の上に立っても九五㎝雪に埋没し、胸というよりは脇の下まで埋まって、自力で歩くのはほぼ不可能であった。しきりに両手を振り、雪中の自分の足をかかえるようにし

て引き抜いて幾らかでも進もうとしたが、三〇分かかって五〇mを進んだだけであった。

また、林業に従事していた出稼ぎ労務者の記録によると、このような日に雪が入らぬよう身づくろいをして、ツボ足で（カンジキを履かずに）飯場の二階の窓から雪中に飛び込んでみたが、身体はずっぽりと雪に埋没して、頭も雪表に出なかった。

雪中でもがいても身体がずるずる沈んでゆくばかりだったので、輪を描くように足踏みをして穴を拡げ、驚くべき雪地獄からようやくに脱出したという。

一一　新潟県内の鉄道碑

新潟駅繁盛記・碑　新潟駅の裏口に当る南口広場の西側にある。明治三七（一九〇四）年五月三日に開業して以来、新幹線乗入れ駅となるまでの新潟駅の歴史が書かれている。碑の後記は次の通りである。

「チャーターナイト二十周年を記念し、これを建てる。　一九八二年九月十九日　ライオンズクラブ国際協会　新潟西ライオンズクラブ」

三条駅ランプ小屋　三条駅下りホームにあるランプ小屋で、煉瓦が長手積みになっているのが珍しい。小口一つずつ食い違わせて美しい模様になっている。おそらくこの積み方（長手積み）のランプ小屋は当駅だけであろう。明治三一年の開駅、ランプ小屋の建設は明治四五（一九一二）年である。小屋のかたわらに左記のような説明板が建てられている。

「明治時代のランプ小屋

当駅が明治三一年六月に開業以来、大正の初期まては、待合室やホーム及び信号機まで、すべてランプでした、このランプ小屋は明治四五年三月に建てたもので防災のため駅舎から離して赤レンガ造りにしてあります。現存しているのはこの辺では当駅と山都駅、馬下駅だけです。　三条駅」

押切開駅上碑　駅舎の北側に線路の方を向いて建てられている大きな碑である。漢文の長文なのでとても記載できないが、当駅一帯は水はけの悪い湿田地帯であったが、整理耕田もでき、鉄道駅が開設したので水陸両用の便がととのった、駅は明治三二年一〇月起工し翌年に完成したとある。

資料『停車場一覧』によると営業開始は明治三四年九月一日となっているので一年食い違っている。碑は「大正七年四月　武石潜撰　邨田徳勝書」となっている。

工学士遭難記念碑　信越本線の潟町駅の下りホーム西寄りにある。遭難記念碑という言い方も不思議なのだが、碑文にはそのようになっている。まだ国鉄には編入されていなくて、北越鉄道の時代に殉職した建築課長を弔う碑である。

「（表面）工学士菅村与三君遭難記念碑
（裏面）君は長門之人、北越鉄道株式会社建築課長の職にあり、執務中不幸にして犀浜村地内に於いて轢死す、実に明治三十三年二月九日也
明治三十五年五月二日　北越鉄道株式会社・建築課員一同建立　同族会周旋人内藤仙八」

このように記されていて、碑が上部三分の一で割れていてセメントで継いでいる。信越本線の私鉄時代の碑としては珍しく、唯一ではないだろうか。

親不知列車雪崩事故　大正一一（一九二二）年は特に雪が多かった年として記録されている。海岸沿いの糸魚川町でも「電線で首を吊る」と言われたほど雪が降った。家々は軒まで埋没して雪の階段を作っ

て戸外の踏み分け路に出るのだが、電線は胸の高さにあって、首を吊る状態になるのだった。

そしてその年の二月三日、当時の鉄道史上最大の犠牲者、死者九〇名（内訳は除雪人夫八八名、乗客一名、鉄道職員一名）を出した本件雪崩事故が発生した。この犠牲者の記録は、翌大正一二年の関東大震災による列車水没事故まで続くのである。

当日の一三時三〇分ごろ、市振－親不知間で雪崩が発生し列車は不通となった。この除雪作業を徹夜で行なうため、糸魚川町の白沢組人夫約一五〇名と、富山駅駐在乗組貨物掛一九名が、糸魚川から乗車し現地に向かった。さらに糸魚川から臨時列車で人夫一七名と保線職員も続いた。

現場の天候は三日の明け方から気温が上昇し、雪は雨に変わった。現在では間違いなく雪崩警報を出す気象条件だが、当時では二月に雨が降るのは珍しく、しかも一七時過ぎから大雨となった。これはまさに地元で「ジコズリ」と云う、斜面全部の雪が雪崩になる全層雪崩が発生する（表層雪崩はホウラと言う）気象条件であった。

この大雨で除雪作業は一向に進展しなかった。雨が蓑、笠を伝わり着衣が濡れ、藁靴にしみ通る雨水は爪先の感覚を麻痺させてしまい、雪に呑まれて脚が抜けず、うふうふと上体だけ揺すってひたすらにもがく者や、小規模な雪崩を被り気を失って倒れる者も出たので、遂に徹夜作業は中止になった。

このような日は人夫は己の陰嚢を綿かフランネルで包み、その包んだ褌をぐふと締め揚げひたすらに男児の精を絞る、こうしないと命にもかかわると言う。現在ならゴム長靴なのでこのようなことは起こらないのだが、水に濡れた藁靴（スッポン）を履いた人の難儀は、今日では説明してもわからないだろう。

除雪人夫はやれやれと思って、胸までも没する雪を掻き分けて持ち場を離れ、糸魚川に帰る第六五列車に乗り込んだ。列車はボギー車二両四輪客車四両であった（機関車二二六九号で次位ボギー車のホユニとホハ、後ろに四輪客車ハフ三両とハ一両）。

列車は雨の中を深谷隧道を抜け、汽笛を鳴らして勝山隧道にさしかかった。その瞬間、右側の勝山からジコズリ（全層雪崩）が発生、ボギー車の半分と四輪客車二両に襲いかかり、木造客車は完全に粉砕して残るのは床だけとなっていた。

辛くも生存した者が這うようにして糸魚川に戻り救援を頼んだが、現地は茫漠たる雪原になっていて何一つ手がかりもなく、ここでは何事も起こっていないようにさえ見えた。この状況の説明には、左記のような話を記載するだけで十分だろう。

救援の衆が雪の斜面を降っている時、いきなりカンジキの紐を引っ張られて転倒した。「死霊が友を呼んだのか」と思い青くなった。提灯の光で見ると雪面から手だけが一本にょっきりと出ていた。「分かった、助けてやるから手を離せ」と言ったがこれは執念でしょう、救援の衆は手を離さないカンジキの紐を解き、この男は命からがら助かった。

雪間では埋没した衆は外の音はよく聞こえるが、雪の底から出す声は全く聞こえないと言う。

発掘作業は順調に進むように見えたが二遺体がどうしても発見できない。糸魚川町蓮台寺では青年団一六名中一五名が参加し、一三名が死亡してしまった。この蓮台寺の組頭である古木次郎蔵（二六歳）の遺体が四日後の七日に海岸の波打ち際で発見されて、父親は「組頭としてよくぞ死んでくれた」と言って泣き崩れた。人々は「日露戦争の旅順戦で息子を死なせた乃木大将の心境」だと貰い泣きをした。

列車は隧道に入る前に汽笛を鳴らした。この汽笛が雪崩の引き金になったのである（佐々木冨泰・網谷りょういち『事故の鉄道史』）。マタギ（猟師）な

親知不知二代目の慰霊碑（小不知トンネル　東抗口上）

どに言い伝えられていることだが、口笛や喚き声などの音が雪崩を起こすことはよく知られている。雪の崩壊面は延長一五〇m、幅三〇m、雪崩雪の体積は六〇〇〇㎥と推定された。

親不知雪崩事故慰霊碑　この事故の慰霊碑を建てたのは、糸魚川の安藤俊夫医師であった、事故現場の国道沿いに、海を背にして建てられた。「大正十一年二月三日大雪崩遭難現場」の碑はかくて幾星霜、ところが昭和三九年の国道改修工事が完成すると、いつのまにかこの碑がなくなっていた。建設省にかけあっても下請けが勝手にやったことだと言って取り合ってくれない。この時期には安藤医院は安藤俊夫から子息の安藤恒夫に引き継がれていた。

　国鉄の複線化で新・子不知隧道が出来、その青海川側のトンネル上部に三角形の土地が残った。「今度こそ、安らかにお眠り下さい」と二代目の慰霊碑が誕生し、安藤恒夫医師もその除幕の紐を引いた。昭和四九年五月四日のことであった。

　黒御影石の碑文は左記の通りになっている。

「（表面）大正十一年二月三日
　　勝山大雪崩遭難碑
　　日本国有鉄道総裁　藤井松太郎　書
（裏面）昭和四八年十一月吉日
　　新潟県糸魚川市寺町三六〇番地
　　安藤俊夫

安藤タカ
安藤恒夫　建之

勝山大雪崩遭難碑

大正十一年（一九二二）の冬は四米余の豪雪となり、鉄道は、ことに市振－青海間に連日この地方の除雪従事者を大量に投入した。その従事者を乗せた列車が、二月三日の夕方、勝山トンネル西口にさしかかったところ、大雪崩におそわれ、死者九〇名を出す大惨事となった。そのとき、私どもの先代安藤俊夫（医師）は、寝食を忘れて犠牲者の救護に当った。

この石碑は、先代安藤俊夫の意志を継ぐと共に、犠牲となられた方々のご冥福を心から祈り、御遺族の上にも限りないご加護を念じて建立したものである。

新潟県糸魚川市寺町　安藤タカ
安藤恒夫」

（原文は横書き）

一つの事故でこれほど多くの慰霊碑が建立された例は知らない（佐々木冨泰記載）。昭和一二年一〇月一四日の鉄道記念日には、国鉄保線区などの職員の拠金により、現地慰霊碑として銅板に刻み、事故現場の崖の中に建てられた。

「大正十一年二月三日大雪崩襲来一瞬九十名ノ生命ヲ奪ヘリコレ国鉄空前ノ大惨事ナリ之等犠牲者ノ尊キ霊ヲ慰ムルト共ニ我等国鉄従業員ノ主護神トシテ永久ニ祭祀センカタメ茲ニ之ヲ建立セリ

長野保線事務所
正七位　千秋邦夫」

二代目の慰霊碑への経路は、青海駅下車で国道を西へ徒歩二〇分ほどの、新・子不知トンネル（複線化で新設された上り線）の坑口上であって、黒御影石の横長の碑は国道の方を向いている。

現地慰霊碑の方は青海－親不知五・三kmのちょうど中間ぐらいであって、国道から降って道路下の崖の中腹にはめこまれている。この国道は歩道もなく、大型トラックに脅かされての徒歩一時間強であるが、厳しい地形であることは体験できる。

雪崩の現場は海上に国道バイパスができたので、その橋の上から一望できる。砂防ダムが何本か入った平凡な谷間の沢なので、ここで歴史に残る雪崩事故が起きたのが不思議なようだ。現在は下り線はコンクリート製の雪覆（スノーシェッド）が完成し、上り線は子不知トンネルで通過する。

田中角栄像（浦佐駅前）

その他の碑は、駅から離れているので、所在だけを記しておきたい。

①連台寺の七社神社の境内にあり、高さ約二m。「何すれぞ　かくおおきたる　いけにえの　むなしくゆきと　きえはつべしや」。相馬御風謹詠とある。正面に犠牲者一三名の氏名がある。

②大和川村（当時）の教念寺の境内にある。「親不知殉難碑」は鉄道大臣伯爵大木遠吉筆。

田中角栄像　浦佐駅前にある。右手を上げた田中角栄得意のポーズで背面には新潟新幹線の線路が通っている。けだし、前述の岐阜羽島の大野伴睦像と双壁をなすものであろう。鉄道を自分の選挙区に引くあるいは停めるのは、功罪半ばする事業であるが、岐阜羽島の場合、羽島での停車追越しがないと今のダイヤの保持はできないし、浦佐も快速列車の退避という目的があったことも否めない。

「（碑文）田中角栄先生は、大正七年五月四日新潟県刈羽郡二田村で父角次、母フメの第四子として生れ、幼少より神童と云われ明朗にして闊達な性格は大器の芽生えと衆目を集めた。

昭和九年青雲の志をいだいて故郷を立し、苦学勉励も志を興し、戦後の動乱期昭和二二年、弱冠二八歳にして衆議院議員に当選、爾来国政の中核で郵政大臣、通産の各大臣を歴任、昭和四十七年五十四歳で自由民主党総裁、内閣総理大臣に就任して内政外交に画期的な政治を断行した。以後断絶の境地にあつた日中国交回復を実現し、国際平和に大きく貢献するとともに日本列島改造論を提唱、均衡ある国土発展を基調として、豪雪対策を命じ裏日本の閉塞振興を積極的に推進、東京で新島国の邁進支援対策等の至難を開かれた功績は実に偉大です。

依って昭和六十五年三月十四日上越新幹線、同十月二日東北新幹線の着工と開通を記念し、奥只見地域レク都市事業の早期実現を期して有志相集い、茲に田中角栄先生の銅像を建立し、不滅の功績と栄誉を恰も悠久に偉容を顕彰する。

この像が、世界の平和と国運の隆盛を希望し、永遠に裏北郷、更には県土伸展の象徴となることを祈念する。

寄贈者　一二〇〇〇余名

昭和六十年十月吉日

田中角栄先生銅像建設規成会

製作　日本芸術院会員　宮永直樹

題字揮毫　衆議院議員　二階堂進

碑文揮毫　日展書林理事　廣澤雲仙」

上越新幹線工事殉職者慰霊碑　越後湯沢の城平公園にある。鉄道建設公団によって建立された碑であるが、筆者はまだ確認していない。

上越北線直轄工事殉職碑　越後中里駅の南西一㎞ほど、在来線の下り列車が清水トンネルを出てすぐに西側左手に見える巨碑である。

「(正面)『殉職碑』
正三位勲二等子爵牧野忠篤謹書
(右面) 上越北線直轄工事
(左面) 昭和六年八月鉄道省長岡建設事務所」

一二　丹那トンネルの鉄道碑

丹那トンネル熱海口・殉職碑　丹那トンネルは静岡県なので東海地方に入るわけだが、歴史的にも難工事であっただけに、東西両口に慰霊碑がある。東京方面からは、わりあい行きやすくて感慨深い碑なので、こちらだけ別項目として記載しておきたい。

熱海口碑は丹那トンネルの熱海口坑口上、伊東線「来宮駅」より徒歩一五分程度で、道沿いで登り坂を右に行き「梅園前」信号を右折、鉄道線路が見えた所で少し降る。丹那神社が併設されていて、バス停では「丹那神社前」である。

正面に鉄道省設置の殉職碑があり、右には鐵道工業合資会社の坑内事故慰霊碑がある。

丹那トンネルの殉職碑　トンネル坑門の裏側にあって大きく「殉職碑」と書かれ、左右半円形に鶴嘴《つるはし》と削岩機を持って働く坑夫像二面が描かれている。このような殉職者慰霊碑は、それまでは請負会社で建立するのが例であったが、発注者側の鉄道省が建てた碑としてはおそらくこの丹那トンネルの殉職碑が最初であろう。殉職者六七名の姓名が残らず刻まれていて、次のような説明板がある。

「丹那トンネルの殉職碑

この碑は丹那トンネル開通にさいして鉄道省によって建てられました。この工事の際、六七名の尊い犠牲者がでました。碑には尊い犠牲者の姓名が刻まれています。この工事は足かけ十六年の歳月を要した世界的な難工事でした。完成まで大事故は六回を数え、死者六七名、重傷者六一〇名という多大な犠牲をはらって昭和九年に開通いたしました。

（以下、英文とハングル文字）」

丹那トンネル殉職碑（熱海口鉄道省の碑）

丹那隧道（熱海口）鉄道工業碑　慰霊碑に向かって右側にある石碑で、「慰霊碑　鐵道工業合資会社建之」とある。これはまだトンネルが開通していない大正一〇年四月一日に、すでに掘り終わって煉瓦巻きをしていた個所が崩落した事故で、一六名が犠牲になった。まだトンネルが開通していない、大正一二年という割合早い時期に建碑されたのは、その後の工事関係者の心情を考えてのことだろうと推測される。トンネル工事の請負は、熱海口が鐵道工業、函南口（沼津側）が鹿島組の請負であった。

「大正十年四月一日熱海線丹那隧道東口坑内一部崩壊殉職者」とあり、姓名は以下の通りである。

「山形県佐藤慶藏　大分県辛島勇　岩手県岩淵助惣　秋田県京野鐵藏　宮崎県岩田エイ　山形県細川治平　神奈川県平井福松　長野県長田要市　栃木県古内玉之助　大阪府織田龍一　山形県金子安　長野県白木勇　鹿児島県若松栄藏　京都府森梅治郎　秋田県永井誠一郎　富山県大垣米次郎（一六名）

大正十二年三月十九日　鐵道工業株式合資会社建之　彫刻兄石金弟石鉢」

このうち注目すべきは「宮崎県岩田エイ」という女性名で、この時期はまだトンネル工事で坑内に入るのは女性禁制ではなかったことがわかる。女人夫という呼び方で働いていたらしく、丹那隧道より前の大軌生駒隧道の崩落事故でも同じ例が見られる。トンネル坑内が女性禁制になるのはもっと新しくて昭和年代に入ってからであるらしい。

丹那神社　丹那トンネルが開通したことを記念し建立された神社であり、慰霊碑の上に建てられている。このあたりは梅園の名所となっている。珍しいのが「救命石」というもので、この大石が漏斗にひっかかり、それを取り除けている最中に大崩落があったので、もしこの石がなければ大勢の作業員が崩落事故のまきぞえになっていたはずだと伝えられる。

函南口・丹那隧道工事殉職者慰霊碑　函南駅を下車して細い道を丹那トンネルの方に進み、最後は線路敷に上がってから、慰霊碑のために造られた南側階段を昇った所にある。駅からは徒歩一〇分ほどだが、線路敷では列車には注意してほしい。

以前は「丹那トンネル工事殉職者慰霊碑入口　着工大正七年四月　完成昭和九年十二月　大正十年四月一日午後四時二十分トンネル内崩壊」という標識が建てられていたが、近年は列車の窓から見えなくなったので、どうなったのかと気がかりなところである。
碑は鹿島組が建立したもので、参道の階段、周囲の鎖、石碑と完備したものである。

「(表面)丹那隧道工事殉職者慰霊碑
(裏面)殉職者名　昭和八年十月二十一日際■挙行
隧道貫通式為供養　株式会社鹿島組
社長　鹿島精一建比碑　謹題」

となっていて、三五名の姓名が刻まれている。特徴は当時半島人と呼んだ朝鮮名の姓名が多いことで、丹那トンネルは一六年かかっているのだが、後半には労務者に朝鮮の人々を多く使うようになった。碑文でも「福元佑二郎事　金白龍」という名があったりするが、朝鮮名の姓名は最後に書かれており、やはり死んでからも差別されていたのかなと思う。

丹那トンネル工事の概要　丹那トンネルは明治四二年に調査開始して大正元年より四本の比較線の測量を開始した。この中には、熱海を通らずに湯河原から沼津に直行する案もあった。もし直行案になっていればその後の熱海の繁栄もなかったかもしれない。

大正七(一九一八)年三月二一日に着工して熱海口の掘進を開始した。当初計画では七年間で開通させるはずであったが、記録に残る難工事となった。大正一〇年四月一日に熱海口三一七mの地点で崩落事故があり一六名が犠牲になった。大正一三年二月一〇日には函南口一五〇〇mにて迂回坑が崩落し、一六名が閉じ込められ、出水のため溺死するという何とも言へぬ悲惨事があった。昭和五年一一月二六日には、伊豆地震のため函南口三三〇〇m地点で崩落事故があり、三名が犠牲になった。

昭和七年六月一九日に先進導坑が貫通。昭和七年一〇月二一日に貫通式を行なった。列車の開通は昭和九(一九三四)年一二月一日であり、七年の予定だった工期は、一五年余となっていた。

トンネルの延長は七八〇四m。工費二四六二万六千円、労働力は延二五〇万人であり、工事犠牲者は前述の通り六七名であったが、碑文の重傷者六一〇名という記述にも驚かされる。これを坑内労働六時間として計算すると、約二二万労働時間で一名の犠牲者が出た計算になり、戦後のプロペラ機が飛んでいたころの航空機事故の確率に匹敵する。

新幹線の新丹那隧道は、昭和三四年九月着工、昭和三九（一九六四）年三月三一日完工と、土木技術の進歩で五年で開通し、工費は四〇億円であった。

第六章　関東地方の鉄道碑

一　東京中心部の鉄道碑（ＪＲ線）

東京駅・井上勝銅像　東京駅の丸ノ内側の広場にある。大正三年に鉄道省前に建立され、その後昭和一九年に金属回収のため撤去された。しかし没後五〇周年の昭和三四（一九五九）年に朝倉文夫の制作によって二代目の碑が再建され、さらに国鉄本社前から駅前の現在地に移設されたものである。

東京駅丸ノ内側の煉瓦造駅舎は、曲折はあったものの現在の姿で保存されることが決定し、井上勝銅像ももう引越しの心配をせずに風景に溶け込んでいる。これも幸せなことだろう。

井上勝は、初代鉄道頭であって初期の鉄道建設と運営の中心人物であった。現在に残されている『工部省記録』には、初期の鉄道経営に苦労した井上勝のさまざまな書簡が記録されている。銅像建立の場所としては、東京駅前が最もふさわしい立地だろう。裏面の銘板は漢文で記されている。そう長いものではないが、訳文をも記載しておきたい。

「（表面）正二位勲一等子爵井上勝君像

（裏面）

君自明治初年専任
創設鐵道之事拮据
經營基礎始立盡心
斯業抵老不渝四十
三年夏力疾訪制歐
州歿干塗次可謂斃

井上勝銅像（東京駅）

而後已矣茲同志胥謀鋳君像置諸東京車站以傳偉績於不朽云
大正三年十一月
建」

「（裏碑文訳文）君は明治初年より創設鉄道の事に専任し拮据経営す、基礎始めて立つ、心を斯業に尽くし老に抵るも渝らず、四十三年夏疾を力めて制を欧州に訪い途次に歿す、斃れて後已むと謂ふべし、茲に同志あい謀り君の像を鋳てこれを東京車站に置き以て偉績を不朽に伝うと、しか云う　大正三年十一月建」
（『鉄道碑めぐり』の訳文より引用）

紅葉した木々に囲まれた銅像は、背後の煉瓦造の東京駅舎となじんで美しいが、観光名所にはなっていないらしく、人影はまばらである。

東京駅地下線・C六二動輪　丸ノ内側に地下新線が造られた時、国鉄創業一〇〇周年記念とし、待ち合わせ場所になるようにB一階のコンコースに建てられた。場所は中央よりやや北側である。

「（碑文）〝みなさんの足〟として親しまれてきた国鉄は、今年で創業一〇〇周年を迎えました。蒸気機関車はこの歴史と共に歩んできました。第二次世界大戦で戦災を受けた東京駅が修復された昭和二三年に、これと時を同じくして誕生したC六二形蒸気機関車は日本復興のエースとして活躍し、狭軌最高の時速一二九キロを記録するなど、技術の粋をあつめた〝栄光の名機〟とうたわれました。

このC六二一五機は、東海道、山陽、函館本線などをかけめぐり、昭和四六年一二月解体されるまで、約二六三万キロ（地球を六五・七周）を走り続けました。〝鉄道一〇〇年〟に完成したこの東京地下駅に、同機の動輪をかざり、その歴史をたたえることとしました。

昭和四七年七月一五日
日本国有鉄道」

（原文は横書き）

新橋・鉄道唱歌の碑　新橋駅東口駅舎前にある。鉄道を代表する最もポピュラーな歌として、鉄道唱歌の碑は各地で見られるが、もちろん新橋駅がその出発点であり、作者の大和田建樹についても、その経歴が詳細に記されている。

「（碑文）『鉄道唱歌の碑』汽笛一声しんばしを　早わが汽車は離れたり　愛宕の山に入りのこる　月を旅路の友として（大和田建樹筆跡）

鉄道唱歌の作者大和田建樹先生は安政四年（一八五七）四月廿九日愛媛県宇和島に生まる、幼少国漢文に親しみ十五歳以後特に国学に志した、明治七年十八歳の秋上京游学、十七年東京大学講師翌年高等師範学校教授、廿四年辞任爾来又官仕せず門を開いて歌文を教え、地方に出講し行余謡曲能舞を嗜む、学は漢洋に亘り著述は時点註釈詩歌随筆等百五十冊を越えたが、卅三年鉄道唱歌、東海道山陽九州奥州線磐越線北陸地方関西参宮南海各線の五冊を連刊し、就中汽笛一声新橋をの一句に始まる東海道の部は普く世に流布して津々浦々に歌われ、鉄道交通の普及宣伝に絶大の貢献をなした。先生明治四十三年十月一日に没す享年五十四、恰も生誕百年に当つて先生の遺弟待宵舎同人の発起により東海道鉄道唱歌にゆかりの深い新橋駅構内に碑を建て、永く先生を記念する。　昭和三十二年十月　安倍能成

一九五七年一〇月一四日、デザイン萩原政男、鋳

金土肥陶、石匠田代寛一」

旧新橋停車場　新橋駅東口を出て徒歩約五分、汐留貨物駅の跡地が新都心「汐留シオサイト」として再開発されて超高層ビルが林立し、元の姿も見られなくなってしまった。ここに新橋停車場の建物が明治五（一八七二）年の姿で復元されたのだが、こんな立派な建物だったかなと首をかしげるほどである。旧新橋停車場の建物は、大正三（一九一四）年の東京駅開業に伴って汐留貨物駅となり、旅客駅として使われなくなったが、大正一二年の関東大震災で壊滅した。

元の駅舎はアメリカ人、R・Pプリジェンスの設計によるハイカラな西洋建築の建物で、銀座通りに向かって偉容を誇っていた。明治五年一〇月一四日に明治天皇の行幸を仰いで開業したので、一〇月一四日が鉄道記念日となっている。内部は「鉄道歴史展示室」と「グランカフェ新橋ミクニ」となっていて、発掘調査時の遺構の展示も見られる。

旧新橋〇哩標識・創業時の線路　裏に廻るとホームの一部が再現され、ここに〇哩標識と双頭レールの線路の一部が再現されている。

「〇哩標識　一八七〇年四月二五日（明治三年三月二五日）測量の起点となる第一杭がこの場所に打ち込まれました。一九三六（昭和一一）年に日本の鉄道発祥の地として〇哩標識と約三ｍの軌道を復元しました。一九五八（昭和三三）年一〇月一四日、旧国鉄によって「〇哩標識」は鉄道記念物に指定され、一九六五（昭和四〇）年五月一二日、『旧新橋横浜間鉄道創設起点跡』として国の指定史跡に認定されました」

以下創業時の線路として、反転させればもう一度使える双頭レールと鋳鉄製枕木による線路が復元されていて、説明板も設置されている。各地で〇哩標識も見たが、ここのものが本家である。

渋谷・忠犬ハチ公銅像　渋谷駅西口ハチ公前広場にある有名な像である。病没した飼主の農学博士上野英三郎氏を、何年にもわたって夕刻になると渋谷駅前で待ちつづけた忠犬ということで、新聞にも書かれてとみに有名になった。

〇哩標識（汐留）

銅像前は通行人や待ち合わせの人々で人影が絶えない。渋谷駅でもこの出入口を「ハチ公口」と呼んでいる。銅像前に記載された碑文は左記の通りであるが、秋田犬で大館の産であって、出生地の大館駅前にも忠犬ハチ公を讃える銅像が建立されている（二五七頁参照）。

「（碑文）忠犬ハチ公小伝。種類・日本犬秋田産、生れた時・大正十二年十一月廿日、体格・肩の高さ二尺一寸体重十一貫、飼主・故農学博士上野英三郎氏、第一回銅像建設・昭和九年四月二十一日、場所・渋谷駅正面改札口前、死去の時・昭和十年三月八日。

帰らぬ主人を十余年渋谷駅に待ち続けたハチ公の忠実な行為は、深く賞賛の的となり、銅像に作られたが、戦時中撤去されて、その愛姿を失ったのを、多くの人の同情により、こゝに銅像再建して、永く美談を後世に傳う。

昭和廿三年八月十五日、忠犬ハチ公銅像再建会」

新大久保駅プレート　新大久保駅ホーム階段を降りた所にある。ホームから転落した乗客を救おうとして飛び降りた二人の乗客が、入線してきた電車にはねられて死亡するという、須磨の大山車掌のような事故が再現されたのだった。

見ず知らずの他人を身を挺して救助するという勇敢な行為と、犠牲者の一人が韓国人留学生であったことが世間の同情を集めてその反響も大きく、また長く続いたのであった。真新しいプレートには日本文とハングル文字とが書かれていて、この事故が国際的なものだったことがわかる。

なおこの事故を教訓に、ホーム下の緊急退避施設や、ホームに這い上がれるステップが整備された。

「(標文) カメラマンの関根史郎氏、韓国人留学生の李秀賢氏は、二〇〇一年一月二六日午後七時一五分頃、新大久保駅において線路上に転落した男性を発見し、自らの身の危険を顧みず救助しようと敢然と線路に飛び降り、尊い命を落とされました。両氏の崇高な精神と勇敢な行為を永遠にたたえ、ここに記します。

東日本旅客鉄道株式会社」

二　東京中心部の鉄道碑（地下鉄線）

銀座駅・早川徳次像　営団地下鉄銀座駅の日比谷線ホーム上のコンコースにある。銅像であり銘板が添えられている。東京地下鉄網の中心と云える人通りの多い場所だが、立ち止まる人はまれである。地下鉄の父と讃えられる早川徳次《はやかわのりつぐ》も、晩年は五島慶太との新橋での地下鉄接続をめぐり、鉄道争奪戦に敗れて不遇だった。戦時中の昭和一六（一九四一）年の銘と近年の銘がある。

「(碑文)『社長早川徳次像』夙ニ帝都ヲ立体的近代

都市タラシムルノ計画ヲ樹テ、東京地下鉄道株式会社ヲ創設シ、未曽有ノ難事業ヲ完成セリ、洵ニ是レ我国交通史上ニ一新紀元ヲ画スルモノ天下万人之ニ依ツテ享クル利便頗ル大ナリ、其ノ功績畏クモ天聴ニ達シ、皇紀二千六百年記念式典ニ際シ緑綬褒章ヲ賜フ、茲ニ同志相謀リ寿像ヲ建立シテ永ク後世ニ伝フト爾云

昭和十六年五月吉況　重役株主社員一同」

「(碑文) 地下鉄の父・早川徳次像 (西暦一八八一〜一九四二)　朝倉文夫　作

氏は明治一四年山梨県に生まれ、帝都高速交通営団の前身である東京地下鉄道株式会社を創設、幾多の困難を克服、昭和二年一二月三〇日アジアで最初の地下鉄浅草－上野間 (二・二キロ) を開業させ、引き続いて銀座へ新橋へとレールを伸ばし、今日に見る地下鉄時代の礎を築きました」

霞ヶ関駅・地下鉄サリン事件プレート　霞ヶ関駅の日比谷線と千代田線が交わるコンコースの壁面に埋め込まれている。オウム教による毒薬サリンを使った無差別殺人事件である。地下鉄サリン事件は、各線で多数の犠牲者と負傷者を出したのだが、鉄道に責任のある事故ではなかったためか、プレートのみで慰霊碑などは建てられていない。

駅職員から二名の犠牲者が出た。この二名を悼む文が書かれている。前述の新大久保駅での事故もそうだが、世間を騒がした惨事も、時間の経過とともに一枚のプレートとなって記憶を残すのみとなる。

「(標文) 平成七年三月二十日午前八時すぎ、地下鉄サリン事件が発生した。

丸ノ内線・日比谷線・千代田線の、都心に向かう五本の電車に持ち込まれた有毒ガスは、十一人の犠牲者と六千人に及ぶ被害者を出す惨劇を引き起こし

た。
ここ、千代田線霞ヶ関駅では、五番線に到着した我孫子発代々木上原行最前部車両の、床にある異臭を放つ液体を処理した職員二人が死亡した。的確な判断により、多くの乗客の命を守り殉職した、高橋一正・菱沼恒夫両氏の安全輸送に懸けた功績をたたえ、我々営団地下鉄職員の誇りとしてここに記す。
平成八年三月　運輸本部有志一同」

営団・中目黒事故慰霊碑　まだ記憶に新しい、営団地下鉄日比谷線・中目黒駅近くで発生した事故の犠牲者を弔う慰霊碑である。この事故では五名が死亡三五名が負傷したのだが、遺族の意向もあって碑には左記の二名の姓名が刻まれている。

事故地点は中目黒駅ホームから上り方一五〇mであって、ここに線路補修車両（モーターカー）用の小さな基地があって、そこに出入りする転轍器があり、脱線した営団車両が転轍器レールで振られて、対向の電車に衝突したのだが、この保線基地がそのまま慰霊碑の設置場所となった。事故発生地点が碑の位置になるという、かなり珍しい例である。

慰霊碑には中目黒下車で南へ、それから高架線沿いに東に一五〇m行くと北に向かうガードに出るが、そのガードを北に行くと東急線を越えて西側に階段がある。その階段を上った所が慰霊碑の位置なのだが、鉄格子扉があって鍵がかかり入れない。参拝される方は前もって営団地下鉄に連絡しなければならない。その点では本書の主旨に反するのであるが、参拝には営団が親切に対応していただけるので、あえて記載することにした。なお、中目黒駅は東急の管轄なので営団職員はいない、当日行ってすぐ参拝できるわけではないことをご承知下さい。

中目黒事故の経過　平成一二（二〇〇〇）年三月八

日の九時一分、下り菊名行き営団日比谷線車両（営団〇三系八両）最後部の、運転台があって電動機の付いていない車両（軽い車両）の前軸が脱線した。地下線トンネルを出た付近で、上り勾配三三‰・曲線半径一六〇ｍ（制限速度三五km／ｈ）の地点であった。電車は脱線したままで進み、前記の基地転轍器のレールにより車両が大きく振られた。ここまでなら単なる脱線事故だったのだが、運悪くラッシュアワー末期の、隣の上り線を走る竹ノ塚行電車（東武車両八両）の五両目から七両目と激突し、この上り電車の側面が大きくえぐられ前記の死傷者が出た。脱線して走行した区間は八二ｍ、脱線地点から七ｍにわたって、台車の前後車輪のフランジの乗り上げ痕跡があった。

中目黒事故慰霊碑（日比谷線）

日比谷線は急曲線が多く、そのため車両も短く設計されている。昭和三九年に開業以来三六年間にわたってこの種の脱線事故は起きていない。国土交通省の鉄道事故調査検討会が中心になって原因解明を進めたが、まだ解明は進んでいない。ただ端部車両が電動機付き（重い）車両だったら、今回の事故は避けられたかもしれない。京浜急行では端部車両は必ず電動機付き車両（ＪＲのクモハ）としている。

昭和六一年に東急横浜駅付近で同じような事故があったことなどに鑑み、国土交通省はとりあえず半径二〇〇ｍ以下の曲線には、脱線防止ガードを取り付けるよう、全国の鉄道会社に指示を出した。

事故慰霊碑の記載は左記のようになっている。

「　『碑文』

平成十二年三月八日午前九時一分に発生した日比谷線列車脱線衝突事故で犠牲となられた次の方々の慰霊のため　この碑を建立した

山崎智美　様　　二十九歳

藤井新也　様　　三十三歳

平成十三年三月八日

帝都高速度交通営団総裁　土坂泰敏

『祈り』

碑は『三つの祈り』により構成されています。

水の祈り

光の祈り

風の祈り

水は天と地を繋ぎます。海をつくり、雲となり、雨となって、光は宇宙を巡っています。

そして風、大気に在る魂と人の命を感じさせます

『祈り』はエネルギーです。

『祈り』は、天と地を結ぶ架け橋です。

平成十三年三月八日　作者　左高啓三

『安全の誓い』

平成十二年三月八日（水）午前九時一分、北千住駅発菊名駅行列車が、中目黒駅到着直前に同駅ホーム端から恵比寿駅方約百八十m地点において最後部車両第一台車の車輪が脱線し　反対線路を進行してきた中目黒駅発竹ノ塚駅行列車の進行方向から四・五両目車両に接触　六両目車両に衝突しました。

これにより竹ノ塚駅行の列車にご乗車のお客様のうち、五名の方の尊い命が犠牲となり失われ、双方の列車にご乗車の六十四名のお客様が負傷されるという未曽有の大惨事となりました。

今回の事故は、営団地下鉄にとりましては、創立

以来の重大な事故であり、地下鉄の安全性に対するお客様の信頼を失うこととなりましたことは誠に痛恨の極みであります。

私たちは、日々多くのお客様をお運びし　人命をお預りしています。そのことを改めて認識するとともに、この事故による悲惨な事実を真摯に受けとめ、これを教訓とし、二度とこのような大事故を繰り返すことのないよう、地下鉄の安全輸送の確保に、全役員が一丸となつて取組んでまいりますことを誓います。

帝都高速度交通営団

総裁　土坂泰敏

役職員一同

『お詫び』

この度の事故により、多数のお客様に死傷者を出しましたことは、誠に申し訳なく深くお詫び申し上げます。

お亡くなりになられました方々に心からご冥福をお祈り申し上げますとともに、ご遺族の皆様には謹んで深くお詫び申し上げます。

事故現場にお花等をお供えいただきます際には恐れ入りますが下記にご連絡くださるようお願い申し上げます。

献花場所までご案内させていただきます。

連絡場所

日比谷線工務区中目黒分室

電話　(三七一一) 八八八一

帝都高速度交通営団」

三　東海道本線に沿って・横浜まで

大森貝塚碑・考古学発祥の地　JR大森駅ホームの中央にあって、発掘土器のレプリカが展示されている。モース博士による日本最初の発掘調査を記念したもので、このような形の碑がホームに造られているのはほかに例を見ない。

大森貝塚は、品川区大井鹿島谷町から太田区大森にわたって存在する縄文時代後期の貝塚、明治一〇年から、たまたま鉄道に乗っていたアメリカのモース博士により、初めて調査された遺跡である。

「(碑文)『日本考古学発祥の地』(縦書き)

ESモース発掘百周年記念建立

アメリカの動物学者モース博士が一八七七年(明治一〇年)横浜より新橋へ向う汽車の窓から大森貝塚を発見し、これが契機となつて日本の考古学が発達しました。このブロンズは当貝塚掘出土の土器を約二倍に拡大したものです。

一九七九年一二月　東京大森ロータリークラブ
東京大森ライオンズクラブ　東京都大森貝塚保存会」

井上勝墓　鉄道の父と慕われ、明治五年からの鉄道建設の大功労者の井上勝の墓は、鉄道記念物となって品川区東海寺大山墓地にある。京浜急行新馬場駅の北口を出て西に行き、五分ほどで右手に東海寺墓地があるがその最奥にある。在来線と新幹線が分かれる三角地点であり、まことに鉄道の父にはふさわしい地に夫人とともに埋葬されている。

「(表面)故陸軍工兵大尉正五位勲五等　井上亥六子爵夫人　井上宇佐子　正二位勲一等子爵　井上勝
(墓裏面)「明治三十九年五月二日逝
明治四十年一月五日逝
明治四十三年八月二日薨」

墓のまわりには標柱が二本建てられている。

「鉄道記念物　井上勝　墓
昭和三十九年十月十四日　日本国有鉄道指定」

「鉄道記念物　井上勝墓昭和三十九年十月十四日
建植　日本国有鉄道　鉄道友の会」

井上勝は初代鉄道頭であり、工部省鉄道寮長など鉄道創設期から明治三十年代まで鉄道のトップであった。鉄道創業期の事項は『工部省記録』として刊行され、詳細に知ることができる。読者にも『工部省記録』を一読されることをお勧めしたい。交通博物館や交通科学博物館には備わっている。

井上勝はその後民業に就き、外遊中ロンドンで客死するのだが、毎日、新幹線や在来線が走行する音と振動を聞きながら眠る井上勝墓には暗さがない。筆者も「のぞみ」の走行音を聞きながら感謝の祈りをささげた。

海蔵寺・京浜鉄道轢死者之墓　井上勝墓と同じ下車駅であるのでここに記しておきたい。

京浜急行新馬場駅南口を西へ、旧東海道を五分ほど行くと、南品川四丁目四番二号に時宗海蔵寺（投入寺）があって、ここに表記の墓がある。個人が建てたもので墓というよりは供養碑であろう。

「（碑文）『京濱鐵道轢死者之墓』
當院無縁者永代施餓鬼料　金二百圓山添萬吉
東京市京橋区松川町山添萬吉建　當七十五年書
大正四年旬月中日」

もちろん「京浜鉄道」とは現在の京浜急行の前身である。当寺には品川区指定史跡の海蔵寺無縁塔群があり、ほかに慶応元年建、津波溺死者供養塔、昭和七年建、関東大震災横死者供養塔などがある。

桜木観音像・桜木町事故慰霊碑（**鶴見総持寺**）　犠牲者一〇〇名以上を出した鉄道事故を特別重大事故と呼ぶことにすると、日本では八件発生している。

そのうちで事故の慰霊碑が建立されているのが七件で、何と二件が鶴見総持寺に建てられている。その二件は「桜木町事故」と「鶴見事故」である。

鶴見総持寺は、鶴見駅を西口に出て左手に南下すれば一〇分ほどで入口に到達する。横浜市鶴見区にある曹洞宗の大本山、山号は諸岳山、元は石川県門前町にあったが、明治三九年現地に移転した。

よく茂ったけやき並木の参道を行くと、風が心地よかった。ややあって三門をくぐると、左手すぐそばに等身大の観音像が見られ、参拝者はこれに一礼をしてからさらに奥に進んでゆく、これが桜木観音像で桜木町事故犠牲者の慰霊碑なのである。碑文は左記の通りでていねいな建立趣意書がある。

「（表面）桜木観世音菩薩　岩上香堂　謹書
（裏面）昭和二十七年四月廿四日
合掌　赤堀信平　謹作」

「（建立趣意書）桜木観世音菩薩建立趣意
昭和二十六年四月廿四日桜木町駅構内に突発した電車火災事故は、遭難者百三名重軽傷者百有余名に及び、国鉄有史以来の大事故であつた。その責任を痛感した吾々が、遭難された方々の御冥福を祈るために観世音菩薩建立を企つるや、彫刻界の権威赤堀信平先生が献身的に製作を申出られ、多数の篤志家並に遺族の方々の御協力によりここに完成を見たのである。

なお御名号及び遭難者の氏名は鎌倉円覚寺管長朝比奈宗源老師の揮亳によるものである。

昭和二十七年四月二十四日
発起人代表　東京駅長　加藤源蔵
国鉄労組委員長　寺山源助」

裏面に桜木町駅構内事故遭難者氏名が、銅板に陽刻で記載されているがこれは省略しよう。ただ次の

点をご留意いただきたい
「昭和二十六年四月二十四日歿　百三名」
この事故の犠牲者は一〇六名なのだが、このうち三名は米軍の進駐軍兵士で、宗教上の理由から碑に刻まれるのを断ったためであり、ずっと後に起こる中目黒事故慰霊碑と同じような遺族の考えである。
桜木観音の開眼式は一周忌に行なわれ、遺族二百余名のほか、長崎国鉄総裁、加賀山前総裁、加藤東京駅長らが参列した。加賀山之雄国鉄総裁は、この事故の責任をとって、諸般の緊急安全対策や改良策を取ってから辞任していた。

桜木町事故概要と問題点　戦後の復興が緒についた昭和二五年には、東京－沼津間に湘南電車が運転を開始した。これは日本で最初の長距離運転の電車であった。緑と黄に塗り分けられた斬新な塗色は、湘南地方のみかんの色からとったもので、客車のようなクロスシートの車内も好評であった。前年には特急「平和」の運転開始があり、事故についても、終戦直後の大事故が多発した時期は過ぎて、やや安定した時期に入っていた。桜木町事故が起こるまでは。

昭和二六（一九五一）年四月二四日の一三時四〇分、当時は終着駅だった下り桜木町行き一一七一B電車（先頭モハ六三七五六・サハ七八・モハ六三・サハ七八・モハ六三の五両）は、九分遅れで東神奈川駅を発車した、一三時三八分だった。この遅れは先行していた試運転電車の調子が悪く、東神奈川駅で運転打切りになったためである。なお東神奈川駅から電車掛が運転台に添乗して、先頭の運転台には二人が乗務していた。

同時刻に桜木町駅では、ちょっとした事故があった。電力工事作業者が誤って落したスパナのために吊架線が断線垂下した。カテナリー線（Catenary）は上の方の線でパンダグラフが接触するのは下のトロリー線（Trolley）の方である。終着の桜木町駅では通常二番線を使っているので、上下線をまたぐ転轍器を通過中に先頭車のパンダグラフが吊架線にからまり、ハンガー線（Hanger）を次々と払いながら進行し、パンダグラフは後ろに倒されてショートし、木製の屋根から火災が発生した。前頭車（モハ六三七五六）は全焼、次位車も半焼して、乗客一〇六名が死亡、九二名が負傷となったのである。

焼けて鉄骨だけになった車内には、黒焦げとなって性別もわからない死体が折り重なっていた。小さな子供の死体もあった。半焼けのハイヒール、下駄や手さげ鞄、弁当箱、そういったものが黒くすすけて一面に散乱していた。身元不明であった女性が解剖の結果、朝食べた食事の内容と一致するという理由で、身元が判明したこともあった。

運輸省鉄道監督局発行の事故報告書　当時の事故原因として、電力工事作業職員の非だけを追及する風潮であったが、この工事を指揮していた工手長が、信号掛に断線事故発生と上り線には電車が通せない旨の連絡をした。信号掛が「着はいいのか」と質問して「着は差し支えない」と返答したらしい。当時の新聞記事は打合せミスだけを責めているが、問題は火災が起こったことではなく、どうして大量の焼死者が出たかという点である。

運輸省鉄道監督局発行の『桜木町駅における国鉄電車火災事故調査報告書』は、昭和二六年六月一八日で、事故の二カ月後という早い時期に発表されたガリ版刷りの報告書であるが、大量の焼死者を出した点を鋭く突いた名報告書である。

①パンダグラフの接触と同時に作動するはずの、鶴見饋（き）電室の高速度遮断器が作動せず、五分間ほども電気を送り続けた。

②運転士と添乗職員が、車両外部に付いているD

コックを開かなかったこと。二人ともDコックについては「そう言われれば知っていた程度」という教育なので、両側扉は最後まで開かれなかった

運転士は火花が出た時にすぐパンダグラフを下げたが、皮肉にもこの停電によりドアスイッチは使えなくなった。報告書はその後の運転士と添乗職員の行動を批判しているが、これはそのような教育をしていなかった国鉄幹部の責任である。

運転士と添乗職員に望まれたことは、果敢に火中に飛び込むことではなく、車外に降りて外側のDコックを開き、扉を手で開けて廻ることであった。

八個所ある扉のDコックのうち、後部二個所が開放になっていた。しかし扉は開かなかった。当時誰も知らなかった腰掛け下の開放コック、手動で扉を開くコックの存在を知っていた人がいたのである。筆者の推定を書かせていただくと、この人は乗客として乗っていた大船保線区技術係長の長沢光男氏ではないだろうか。しかし後の三河島事故では、このDコックがあだになって、多くの犠牲者を出した。

この事故でもごろ合わせで「モハ六三七五六」を「ロクサン皆殺し」と言われ、戦時設計で鋼材を極端に節約し、窓も三段（中一段固定）にしてガラスを節約するなどした車両だったので、ロクサン形電車の悪名は津々浦々に行き渡ったのである。

この事故の慰霊碑は、国鉄職員から一〇円ずつ集めて桜木町駅前に建立の予定だったが、地元の反対もあり、法要を行なった鶴見総持寺に変更した。

鶴見事故慰霊碑　この事故の慰霊碑は、総持寺の三門からずっと左側の奥に行った広場の中に建立されている。現在でもかなりお参りの人が多いらしく「国鉄事故慰霊碑」という案内がある。片方が塔になり左手に弓形になった珍しい碑であって、事故の経過や建立の主旨などは書かれていない。

「　鶴見事故慰霊碑
　勅賜禅師　曹師智瑞書
　昭和三十九年十一月九日
　　鶴見事故慰霊碑建立の会建之」

とあり、鶴見事故物故者氏名（年齢順）がびっしりと書かれている。

鶴見事故概要　この事故は原因もはっきりせず、問題点も教訓もあまりなく、後味の悪い事故だった。

昭和三八（一九六三）年一一月九日、二一時五一分ごろ、貨物二三六五列車は新鶴見操車場を四分延発し、鶴見横浜間で六〇km／hで力行運転中、前から四三両目貨車が左側に競り上がって脱線、四四・四五両目も分離脱線、四三五m進行して停車。貨車は旅客上り本線を支障するとともに、電車線路用電柱を傾斜させた。折から平行の下り二一一三S電車は九〇km／hで進行中に、架線のスパークと異常動揺を感知して現場で停車。たまたま反対方向から来た上り二〇〇〇S電車が分離貨車に衝突して、電車三両が脱線、その先頭車一両が分離し、下り電車の四・五両目に衝突してこれを大破した。死者一六一名、負傷者一二〇名。

原因はビール麦積載の四三両目の貨車（ワラ五〇一）が左側に競り上がって脱線、そこに運悪く二本の横須賀線電車が突っ込んだもので、当時の新形貨車の競合脱線とあって、国鉄は後に狩勝実験線で大規模な競合脱線のテストをした。

事故直後の調査では二軸貨車・線路ともに欠陥がなく、運転状態にも何らの問題点もなかった。要するにもう二軸貨車は時代遅れの代物で、早くボギー貨車、コンテナ列車に変更すべきだったと言える。

鶴見事故現地慰霊碑　この事故は衝突した現地にも慰霊碑がある。新小安駅を北へ坂道を一kmほど歩くと道は鉄道線路よりも高くなり、三複線となった鉄道線路が見渡せる。その坂道がまた線路の高さに降って踏切があるが、その踏切の先の、道路と線路の間に建てられている。電車からはよく見えるが、歩いていく場合には注意していないと見過ごしてしまう。

鶴見事故慰霊碑（鶴見総持寺）

線路に沿った金網には多くの木造の卒塔婆が建てかけてあり、今も各回忌には法要が行われている。ここはまさに事故現場で、事故時には供物台が置かれ、多くの花束や供物が供えられた場所である。石標・石塔婆・卒塔婆があり、石標と石塔婆とが一対となったもので、石標には「国鉄鶴見事故遭難者供養之塔」とある。石塔婆には何の記載もない。

四　東海道本線に沿って・横浜から熱海まで

エドモンド・モレル像　桜木町駅の改札口柵内の右壁にあるブロンズのレリーフで、ガラスケースの中に納められている。エドモンド・モレルは鉄道建設のために招かれて明治三年四月来朝し、新橋－横浜間鉄道建設の技師長として活躍した。海上に鉄道を敷くなど困難な工事であったが、完成を見ずに明治四年九月、三〇歳の若さで病没した。戦後になってから、その功績をたたえて鉄道友の会が横浜市の協力を得て、由緒ある桜木町駅にレリーフを設置し、長くその由緒を駅頭に仰がれることになった。

エドモンド・モレルのレリーフ
（桜木町駅）

「（標文）『初代鉄道建築師長　エドモンド・モレル』
十河信二　書
EDMUND　MOREL　一八四一～一八七一
一九五八．五．七　横浜市鉄道友の会」

なお桜木町駅は「関東の駅百選認定駅」となっていて、その標識もある。

馬の博物館・鉄道馬車模型　横浜市中区根岸台の「馬の博物館」内にある。ここは日本最初の競馬場跡地であり、交通は根岸駅又は桜木町駅から市バス21系統で「滝の上」バス停下車すぐである。一帯は根岸競馬記念公苑と根岸森林公園になっている。

東京馬車鉄道は新橋駅から日本橋方向にP形の路線があった。軌間は馬二頭がちょうど通れるようにと四呎六吋の幅であった。この狭軌と標準軌の中間という軌間は東京市電に受け継がれ、さらに市電に乗り入れる私鉄にも受け継がれていった。現在でも京王電鉄本線と、接続する都営地下鉄新宿線が、この世界的にも珍しい軌間を採用している。

鴨居駅設置記念碑　請願駅の横浜線鴨居駅には設置記念碑が建立されている。

「（表面）『駅設置記念碑』

　昭和三十七年十二月二十五日

（裏面）鴨居駅は、当時住民の切なる熱望により、
金壹億円の地元民寄付金を以て国鉄これを設置す、

よってここに碑を建立し記念す。

鴨居駅設置委員会　昭和三七年一二月二五日」

国府津駅開業百年碑・鉄道唱歌碑　国府津駅前の駅に向かって左側にある。百週年記念碑であるが、蒸気機関車のレリーフとともに鉄道唱歌の一節が刻まれていて、鉄道唱歌碑に分類すべきだろう。

「(碑文)『国府津駅開業一〇〇週年記念』

明治二〇年七月一一日開業

国府津おるれば馬車ありて

酒匂小田原とをからず

箱根八里の山道も　あれ見よ雲の間より

—鉄道唱歌より—

寄贈株式会社東華軒他　昭和六二年七月一一日」

「東海道本線の花形として活躍した蒸気機関車（レリーフの説明文)」

小田原・松本駅長殉難碑　小田原駅前広場の南西隅に駅舎に寄り添うように建てられている。この碑は事故の経緯もさることながら、文豪菊池寛が筆を取っているのが特徴で、口語体の文章はみごとと言うべきだろう。戦中の昭和一七年に記された文なので「戦場の死に見るやうな華々しさはありませんが」という記述がある。この時菊池寛は五四歳、どちらかと言えば晩年の筆である。

「(表面)『松本駅長殉難碑』(右横書き)鉄道旅行の利便と幸福を受くる方々は、どうぞこゝに一度は足を停めて、鉄道旅行の安全のためにさゝげられた犠牲の一人松本駅長の事を考へて下さい。昭和十六年七月二十二日暴風雨の夜、松本駅長は当小田原付近の支障現場を再三視察中、烈風豪雨の暗夜とて不幸足をとられて陸橋下に墜落重傷を負ひ、遂に再起されなかつたのです。それは戦場の死に見るやうな華々しさはありませんが、職務に忠誠なるわが国鉄道職員の魂がはしなくも火花を散らした、美しくも貴い死だと云はねばなりません。この貴い殉職は、三十八万鉄道職員の胸に、いな常に鉄道を利用する一般国民の胸にも永く永く伝へねばならないことだと思はれます。　昭和十七年七月　菊池　寛

（裏面）全国多数鉄道職員ノ後援ニヨリ之ヲ建ツ、発起人代表　東京鉄道局奉公会・新橋運輸事務所支部長　片岡義信

素堂中邨儀雄書　真鶴町駅前　小沢石材店刻」

根府川駅関東大震災による列車海没事故　大正一二（一九二三）年九月一日、その日の東京は明け方は激しい降雨に見舞われたが、朝からは回復し入道雲がもくもくと立っていた。東京駅七番ホームには真鶴行普通一〇九列車が八両の客車をつないで発車を待っていた。汽笛一声、定刻の九時五分に同列車は東京駅を発車したが、この列車にどんな運命が待ち受けているのかは知るよしもない。

新橋、品川、横浜、保土ケ谷、戸塚と停車駅は現在と違わない。大船で特急一列車の退避、国府津には一一時一九分の到着である。当時の東海道本線は御殿場越えで、熱海線と呼ばれた現在の線は大正一一年に単線だけ真鶴まで開通していた。丹那トンネル経由になるのはずっと遅れて昭和九年である。

早川を過ぎると海岸に出て絶壁の上を走る。根府川駅に定刻の一一時五九分に到着すべく場内信号機を通過した時だった。ホームに列車の三分の一がかかったところで激動が起こった、機関手はとっさに非常を取った（非常ブレーキを掛けた）。

M七・八で最大振幅二〇㎞という関東大震災の襲来である。根府川駅の惨状は想像もできぬ山津波であり、駅舎は土砂に呑み込まれてばらばらになり、一〇九列車の方も約八〇m（二五〇呎）もある断崖

を滑り落ちてゆくまで何秒もかからなかった。駅の下方に小さな岬があるが、列車はその岬をはさんで四両ずつ落ちて九六〇形機関車（九七七号）も客車も完全に水没し、わずかに最後部の一両だけが水没をまぬがれ横倒しになった。震災発生時刻は東京で一一時五八分なので、震源に近い根府川ではそれより若干早かったはずである。

死傷者数を『国有鉄道重大運転事故記録』に見ると、「旅客五名即死同九名負傷同約一〇〇名行方不明、職員五名即死同四名負傷同約二名行方不明」とある。一一二名死亡一三名負傷という記載もあるが、列車の乗客のほかに駅員の大部分も被災しているため、正確な犠牲者数は今もって不明である。

現地では、列車どころではない大災害になっていた。今も時々強風によって不通となる白糸川で大土砂崩れを生じ、後述の白糸川の釈迦堂でわかるように、各家々は厚さ三m以上の土砂に埋没して、あっという間に家の中で土砂に擦潰され、うっと呻く間もなく落命していった。白糸川流域では住民約二〇〇名が犠牲になっていた。

関東大震災殉難碑（根府川駅構内）

根府川駅・関東大震災殉難碑

「『根府川駅改札口横の碑』

（表面）関東大震災殉難碑

（裏面）昭和四十八年九月一日

根府川駅職員一同建之

協力者　神崎石材店　海野石材店　青山石材店」

「『岡野喜太郎石塔』
（表面）為大正十二年九月一日大震災死者菩提
（裏面）昭和七年十一月一日
施主　静岡県駿東郡鷹野村青野　岡野喜太郎」

この事故では鉄道当局にとって大変な幸運があったことも記しておこう。根府川駅で交換予定の東京行上り一一六列車は一分遅れていた。そのため賽の目トンネルを機関車だけ出たところで地震となり、機関車は土砂に埋没して職員のみ六名死亡、客車はまだトンネル内であった。もしこの列車が定時運転をしていれば白糸川橋梁の真上で、橋梁もろとも海中に叩き落され、さらに一〇〇名以上の犠牲者が追加されていたことになる。

海中に沈んだ機関車を引き揚げたのは九年後の昭和七年であり、この列車のプレート（九七七、形式九六〇）は、交通博物館に所蔵されている。

駅出口（改札内で下車客の右手）にある昭和四八年の碑は、このような大事故としては簡素な碑であるが、根府川のような小駅にはこれがふさわしいかもしれない。「岡野喜太郎石塔」は、駅を西側に出て道路を北側に行くと、鉄道線のガードがあり、それをくぐった左側にある。この碑については、佐々木冨泰先生が、一度は解読不明とのことであったのだが、筆者が簡略拓本取りをして、岡野喜太郎に間違いないとわかった。

岡野喜太郎は沼津近くの人で、静岡県多額納税者で、二つの銀行の頭取と二つの会社の社長である。その年の夏、病み上がりの三女博子を、湯治のため喜太郎の弟に依頼して湯河原温泉に送り出した。そして博子の遺体が真鶴で発見され、弟も現場近くの海岸で発見されて、九月二三日に供養が営まれたのである。昭和七年になってここに供養碑が建てられたのは、新しい県道が完成し、海を見晴らす絶好の場所ができたためと思われる。隣に「道路改修記念碑」が建てられている。

「白糸川の釈迦堂」にふれておきたい。この釈迦堂は土石流のために三mの地中に埋没してしまった、現在は洞穴の中にあって、地中に入って参拝するという珍しいお堂である。駅を出てから左へ（白糸川橋梁の方へ）行き、左手の階段を降りると白糸川沿いに出る、路が低くなったところで右折し、橋を渡って対岸に出ると、このお堂に参拝できる。道順は複雑なようだが、沿道には赤い幟旗が立って道案内をしてくれるので、迷うことはない。

五　中央本線沿線の鉄道碑

三鷹事件の概要　昭和二四（一九四九）年七月一五日、中央線三鷹電車区で一六時五五分ごろ交番検査を終了して、翌日六〇四A電車となる七両編成の電車を電車区一七番線から一番線に転線し留置したところ、二一時五四分、この七両編成の六三形電車が、突然無人のまま三鷹駅方向に走り出し、電一号転轍器を割り出して約七〇km／hで車止めを突破、全車両が脱線し、三鷹駅南口通路を歩いていた人を轢死させた。南口通路では六名が死亡し一九名が負傷した。電車はそのまま駅舎の一部と駅前交番をこっぱ微塵に破壊し、民家に突っ込んで家を大破し、川への水没寸前で停車した。いわゆる三鷹事件である。

この事件は、下山・三鷹・松川の三事件のうちでも特異な裁判内容と変遷をする。何者かが無人電車

三鷹事件遭難犠牲者供養塔（禅林寺）

を動かした人為的行為であり、国鉄労働組合に属する共産党員の大量検挙となったが、一審では裁判長が「空中楼閣」という有名な判断を下して、非共産党員の竹内景助被告一人を除いて無罪判決となり、裁判は竹内の単独犯として結審となった。

しかし竹内景助を有罪とするには、明白なアリバイがあるなどさまざまな無理があった。彼は電車暴走時刻には丸山という職員と一緒に電車区の風呂に入っていた。この時に風呂場は停電になったが、それは無人電車の暴走によるものだった。この丸山の停電発言は今もって覆されていない。コントローラーを麻紐で縛って、ノッチを入れると同時に飛び降りたというのが当局の説明であったが、この紐の証拠品として提出されたのは紙紐だった。ノッチ入れをしていた職員が同じ時刻、風呂に入っていた。

三鷹駅南口交番には二人の巡査がいたが、「今晩大変な事故が起こる」と知らされて、粉砕された交番に巡査はおらず、重要書類まで持ち出していた。交番に知らせた人物や系列は不明だったが、巡査二人は命拾いしたわけである。

単独犯とされた竹内景助は、最高裁まで行って死刑が確定し、獄中からは何度も再審請求をするのだが、ついに脳をやられて無念の獄死を遂げた。

三鷹事件の慰霊碑　これは三鷹駅南口通路で死亡した六名の慰霊碑であり、禅林寺境内の墓地にある。

三鷹駅南口を出てまっすぐ南に下ると連雀街道につきあたるが、ここを右折して西に向かうとすぐ右側に禅林寺があり、寺の本堂を迂回して境内の裏に入ると墓地があるが、その墓地の西側に建立されている。三鷹駅から徒歩一五分程度である。

「（表面）三鷹事件　遭難犠牲者慰霊塔

（裏面）故　長谷川　一道

秦　俊次

遠山　菊介

亀井　静武

海後　隆一

藤見　正義　霊」

碑には事故の経過などは一切書かれていない。筆者は、シンプルで清楚な碑という印象を受けた。

竹内景助の墓はここにはなくて八王子にある。墓は通常の墓と変わりないが、左側面に書かれている「獄死」の二文字が無念さを伝えている。

狭山の入間馬車鉄道（実物大模型）　西武稲荷山公園駅を下車してすぐの狭山郷土資料館にある。東京の馬車鉄道ではなくて、ローカルな地域の入間に馬車鉄道があったことは割合知られていない。模型のそばの説明板には左記のように書かれている。なお館内は暗く撮影禁止なので写真は掲示していない。

「『狭山の馬車鉄道・入間馬車鉄道』

明治二八（一八九五）年に川越鉄道が開通すると、入間川－飯能間を結ぶ交通機関設置の要望が急速に高まりました。

こうした声をうけて誕生したのが入間馬車鉄道で、明治三二（一八九九）年四月の着工から二年ほどたった明治三四（一九〇一）年五月、入間川町から、水富・元加治の各村を経て飯能に至る約一〇kmの路線が完成し、営業を開始しました。

いのはなトンネル銃撃慰霊の碑

入間－飯能間には新設された乗合馬車との競争や、日露戦争後の不景気を克服して営業を続けましたが、大正四（一九一五）年に池袋－飯能間を結ぶ武蔵野鉄道（現西武鉄道）が開通すると経営維持がむつかしくなり、翌大正五年に解散しました」

いのはなトンネル列車銃撃被災碑　これは終戦も間近な昭和二〇年八月五日、新宿発長野行四一九列車が米軍艦載機からの機銃掃射を受けたもので、中国地方で記した大山口の事件と同様であった。場所は中央本線の浅川（現在は高尾）－相模湖間で下り列車が襲撃されたのである。現地に慰霊碑があるが、高尾駅で電車を降り、京王バスで約一五分の蛇滝口下車すぐである。八月五日には現在も欠かすことなく法要が行われているので、お近くの方は八月五日に参拝して戴くことをお勧めする。

まだ戦後の混乱期だった昭和二五年建立の碑と、平成四年に立派に建立された碑の二つがある。

「昭和二十年八月五日殉難
戦災死者供養塔
昭和二五年八月五日建之　上長房青年団」

「『慰霊の碑』
終戦間近の昭和二十年（一九四五）八月五日　真夏の太陽が照りつける午後十二時二十分頃、満員の新宿発長野行四一九列車が　いのはなトンネル東側入口に差しかかったとき、米軍戦闘機Ｐ51二機または三機の銃撃を受け、五十二名以上の方々が死没し、百三十三名の方々が重軽傷を負いました。この空襲は日本最大の列車銃撃といわれています。

私どもは、この戦争の惨禍を決して忘れることができません。

ここに確認された犠牲者のお名前を書きとどめ、ご遺族とともに心からご冥福をお祈り申し上げ、現在の平和の日々をかみしめ、戦争を知らない世代へこのことを語り伝えます。

平成四年八月五日

いのはなトンネル列車銃撃遭難者慰霊の会」

以下「戦災死没者氏名」として、判明した犠牲者の姓名年齢が書かれている。

筆者も慰霊法要に参列した時に、その銃撃被災者の方から直接話を聞く機会があった。空襲警報の中を、立川、八王子、浅川（現高尾）と列車を降りて防空壕に退避を繰り返した列車は、当時の浅川駅長が「ここで退避するよりも山を越えて相模湖側に走らせた方がよい」との判断で、電気機関車に牽引されて山あいに入っていった時であった。列車がもう幾秒か早く走っていれば、猪の鼻トンネルに入って列車と乗客は無事だったはずである。

ある女子職員の話では「ああ、いっちゃったよ」と両隣の同僚に声を掛けたが返事がない。振り向いて気がつくと、自分の左右の二人は機銃掃射の直撃を受けてすでに死んでいたという。

敵機に見あたらないように窓には鎧戸を上げたのだが、その鎧戸を打ち抜く機銃の音は、この世のものとは思えないほど恐ろしいものだったという。

この機銃掃射の事件については、齋藤勉『中央本線四一九列車』に詳しく書かれている。

なおこの先のほど近い所に笹子隧道碑があるが、

これは第五章の中部地方のところで紹介している。

六　二つの八高線事故

八高線小宮・拝島事故　現在では二両編成程度の電車やディーゼルカーが東京近郊をのんびり走っているような八高線（八王寺－高崎間）だが、終戦直後に二度、犠牲者一〇〇名を超える重大事故が発生した。

最初の事故は昭和二〇年（一九四五）八月二四日七時四〇分に、上下二本の列車が多摩川橋梁上で正面衝突をするという悲惨な事故だった。当日は前夜来の台風と雷雨で、電話やタブレット閉塞など、通信機関は全部途絶してしまった。現在ならそのまま運休してしまうような状況だが、小宮駅長は指導隔時法で運行を継続しようと考え、拝島駅にあてて第三列車を先に通すよう徒歩で指導者を出した。ついで単行の機関車が来たので、その列車にも別の指導者を乗せたのだが、これには第六列車を先に通すように書かれた紙を持たせた。

小宮駅長が考えを変更したので現場は混乱し、それぞれ指導者を乗せて指導隔時法の適用を受けた第三列車（機関車八八六九号客車五両）と第六列車（機関車八八五三号客車五両）が橋梁上で衝突し、客車の多くが転落して川中に没した。

死亡者乗客九九名職員六名、負傷者乗客六七名と『重大運転事故記録』には書かれている。そしてその当夜、小宮駅長は割腹自殺を図った。

犠牲者一〇〇名を超える特別重大事故だったが、八大事故のうちで、この事故だけが慰霊碑が建てられていない。識者の間では慰霊碑建立の意見も出たと聞くが、終戦直後という混乱期で、復員軍人も多数乗っていたと伝えられるが、『大衝突の夏』という本が刊行されただけであった。

八高線高麗川事故と慰霊碑　事故の発生は昭和二二（一九四七）年二月二五日七時五〇分、客第三列車（機関車C五七七九号客車六両）が、制動が効かずに下り勾配を暴走して脱線転覆したもので、都会の食料難による買出し客などが重い荷物とともに乗車していたため、昭和一五年の安治川口ガソリンカー事故に次ぐ、二番目の大量の乗客犠牲者を出した。この事故を『重大運転事故記録』から引用して記述しよう。

八高線事故慰霊碑

「客第三列車東飯能七分延発し、時速二五粁で一〇〇〇分の二〇の下り勾配に差しかかったとき、加減弁を閉塞し、だ行運転に移り二八粁六〇〇米付近（R＝五〇〇米）で時速五〇粁となったため、速度調節の必要上常用制動で一キロの減圧をしたところ、排気の音なく、制動効果不良を感知したが益々加速することに驚き、三〇粁一〇〇米付近で非常制動を使用したが更に排気の音なく、その直後後方から前後動を強く感じ、続いて左右動の激しさを覚へ前から三両目『ホハ』一二一四八号及び続く客車三両が進行右側に脱線し、高さ約五米の築堤下麦畑に転覆大破し、旅客中即死一八四名、重軽傷者四九七名を生じた。なお脱線の際分離した前半の二両は場内信号機の内方五〇米で停車した」

原因としては次の三点をあげている。

①現場が一〇‰の下り勾配で、半径二五〇ｍの急曲線通過の際の速度が高かったこと。

②多客のため車両重心が高くなり、曲線通過の際

遠心力が大きく作用したこと。
③多客による三両目客車の「バネ」が緩衝作用を失い、なお台車が過加重のため転向作用を支障していたこと。

いずれももっともな原因であるが、この事故はこれだけの報告で調査もされず済まされている。「バネが緩衝作用を失い」という点が最も重要で、客車は戦前からの木造ボギー客車であったから、このような過載荷重ではバネはぺったんこに圧され、その役目は果たしていなかったのであろう。

筆者も後日、小海線の混合列車に乗ったのだが、超満員の木造客車のバネはぺったんこになり、貨車との間の連結器が半分以上食い違って、列車の揺れるたびに外れそうになっていたことを思い出す。この時にはさほどにも思わなかったのだが、後日、鉄道の知識が増えるとともに、この日の小海線の混合列車は、冷や汗が出るほど恐ろしい体験であった。

後日の写真週刊誌で、当時駐留米軍が撮影した写真が掲載されたのだが、死屍は莚を被せられただけで麦畑に放置されていた。

即死一八四名とあるからには、その後の死亡者もあったはずであるが、そこは明確ではない。筆者は日本最大の鉄道事故は、安治川口ガソリンカー事故の一八九名（慰霊碑の記録）だと思っているが、国鉄の記録では八高線高麗川事故の一八四名が最大だということになっている。

筆者は現地には佐々木冨泰先生に案内して戴いたのだが、「八高線事故慰霊碑」と書かれた石柱が一本建っており、「昭和三四年の建立」とあるだけで、事故の詳細や犠牲者姓名や数は全く書かれていない。碑の現存地は、高麗川駅南側約一・五㎞の事故現場で、東側の築堤下である。

七　高崎線から上信越線

東上鉄道記念碑　東武東上線の下板橋駅舎から道をへだてて左側にある。東上鉄道の開業を記念し大正八（一九一九）年に建立された碑で、漢文でなくカナ混じり文で書かれている。東上鉄道は東京から渋川、さらに長岡まで延長するという計画であったとあるから、その構想は壮大である。明治三十六年十二月申請、同四十一年十月認可、大正三年五月工を竣えたりとあり、内田三左衛門の功績顕著なりと書かれている。しかし申請から免許までずいぶんとかかっているようだ。鉄道建設の免許は乱発した時期もあったが、免許を得てから会社倒産という事例が続いたので、鉄道当局も私鉄の免許には慎重になっていた時期である。この碑は何度も建立場所を変え現在地に落ち着いた。

『東上鉄道記念碑』
大正八年五月（碑文省略）
東京府豊島師範学校教諭　井上宗助撰
教諭　三宅喜代太書」

東武鉄道・越谷駅の橋脚（ピア）　東武が鉄道の運転を開始したのは明治三二（一八九九）年八月二七日であり、伊勢崎線開業百周年を迎えた。東武鉄道の建設当時の目的は、養蚕地の上州から生糸を東京に運ぶことで、北千住－足利間の建設に着手、第一段階として久喜までの三九・三kmが営業開始した。開業当時の駅は北千住－西新井－越谷－粕壁（春日部）－杉戸（東武動物公園）－久喜であった。これはほぼ日光街道の宿場をつないだもので、西新井は、西新井大師からの停車場提供の申し出によってできた駅である。

敷設工事は当時の技術ではさまざまの難工事区間

があり、埼玉県内の元荒川橋梁の煉瓦造りピアは、平成六年に架け替えるまで使われ、現在その一部が貴重な土木文化財として、越谷駅コンコースに保存展示されているのが嬉しい。以下は展示文である。

「東武鉄道元荒川架橋之景
開業当時（越谷市本町池田家所蔵写真から転写）、
この煉瓦は伊勢崎線越谷－北越谷間の元荒川橋梁に使用されていた橋脚の一部です。北千住－久喜間が開業した明治三二年八月から平成六年三月までの九五年間、列車の輸送を支えてきました。大正一二年の関東大震災にも耐え、明治・大正・昭和・平成と四世代にわたり、増水や増大する列車加重を支え続けました。当時は現在のように大型の建設機械は無く、人力に頼らざるを得ない河川内の難工事でしたが、当時の名人職人達が土木技術を駆使し造り上げたものです。このたび、伊勢崎線連続立体化工事により撤去されましたが、約一〇〇年前の、貴重な土木文化遺産であることから、ここに当駅コンコース仕上の一部として残すことにいたしました。

平成七年一二月　東武鉄道株式会社」

谷津観音の馬頭観世音　高崎線上尾駅の西方四〇〇mほどのところに谷津観音があり、その境内に次のような馬頭観世音がある。

「（正面）　明治二十三年

馬頭観世音

七月三十一日

（左側面）　川越本町馬車会社建之」

これが百年を越した石碑で、再建の時に台座が置かれ「遷座の記」が刻まれた。

「（台座正面）　遷座の記

当馬頭観音は明治二十三年七月三十一日、上尾川越間定期輸送馬車が上尾駅構内谷津踏切にて列車に触れ悲惨な死を遂げた一頭の馬の菩提を弔うため、篤志家の発意により建立せられたものである。星移り物変り霊域は草むらに覆われ祭祀もとみに衰えたので、昭和三十二年秋谷津区民にはかり谷津観音の聖地に霊祠を遷座し長く馬頭観音の菩提を弔い茲に縁起を記して後世に伝う

上尾町長　下里　金太郎
谷津代表区長　荒井　芳郎
馬頭観世音奉賛会代表　小川初五郎」

もちろん当時は馬の力が絶大で、馬車鉄道などは最新の機構であった。その馬がこれまた最新の機構である鉄道に刎ねられて死亡したのであるから、馬車会社は馬頭観音慰霊碑を設置して、その霊魂を弔うという気になったのも当然だろう。なにげないこの石碑から、明治という時代を感じとって戴ければ幸いである。本項は佐々木冨泰先生の原稿を元に記載させて戴いた。ご健康な折、上尾駅から筆者を導いて戴いたことを、昨日のように思い出すのである。

国定・里見駅長殉職碑　両毛線の国定駅を出て西側に行き、鉄道とは反対側の道路の北側に建つ大きな碑で、下記の両毛線記念碑とともに建てられている。

大正九年に人命救助のため殉職した駅長の顕彰碑で、事故一年後に早くも建てられている。大阪の清水太右衛門碑や須磨の大山車掌碑、あるいは近年の新大久保事故のように、人命救助のために殉職や落命をする事故は、鉄道では時たまに起こるが、その行為が在野の人々の心を打ち、それがこのような碑になって現われたのであろう。

「（表面）『里見駅長殉職碑』
鉄道大臣　元田肇書
（裏面）国定駅長鉄道局書記勲八等里見伝吉『碑陰

里見駅長殉難碑（国定）

ノ記』君ハ福島県安積郡山野井村安田伝十郎ノ第二子後里見氏ヲ冒ス、明治三十四年二月職ヲ鉄道ニ奉シ模範従業員ノ称アリ。大正九年十月九日旅客列車国定駅進入ノ際、居村ノ一旅客突如線路ヲ横断セントシ、危機一髪君奮進能ク之ヲ救助シタルモ、身ハ為ニ機関車ニ触レ肉破レ血飛ヒ遂ニ両脚ヲ轢断セラル、乃チ応急手当ヲ施スモ其効ナク、脈搏漸ク衰ヘ懊悩頻ニ加ハリ気息将ニ絶エントス而モ、其苦患ヲ冒シ衣嚢ニ在ル駅金櫃ノ鍵ヲ同僚ニ授ケ、且ツ旅客ノ安否ヲ問ヒ、其無事ナルヲ聞キ敢テ一言ノ私事ニ及フコトナク莞爾トシテ終ニ逝ク、享年三十八。嗚呼曷ソ其行為ノ勇敢ニシテ壮烈ナル誰カ血涙ニ咽ハサラン、此報一タヒ伝ハルヤ天下ノ同情翕然トシテ集リ、志士仁人詩歌ヲ寄セ金品ヲ贈リ、英霊ヲ弔ヒ、東村人為ニ準村葬式ヲ行ヒ、鉄道大臣ハ賞金竝效績章ヲ授与シ鉄道従業員ノ儀表トシテ之ヲ推奨表彰セリ、君亦以テ瞑スヘシ。茲ニ国有鉄道従業員有志ノ賛助ヲ得碑ヲ建テ、其概ヲ録シ以テ後昆ニ貽スト云フ。

大正十年十月

宇都宮運輸事務所長　茂又確二　撰文」

国定・両毛線百貨山積の碑　里見駅長碑の隣りにあり、こちらはやや小さい碑である。両毛線は明治一七年に前橋まで開通、明治二一年に小山－足利間が開通して、さらに桐生から前橋まで延長しての全線開通が明治二二年だった。

その時に国定《くにさだ》村に駅を設置することを請うたがそれは実現した（明治二二年）。しかし貨物の取扱いはなかったので鉄道国営化の時に土地を提供したり道路を造ったりして請願し、貨物駅も実現した。碑文には「所謂文明の利器ことごとく応用を得て近郷其の福利を享く、郷人の宿志また完く酬われたり」と記載されている。明治四四年の碑で開通二十余年後の建立である。

国定は国定忠治で有名で忠治温泉があり、かっては国定発忠治行というバスが通っていた。

鉄道忌避の思想も多かった中で、鉄道を歓迎し、その建設に陳情努力した碑としては、最も早いものの一つであろう。「百貨山積、四民子来」の字が碑の上部に記され、その下には漢文で鉄道開通と貨物取扱開始の喜びが記されている。

「（碑文）『百貨山積、四民子來』」

以下漢文の賛文があり、その訳文を記載したい。

「（碑訳文）さきに両毛線の工を起すや鉄路国定村を経たり、郷人こぞって駅を置かんことを欲し其の局に請う、幸に之を容る、然るに貨物線の便無きを以て尚お憾と為し、しばしば其の敷設を請う、たまたま鉄道国営の議起り事成らずして已む爾来堅忍して屈せず或は屋を撤して道を拓き或は地を購って之を献じ官にこうこと再三、官ついにここに見るところ有り直ちに工を起し、いくばくも無くしてこれを竣る、ここに於いて交通機関始めて備わり所謂文明の利器ことごとく応用を得て近郷其の福利を享く、郷人の宿志また完く酬われたり、これを碑石に刻し永に伝えて朽ちざらしむと云爾。

明治四十四年一月十日建設

発起者　国定村　石工　井上由廼助刻」

上越南線殉死者供養塔　上越線湯桧曽駅から北へ徒歩一〇分の道路沿いにある。元は湯桧曽駅構内にあったのだが駅の方が移転した。上越線は高崎側から上越南線、長岡側から上越北線として建設が進められ、最後に清水トンネルが開通して全通した。この上越南線での工事殉職者の慰霊碑である。この工事は鉄道省の直轄工事であったので、ほかに見られるような請負業者の建立ではない。戸倉組長とあるのはおそらく人夫供給者であろう。

「(表面) 上越南線殉死者『供養塔』

(裏面) 設立者氏名　県会議員　沼田町長　水上町役場　坂東自動車　湯桧曽区長　水上温泉旅館　新聞記者　戸倉組長　旧九区詰所員一同」

八　横川 - 軽井沢間鉄道　碓氷峠線の碑

碓氷峠は長野・群馬両県にまたがっており、近年の鉄道廃止と横川の「碓氷峠鉄道文化むら」の開設などにより、碑の移転や新碑建立があるので、ここに一項にまとめて記載したい。

横川・招魂碑　碓氷峠の鉄道建設による「工事犠牲者五百名」と記された有名な碑である。元は横川駅のはるか先の宿場町の北はずれ、関所跡西側の郵便局隣の崖の上にあったが、鎮魂碑の新碑とともに碓氷峠鉄道文化むらのすぐ西側に移建された。横川駅を出て左手に徒歩七分、鉄道文化むらを左手に見て進むと路は左手に折れ、郵便局の前に並んで建てられている。どうも郵便局には縁のある碑らしい。

この碑は明治二五 (一八九二) 年の建立である。

「(碑文) 鹿嶋組 (横書き)『招魂碑』竜集明治二十五年春三月二日　兵庫県加古郡草谷村魚住八十松外五百名　明業舎　願人　魚住政吉」

とだけあって裏面には記載はない。この犠牲者数について『鉄道碑めぐり』には次のように記載されている。

「それは監獄部屋の強制労働による過労、コレラの大流行、災害や工事事故の続出などの、悪条件による死者がこの数字となったもので、当時地元民はおそれをなして誰一人、人夫に応募するものはなかったそうである」

現地には次のような説明文が掲げられている。

横川招魂碑（佐々木冨泰氏撮影）

「『招魂碑由来』
碓氷峠は古代より要衝嶮難の地として東海道箱根の天嶮と並び称されていた。
この地に明治十八年より碓氷アプト式鉄道の建設が開始され当時の富国強兵の国是により太平洋と日本海を結ぶ鉄道として距離十一・二km。二十六のトンネル、十八の橋梁高低差五百五十三米の碓氷線が一年半の短期間で開通した。当時の技術を考える時おそらく人海戦術であったであろう。この難工事による犠牲者は『五〇〇』名にのぼり工事を請け負った鹿島建設により招魂碑が建立されたが、時久しく路傍の片隅で寂しく眠っておりました。
この度鎮魂碑建立を機会に同地内に移転し、遠い異郷の地で殉難した方々を慰霊いたします。
遊子願くば往時を偲び殉難者の冥福を祈らんとすることを　合掌
うすいの歴史を残す会」

碓氷峠交通殉難者・鎮魂碑　招魂碑の隣にある、これは平成八年という近年に建てられた碑である。

「(碑文)碓氷峠交通殉難者『鎮魂碑』
平成八年四月吉日　うすいの歴史を残す会」

とあって、碓氷峠が開業後もさまざまな事故で殉職した職員も祀っている。碑の横に説明板があり、これには次のように記されている。

「『鎮魂碑由来』　碓氷峠は古くから東山道と呼ばれ古代から中世にかけて都と東国を結ぶ重要な官道であった。その後徳川期には、中仙道として整備され、旅人、馬子、旅篭、大名行列等で賑い、明治九年になって国道十六号線となった。その後並行して、明治二十一年馬車鉄道開通、明治二十六年信越線アプト式の開通、昭和四十一年複線電化と各種交通機関は幾多変遷を重ねてきました。今ここに信越線廃線に当たり各種交通機関建設に関わり殉職された方、思わぬ災害や交通事故に遭遇し尊い命を失った人達を慰霊する為鎮魂碑を建立する。書子願わくば一遍の回向を賜わらんことを。合掌

うすいの歴史を残す会」

元丸山発電所・碓氷三号橋梁　この二件は国の重要文化財に指定された。明治以降のいわゆる近代遺産が文化財登録を受けるようになったのは喜ばしいことで、今までは社寺仏閣に偏っていた文化財が、近代の土木施設にも及ぶようになったのはよいことだと思っている。しかしこれも地元の申請があったものが優先され、煉瓦造りの機関庫などがどんどん潰されてゆくのは残念なことで、今のうちに何か手を打ってほしいものだとはかねがね思っている。

碓氷三号橋梁について追加すると、最初は煉瓦アーチは一重だった。しかしそれでは強度が足りな

かったのか、あるいは一部崩壊するなど不都合があったのか、後に煉瓦アーチを二重にしたという珍しい例である。ピア（橋脚のうち中央のもの）も煉瓦が増積みされるという特殊な形である。鉄道の旧線の一部は遊歩道として開放されているが、新線の方は全く宝の持ち腐れになっている。

碓氷峠鉄道文化村　横川駅を下車して進行方向に行くと、碓氷峠のJRバス乗り場がありその先である。EF59のラック機関車をはじめ展示車両が充実していて、園内を廻る「あぷとくん」は英国からやってきた美しいブリティッシュクグリーンのSLで、場内八〇〇mを三〇分ヘッドで走っている。碓氷峠の鉄道資料館もあるが、小樽交通記念館のように館内に由緒のある碑があれば面白いと思った。火曜日と年末年始が休館日である。

旧熊ノ平・碓日嶺鉄道碑　旧熊ノ平駅にあり、碓氷峠を代表する碑である。旧熊ノ平駅は横川・軽井沢間の中間で列車の行き違いをするために設けた駅なので、駅周辺には誰一人居住していなかった。鉄道官舎はあったので、鉄道職員と家族だけが居住者ということになる。

現在はバス停から保守用トンネルを通過して簡単に行ける。碓日嶺鉄道碑は難工事であった碓氷アプト線建設を記念して、明治二六（一八九三）年四月軽井沢駅頭に建立されたが、関東大震災で倒れて一部は欠失した。このため破損部分をセメントでつなぎ、両側には古レールを付けて保持するという痛々しい姿で建てられている。これは当時の保線区長が廃滅を惜しんで移建したものであり、別に再建の副碑を添えている。碑文は左記の「軽井沢・碓日嶺鉄道碑」と同じなのでそちらで記載することにし、右下に設置された副碑の碑文の方を記しておきたい。

碓日嶺鉄道碑（熊ノ平）

「（碑文）此の碑はアプト線建設当時之を記念する為軽井沢に建立されたものですが、大正十二年九月の大震災により崩壊したまま、幾星霜を雑草の中に埋もれていました。碓氷峠及びアプトの文献が消損されております今日、この碑を原型に復し旅の便に供したいと思う趣旨から、再建をはかりましたが、碑文の消滅するもの甚だしく、困却いたしておりました。たまたま軽井沢町追分の油屋主人が、本碑文の原本を保管していることを知り、主人のご厚意により之を借用し、努めて原形を損なわぬよう配慮しながらここに記念碑の再建となったのであります。
　昭和二十九年十一月三日　横川保線区」

熊ノ平殉難碑（幼児を抱くブロンズ像）　昭和二五（一九五〇）年六月九日朝、突如の山崩れで保線区職員や熊ノ平駅職員と家族が、水を含んだ約七〇〇〇m³の土砂に生埋めとなり、五〇名が死亡するという大惨事が発生した。これは前夜に小規模な土砂崩壊があり、熊ノ平駅構内が埋没したので、その復旧作業の応援に出た人々であった。この山津波は線路と宿舎五棟を押流し、真下の国道まで埋めつくした。熊ノ平駅長と変電区長も死亡し、職員家族一二名も犠牲となった。土砂に圧された最後の遺体が発見されたのが、二週間後の二二日であったという。

　この碑は碓日嶺鉄道碑の反対側、旧下り線ホームに建っている。幼児を抱くブロンズ像というユニークな慰霊碑で、霊碑が雨雪にさらされるのは忍びないと、昭和四四年に右側に霊堂が建てられた。碑文は次のように簡潔な好文である。

「(表面) 昭和二十五年六月九日朝この静かな碓氷の山峡に山崩れが起きて作業中の職員と家族を一瞬にして埋め去りました。鉄道の安全を守って犠牲となられた五十のみたまにゆき交う人々と共に哀悼を捧げたいと思います。

日本国有鉄道総裁　加賀山之雄

(裏面) この碑は全国の国鉄職員から寄せられた浄財をもって建立されました、あの大事故によって殉職された方々のみたまを永久に祀らんとするものであります。

日本国有鉄道高崎管理局
国鉄労働組合高崎支部」

筆者は、この加賀山総裁の文は、小田原の菊池寛碑と双璧をなす、鉄道碑の名文だと思っている。

熊ノ平殉難者霊堂　碑の横の霊堂には次のような説明板がある。

「(説明文) この殉難碑は昭和二十五年六月九日早朝、突如として山くずれが起こり、一瞬にして埋め去られた職員と家族五十のみたまを末長くまつるため、全国の国鉄職員から寄せられた浄財で設立されたものであります。設立当初は線路の反対側にありましたので、参拝するためには線路を横断しなければならず、危険かつ不便なので昭和四十三年十二月現在地に移設しました。

しかしながら現在のみたまは雨雪にさらされ誠に忍びない状態にありますので、今回ささやかながら霊堂を建立して、みたまをおなぐさめ申し上げることにした次第です。

昭和四十四年十一月　高崎鉄道管理局」

当時の保線区課長は小山五郎でのち殉職。

乗客が一〇〇名以上犠牲になった事故は過去八件であるが、職員だけでこのような犠牲者が出たのは、親不知で雪崩により工事列車が埋没破壊して、除雪人夫等九〇名（うち乗客一名）が犠牲になった事故についで二番目ということになる。

前述した事故では、昭和一一年一月二二日北陸本線湯尾隧道での雪崩で九名、同年一月二八日仙山線の建設列車が盛岡橋梁が雪崩のため落橋していて転落した。この犠牲者数は不明である。なお同じ昭和一一年二月一〇日、大阪地下鉄梅田駅工事中、土留めの矢板が崩れ、東口駅舎の大半が崩壊し多数の犠牲者を出した。こういった事故の犠牲者数は前述の土讃線繁藤の土砂崩れの被害が、親不知雪崩についで多いが、これは地元消防団が中心で、列車を救うのが目的でなかったので対象から除外して考えた。

軽井沢・碓日嶺鉄道碑　軽井沢駅舎の右側にある。前述のように明治二六（一八九三）年建設の碑は関東大震災で倒壊したが、拓本があったので同様の碑を昭和一二（一九三九）年に復元したものである。裏面の文面を先に記すことにしたい。

「（裏面）碓日嶺鉄道碑ハ大正十二年九月関東大震災ノ難ヲ蒙リ倒壊シ草茅ノ間ニ埋没セラレシガ幸ニ当初ノ石刻保存セルヲ知リ之ヲ撮影シホボ原形ヲ伝エテココニ再建セリ

昭和十二年三月　請負人高崎市塚田長吉　臨書高崎市平野酉造　田島光碧刻ム」

碑文は漢文で長文なので、一部を省略して訳文を記載しておきたい。

「（表面訳文）碓氷峠は信濃と上野の境にそびえ建つ。

奥羽山脈が西南に長く延び我国の背骨をなして信濃に達している。山々が幾重にも重なり高山地帯となる。碓氷峠はその東の端にあって、険阻なこと全国一といえよう。明治になって鉄道の便が開け、東京から上野、信濃を経て越後直江津に達する鉄道敷設を計画したが、碓氷峠のため横川－軽井沢間数里が通じない。鉄道庁ではしばしば技師を派遣して測量したが施工できなかった。明治二十二年になって測量の結果、入山、中尾山、和見峠の三ルートを得た。入山ルートは工費は少ない反面地勢が険しい。和見峠ルートは、地勢は緩やかだが工費が多くかかる。中尾山ルートは地勢も工費も二者の中間でしかも道のりがもっとも短い。さらに詳しくそれぞれの利害得失を比較研究した結果、中尾山ルートに決定した。

横川－軽井沢間七マイル、中央に熊ノ平停車場を置くことにし、二十四年六月着工、翌年十二月竣工した。トンネル二十六その長さ合わせて一万四六六四四フィート余（中略）橋を架けること十八、碓氷川に架けた橋が最大で、三つの橋脚を煉瓦で積み上げ、アーチ型にして経間六〇フィート、橋上から川底まで高さ一一〇フィートである（中略）二十六年一月二十二日始めてアプト式機関車を使って試運転をした。アプトはドイツ人である。かってドイツ国ハルツ山に鉄道を開く際、地勢急峻のため初めて制作したもので、今からわずか八、九年前のことであり、海外諸国でもまだ広く用いていない。工費およそ二百万円。技師は本間英一郎（中略）我国で険しい坂に鉄道を敷いたのはこれが最初である。思えば碓氷峠の険しさは天が造ったもので、その『天下の険』を平らな道（鉄道）にするのはまことに難儀だったが、時のおもむくところどうしても切り開かなくてはならなかった。（中略）旅人を苦しめた険阻な道も、今は開かれて砥のような平な道の上を、汽車が矢のように通う。日本武尊が夷を征服したように、今東国一の碓氷の難所を切り従えた。これによって、物産の開発や文化の交流は進み、百世までも続くであろう。

明治廿六年四月

従四位勲四等文学博士重野安繹撰

従五位長葵書」

信越線は横川と軽井沢まで線路を延ばしてから、碓氷峠区間をどうするかと苦慮していたので、工事は驚くべき短期間で施工された。招魂碑の「犠牲者五百名」の記述を信頼するかどうかは別としても、飯場に缶詰になった人夫は過酷な昼夜労働を強いられた。六六・七‰という勾配は、登山鉄道のような遊覧線にしか使われていなかったアプト式を、幹線鉄道に採用したのは功罪相半ばといったところで、その後多大の費用と多くの事故を発生させた。

筆者の私見では、最初の経費はかかるが、入山ループと呼ばれた、山の中を幾重にもスパイラルを描くループ式にして、勾配も二五から三三‰にすればよかったと思っている。

明治四五（一九一二）年に第三軌条方式でわが国最初の電化となったが、ずっと信越本線の輸送力のネックとなり続けた。昭和三八（一九六三）年に新線を造り、ラックレールを廃止して粘着運転とし複線化もしたが、三両連結の普通電車を二台の機関車で押し上げているようでは、黒字になるはずもない。

そして碓氷線はやはり急勾配がネックとなり、長野新幹線開業と同時に鉄道は廃止されてしまった。これは第三セクター線としてでも残存させ、嵯峨野観光鉄道のような形で運用すれば、関西より大きな都会の後背地を持っているのだから、箱根登山鉄道が八〇‰の線路で健全に経営できているように、観光鉄道の計画をすべきだったと思う。

あえてＪＲ東日本にひとことを言わせてもらうと、旅行者は新幹線ばかりを利用するものでなく、在来ローカル線での旅行も楽しいのである。

碓氷アプト線は、碑に書かれた「百世まで」は続かなかった。仄聞によると、JR東が路線の無償提供を断り有償にしたためにこうなったそうだ。横川と軽井沢の間を「碓氷鉄道」にすればと悔やまれる。この鉄道は年中無休で運転する必要はない、オフシーズンは休めばよいのである。

松井田町の協力で横川に「碓氷峠鉄道文化むら」が作られたのがせめてもの幸いであり、時刻表の地図の上でこの区間の線路が切れているのを見ると、一抹の淋しさを感じるのである。

九　東北本線・箒川橋梁と野崎駅周辺の碑

箒川橋梁での客車転落事故　箒川《ほうきがわ》といってもどれだけの読者がその場所を思い浮かべられるだろうか。上野を発した列車は宇都宮を過ぎ、宝積寺－氏家－片岡と過ぎて矢板に至る。矢板の次の駅が野崎でこの間に箒川を渡るのだが、箒川の地形は特殊で、両側から崖がせりだしていて風の通り路となっている。少しでも地理学を学んだ者なら、ここは強風に注意ということはわかるはずである。

箒川橋梁での客車転落事故は、遠く明治三二（一八九九）年一〇月七日夕刻に発生した。当時は日本鉄道株式会社の経営する私鉄で、大宮駅から順次線路を延ばし、宇都宮－西那須野間が明治一九年、青森までの全線開通は明治二四年九月一日だった。

その日一一時、上野を発車した福島行きの第三七五列車は、約五〇分遅れで宇都宮に到着、矢板駅を発車したのは一六時四〇分ごろだった。当時の箒川橋梁は川床からの高さ約六m、橋桁（プレートガーダー）一四連で結んでいた。箒川の橋梁を渡りはじめると、北西の突風が列車の左側面に吹き付け、機関手が後ろを見ると八両目の無蓋貨車のシートが飛ばされそうになっていた。次の瞬間、窓下に白線の見える一等車が著しく右方に張り出したのを目撃、危害汽笛を鳴らして機関車のブレーキを掛けたが急激なショック（反動）を感じ、貨車一両と客車七両が進行右側（下流方向）に転落するのを見た。

列車は混合列車で、機関車二両、貨車一一両、その後に客車七両（四輪単車）をつないでいた。その中央部からはらむように転落したという。

当時箒川は平水面より一mほど増水しており、その濁流の中に落下、木造客車が粉砕状態となって大破した。この事故により乗客二〇名が即死、同四五名が負傷した（『国有鉄道重大運転事故記録』による、慰霊碑記録では死者一九名）。この時宇都宮駅での風速は九m、したがって宇都宮駅で列車を抑止する理由はなく、同駅の過失はない。

後の餘部橋梁転落事故でも問題になるが、三呎六吋ゲージの客車転落の限界値は（餘部の時の国鉄側の意見で）三二m／秒以上であるから、溝のようになって風の通り路となっている箒川橋梁が、ある一定の方角から風が吹いた時に、限界値以上の風が生じたのだろう。

ただし筆者は客車転落の限界値三二m／秒という値には疑問を持っている。明治時代には箒川橋梁からもう一度貨物列車の風による転落事故が発生している。現在は風速計で監視して、強風時には運休するようにしているが、難しい地形ではある。

箒川汽車顛落慰霊碑　この事故を弔うために三つの碑が建てられた。建立者はまちまちで、遺族や遺族会が建てたものではない。当時の事故が新聞等で多く取り扱われたためと思われる。

①妙正寺建立の一周忌碑

「南無妙法蓮華経」

「為汽車車顛落横死諸亡霊菩提」

「宇都宮市日蓮宗妙正寺四十五世日興
　檀家信徒有志中」

「明治三十二年十月七日遭難」

　この碑は箒側の左岸（川は下流の方角を見て右岸左岸と呼ぶ）に建てられ、列車の窓からもよく見える、下り列車の左窓で橋梁を渡り切った所にある。野崎駅からは徒歩一五分くらいで南の鉄橋の方向に鉄道に沿った道を行けばよい。碑の風化が進み将来が心配だが、法華経の碑はいつも彫りが深いので判読不能の字は出ていない。

箒川・妙正寺建立の碑

②下野史談会の一周忌碑
「南無阿弥陀仏」
「明治三十二年十月七日　箒川
　汽車顛落横死諸群霊菩提」

③下野史談会　田代黒瀧氏建立碑
「明治三十二年十月七日箒川鉄橋ニ於テ汽車転覆即死者十九名ヲ出ス、是レ未曾有ノ惨事ニシテ悲嘆ヲ極ム、昭和六年十月七日三十三回忌ニ相当スルヲ以テ吾等相謀リ供養大法会ヲ営ミ恭ク其霊ヲ弔フ
　昭和六年十月七日　田代黒瀧　誌
　主催　下野史談会
　後援　野崎村長
　後援　宇都宮駅長

後援　下野新聞社」

この下野史談会の二つの碑は法華経の碑のまだ手前にある。野崎駅を出て左折して歩けば徒歩一〇分程度である。しかし明治も初期の事故で、三碑の慰霊碑が建てられたのは驚きというほかはない。

野崎駅開設記念碑と百周年記念碑　前述の箒川列車転落事故の碑の見学のための下車駅である野崎駅には、駅前西側に駅開設記念碑と駅開設百周年記念碑が建てられている。野崎駅は日本鉄道開通の明治一八年よりは遅れて明治三〇（一八九七）年二月二五日に開業した。その後明治三九年に鉄道国有化となり、碑文にも書かれているので、国有化時点で建立されたものと考えればよいだろう。碑文は漢文で難解なのでその概要のみ記しておきたい。

「日本鉄道株式会社社長正三位勲十等子爵　曽我祐準　篆額」

「（碑文の概要）野崎村、箒川の周辺は土地は痩せ人烟は稀である。日本鉄道株式会社東北線が創布され東京・青森が開通した。しかし此の地に車站（駅）は置かれなかった。伴野岸平　山本幸太　等七名は車站開設の議を起し、明治二十八年には駅の用地を世益を鑑み二千余金で購入した。所要地は一万二千三百坪であった。

明治二十九年十二月経営方成（駅が完成）、道路も開通して明治三十年二月二十五日には汽車が初めて停車した。明治三十九年十月には鉄道国有法が施行された。

有志　臨風　笹川種郎

撰素芳　秋野要藏　書」

野崎駅開設百周年記念碑は、駅開設記念碑の横に建てられている。

「（表面）『野崎駅開設百周年記念碑』　明治三〇年二月二五日野崎駅開設以来ここに百年を迎え先人の遺徳を顕彰しこの碑を建立する

平成九年二月二五日、野崎駅開設百周年記念事業実行委員会

（裏面）野崎駅開設百周年記念事業実行委員芳名（略）石城　長嶋之夫書　石工　八木沢要二」

筆者が訪れた時には、野崎駅西側は更地となっていて、二つの碑だけがポツンと建っていた。あるいはもう再開発が進み変ぼうしているかもしれない。青春18切符の使いみちとして、野崎駅周辺をあげたい。これでは時間が余るという方は、水戸線経由で常磐線の各碑を見るか、福島県まで遠征して松川事件の碑に進まれるのもよいだろう。

一〇　常磐線に沿って

常磐線に入るといきなり大物二つの碑が出てきてしまう。三河島事故と下山総裁轢死事件の碑、つまり下山事件碑である。

三河島事故の概要　昭和三七（一九六二）年五月三日、憲法記念日、五日と六日が連休なのでゴールデンウィーク後半の初日である。田端操車場発で水戸行きの二八七貨物列車は三河島駅東方三五〇ｍで本線に入ろうとしていた。二一時三六分だった。

同時刻、三河島駅を四分遅れで発車した下り取手行二一一七Ｈ電車は次第に加速し、貨物列車の後から並走するような形となっていた。合流地点の信号は、取手行電車を先行させるため、電車側が青、貨物側が赤になっていた。

赤信号を見落とした貨物列車は、本線に入らずに砂利が盛られている「安全側線」に入り脱線し、機関車は本線の方に傾いて停車した。この時期にはま

三河島事故慰霊碑（浄正寺）

だATS（自動列車停止装置）はなかった。

七両編成の二一一七H電車は、傾いてきた機関車と衝突、前二両が脱線して上り線側に傾いて停車した。裁判では二一時三六分四〇秒と認定された。この事故により約二五名の負傷者を出した。

現場には合流地点の信号と転轍を扱う「三河島東部信号場」があった。現場から五〇〇m東にも「三ノ輪信号場」があった。

「三河島東部信号場」には二人の掛員がいたが一人は仮眠中であった。信号掛は三河島駅助役に電話で事故発生を伝えた。助役は「誰かが現場に行って状況を確認してくるように」と命じた。筆者は三河島事故の責任を第一に負うものとして三河島駅助役をあげたいのだが、運転士や機関士を起訴して、この助役を放置しておくのは、裁判が（鉄道事故の刑事審判として）まことに幼稚だったためである。

そして幸運なことには、反対側の上り列車は二分から三分遅れていた。事故の経過を見ると、これは血の出るような貴重な三分間であった。左記のように反対列車が来るまで五分五〇秒もあった。これは上り列車の抑止には、たとえ運転指令を経由したとしても十分な時間だった。

五分五〇秒後、二一時四二分三〇秒、東側より一つのヘッドライトが接近してきた、上野行き二〇〇〇H電車だった。このころ二一一七H電車の乗客はそれぞれDコックを操作して線路上を三河島駅に向かって歩き出していた。Dコックは桜木町事故の後に採用した安全策だったのだが、三河島事故ではそれが裏目に出たのである。線路を歩く群衆に突撃してきたのは、激しく笛を鳴らしブレーキシューから赤い火花を連続して流す怪物だった。

怪物は線路上の乗客をつぎつぎに刎ね、宙を飛んで高架線の下まで落下する人影もあった。二つの電車は上り線上で激突し、先頭車両は荷物車だったが文字通りの粉砕、二両目の車両は高架下の倉庫に首を突込み、四両目までが南側に転落した。

死者一六〇名、負傷者三五八名という三河島事故はかくて発生した。事故の特徴は、線路上を歩いている人の轢死が大部分を占めていることである。

三河島事故慰霊碑・浄正寺境内　三河島事故の慰霊碑は三河島駅から徒歩五分ぐらい。駅の北側の荒川区荒川三丁目にある浄正寺境内で、道順は少しこみいっているので三河島駅々員に尋ねるとよいだろう。同じような客があるとみえて、親切に要領よく教えてくれる。

慰霊碑は観音像で左記のような記載がある。

「三河島事故慰霊碑

日本国有鉄道総裁　十河信二　謹書

昭和三十八年五月三日一周忌建立

三河島事故遺族連合会」

さらに銅板で一六〇名の姓名が刻まれているが、最後の一名は「氏名不詳」とあるのが心を打つ。そして次のような詩が刻まれている。

「三河島事故の霊に捧ぐ　　森かつえ　作詞

安らかに　眠れとは

如何に悲しき　言の葉か

つま待つ家の　帰り路を

知るよしもなき　此の惨事

あゝ　たれぞ知る　此の惨事
　十九世　順誉崇嶺　代」

なお三河島事故を教訓として「安全側線緊急防護装置」が、全国の安全側線の先端に設けられた。黒と黄に塗り分けられた梯子のようなもので、「これは何だろう」と思われた方も多いと思うが、列車が安全側線に進入してこの梯子を倒すと、周辺の信号は全部赤（停止現示）になる装置で、俗に「ネズミ取り」と呼ばれた。ネズミが餌をくわえたとたん、バッタンと網戸が閉まるネズミ取りからの連想で、この時期には各家にネズミがいて、ネズミ取りはどこの家にでもあったのである。

下山総裁碑・五反野　常磐線が立体交差で高架になったので、クロスする東武線の一本東側の道がガードを潜るのだが、その南西側にある。筆者はいつも五反野から行ったが、小菅からの方が近いという方もいる。五反野から徒歩一〇分ぐらいだろうか。

「下山国鉄総裁追憶碑
昭和二四年七月　下山事件発生
昭和二六年七月　下山定則氏記念事業会により記念碑を事件発生現場付近に建立
昭和四五年九月　千代田線建設工事に伴う移設の際、加賀山元国鉄総裁の択毫となる本石碑に取り替え
平成三年五月　常磐線荒川橋りょう改良工事に伴い、本位置に移設」

下山・松川・三鷹の三事件の背景　進駐米軍よりドッジ氏の主張するドッジラインが公示され、昭和二四年四月三〇日には公務員二三万人の行政整理を発表。運輸大臣は国鉄に対し九月まで九万人、来年三

月までに三万人の首切りの要請をした。そして昭和二四（一九四九）年六月一日に日本国有鉄道が設立され、初代総裁には下山定則氏が就任した。国鉄労働組合は当然首切りに反対し、他の労組の支援のもとに人民電車を走らすなどして抵抗した。

昭和二四年七月五日、朝に公用車で三越に入った下山総裁はそこで行方不明となり、翌日朝には、常磐線が東武線とクロスする地点で轢死体となって発見された。のちの三鷹・松川も同種の事件として共産党の影があるとされ、国鉄労組は腰くだけとなって、結果的に当局の思惑通り馘首が完了した。

下山国鉄総裁追悼碑（五反野）

下山事件の詳細　下山総裁轢死事件は他殺・自殺の両面の意見があり、解剖の結果「死後轢断」の法医学の鑑定、死体を運んだ時と思われるルミノール反応、米軍が使用する深緑色の塗料付着と、他殺説が優位になった。しかし当日に総裁と思われる人物が旅館で休憩していること、雑草の穂を摘みながら散策している人物が目撃されたことなど、自殺説も有力になり、大手新聞社が対立して両説を展開した。

筆者は次の一点で自殺説は成り立たないと思う。総裁と目される人物は、旅館で休憩中にタバコを一本も吸っていない。愛煙家で知られる総裁としてはありえない行動である。偽物がこのような行動を取れば、血液型鑑定でわかってしまうタバコは吸えないのである。詳細は松本清張の著書に詳しい。

土浦事故慰霊碑（前の木碑が元の慰霊柱）

戦中の三重衝突事故・土浦事故概要

日本にとって第二次世界大戦の折返し点は、前述のように昭和一八年一〇月である。しかし戦況としてはすでに折返し点は過ぎていたのだろう。この月には前述の関釜連絡船崑崙丸の沈没と本件との、鉄道にとって二つの大事故が起こる。

昭和一八（一九四三）年一〇月二六日、常磐線土浦駅での事故は、客車一両が水没するなどして、犠牲者数も今に至るまで確定していない。

土浦・四三年目の慰霊碑　昭和六一年六月になって、土浦在住の医師、佐賀純一氏などの努力によって現地に立派な慰霊碑が建立された。四三年目の慰霊碑である。それまでの慰霊碑は一本の柱で、書かれた文字はすでに消え、枕木か木柵の一部のようになっていた。この新碑の内容を記して事故概要としたい。

「　慰霊碑（縦書き）

この慰霊碑は、昭和十八年十月二十六日、土浦駅構内に於いて発生した列車三重衝突事故による犠牲者の霊を慰めるために建立されたものである　この列車事故は国鉄史上にまれにみる大惨事であった。死者九十六名、負傷者百余名と記録されている。事故発生の経緯は以下の通りである。すなわち貨物二九四列車が同日午後六時四十分に土浦駅に到着、直ちに入れ換え作業が開始されたが、同貨物列車（機関車）は誤って上り本線に進入（ポイントを割込んで）立ち往生した。その直後に駅構内へ上り二五四貨物列車（土浦無停車）が進入、二九四貨物列車の機関車と衝突した。

このため両列車は脱線し暴走、二五四貨物列車は桜川沿いの下り本線上に転覆した。この時多数の乗客をのせた二四一旅客列車はすでに駅構内に接近しつつあり、急停車する間もなく転覆していた貨物列車に激突した。旅客列車は脱線転覆。一・二両目は大破、三両目は鉄橋から斜めに傾き、四両目は完全に水没した。

事故発生後鉄道省は迅速にこれに対応した。軍隊の応援を含む二千余名の人員を投入、輸送路確保のための復旧作業を開始した。

救助活動も直ちに開始された。土浦市は地元の各種団体に応援を要請、市民もこぞって不眠不休の救援活動にあたった。しかしあたりは闇に包まれ救助活動は至難を極めた。時あたかも第二次世界大戦の真只中であったため、救助を他の都市に求めることは不可能であった。当時土浦在住の医師の多くは招集され、医薬品は極度に不足していた。医師看護婦は市民と共に必死で救護にあたったが、事故の規模はあまりにも大き過ぎた。このため負傷者のほとんどは十分な治療を受けることができず、犠牲者は露天の莚上に長時間放置された。

戦時下の厳しい報道管制により、この事故は国民の耳目に広く触れることなく、犠牲者の霊は公に慰められることもないままに、長い年月が過ぎ去った。昭和四十年に至り、時の土浦駅長などの努力によって事故現場に本碑（木碑）が建立された。だがその木碑も風雪に洗われ、もはや碑の由来を知ることもできない。

この度、木碑にかえてここに永久碑を建立したのは、この悲しむべき惨事による犠牲者の冥福を心より祈ると共に、このような不幸な事故が二度と起こらないことを強く祈念して、後世に伝えるためである。
　昭和六十一年六月　国鉄事故犠牲者の慰霊碑建立のための準備会これを記す
犠牲者氏名　九六名
　ここに刻まれているのは事故裁判記録に掲載されている九十六名の方々の氏名であるが、この他にも事故がもとになって亡くなられた方も数多く居られるものと想像される。ここに併せてその冥福を衷心よりお祈りするものである」
（括弧内は引用者加筆）

　鉄道事故では、ともかくその場で停車すればよいのだから、航空機・船舶に較べ犠牲者の発生率は低い。しかし水没となると話は変わってくる。今になっても、この四両目の水没犠牲者と水没生存者の数はわからない（佐々木冨泰・網谷りょういち『事故の鉄道史』をご参照いただきたい）。

水戸鉄道碑（鉄道之碑）　場所は表口の方の水戸駅前ロータリーの中で右手前である。植樹が高くなっていて碑文の方はちょっと読みづらい。しかし二階が回廊となっている水戸駅前は、昔のご三家の風格が感じられる。上野・水戸間は「スーパーひたち」で一時間余、特急券はちょっと勿体ないし、普通列車ではちょっと退屈という区間である。

「　再建の辞
鉄道之碑は駅前に建てられていたが
昭和二十年八月六日の戦災で崩壊した
このたび志を継いでここに建立する
昭和三十九年二月十八日
水戸鉄道管理局長　道下芳雄
　　阪場一道　篆書」

「『鐵道之碑』
大哉鐵道之功也如其處通則風氣以開知巧随進産興貨輳人烟加稠焉乃今之賑區則曩之寂莫郷也而昔之偏隅境則今既為通邑會矣今見水戸鐵道而洵知其功之然也初故安田本縣知事以我水戸僻在海隅而處世運漸晋之時察其設鐵軌之極為急務一日謀之豪商川崎翁翁甚是其挙又以謁於舊藩侯徳川公公亦大賛之使家令長谷川清就水戸与知事倶會有力者胥謀於是布設議起矣然以其事固屬大業或論其利害異議百出不至輙決會同協議勧誘切至衆議始定乃置會社於水戸請鐵道事務官足立太郎委計画及土工之事遂以明治二十年十月起工其為工也鑿山架川事業頗難而纔踰周歳克竣厥功實由足立氏之勉勞云其為線起於水戸柵町蜿蜿西走至栃木縣小山以接日本鐵道線路乃盛挙祝典以開業實二十二年一月十六日也降翌年十月　鳳輦幸水戸御停車場」

元の碑は水戸駅付近にあったが、取り払われて旧城内の公園に移された。ところが戦時中の空襲によって建物と一緒に炎上し、かけらとなって破砕してしまった。それで拓本を元に現在の碑が作られたわけだが、元碑より省略した部分がある。

「明治三十年四月　水戸　手塚悳進撰
正三位侯爵徳川篤敬篆額
正五位　日下部東作書」

一一　総武本線・成東の碑

成東・銃撃被災の碑　総武本線の成東駅舎の左手には、大きく「礎」と書かれた碑が建っている。終戦二日前の昭和二〇（一九四五）年八月一三日、当時いよいよ本土決戦が叫ばれ、関東側への米軍の上陸地として九十九里浜が考えられることから、部隊・弾薬の終結が急がれていた。

成東駅「礎」の碑（佐々木冨泰氏撮影）

しかし近海空母から出撃した艦上機は鉄道をはじめ主要目標に機銃掃射を加え爆弾を投下するなど、峻烈な攻撃が繰り返された。これは軍の弾薬積載貨車に機銃掃射があり、これによって弾薬が誘爆し、貨車の避難作業をしていた国鉄職員全員と将兵や乗客の多くが死亡したもので、鉄道が受けた戦争被害として前述二つの機銃掃射事件（大山口と、いのはな隧道）と同様に記憶されるべきものである。

碑には左記のように刻まれ、さらに碑の横に説明板があって、この終戦二日前の惨事をより詳細に記載されている。

「（表面）『礎』

日本国有鉄道総裁　十河信二

（裏面）昭和二〇年八月十三日十一時五〇分、米グラマン機の機銃掃射により成東駅停車中の弾薬積載貨車誘発、鉄道職員十五名将兵二十七名瞬時にして散華し平和の礎と化す。

昭和三十二年八月十三日建之」

「（説明文）礎《いしずえ》について

昭和二十年八月十三日、敵機グラマンの攻撃を受け、成東駅構内下り一番線に停留中の軍弾薬積載貨車は十一時四十分火煙を発した、之を認めた国鉄職員十五名将兵二十七名は、被害を最小限度に止めようと、機を失せず身を挺して貨車の隔離消火に努め、一方旅客及び町民を避難させたが、必死の健闘も空しく十一時五十八分弾薬は遂に爆発して全員悉く壮烈な最後を遂げ、平和の礎と化しました。昭和三十二年八月、十三回忌に当りその功績をたたえ、町民並びに鉄道職員を初め多数の方々の御支援によって茲に礎の碑を建立せられました」

銃撃を受けた列車は、富士吉田にあった陸軍の戦略物資地下格納施設から、本土決戦のために送られていた軍用臨時列車で、グラマン機の攻撃で弾薬積載貨車が白煙を上げたので、成東駅長長谷川治三郎は、この貨車を切り離して人家の少ない方に引き出そうとしたが時すでに遅く、ピカリと閃光を放つと轟音とともに爆発し、そこには貨車一両が入るほどの大穴が開き、貨車一三両が大破、客車五両が焼失し駅舎は全壊、駅付近の民家も多大な損害を受けた。犠牲者数については、碑文に記載の四二名以外には資料がなく、停車中の列車乗客と駅付近の民間人にも被害はあったが、記録では民間人犠牲者は二四名となっている。

鉄道職員の墓所は駅から五分ほどの法高山本行寺にある。山門を入り本堂に向かって左側の鐘楼横にあり、殉職者名とともに動輪の鉄道マークが描かれている。

「（表面）成東駅殉難者之墓（上横書き）
長谷川治三郎　橋本とし子　田谷　歌子
戸田　義保　三須　栄　京相　静枝
若梅　邦夫　加藤　力　伊藤　昭三
小鷲　一郎　関谷　昇　飯塚　健次
市東　隆夫　原　俊夫　宍倉　昭
（裏面）昭和三十二年八月十三日建之」

なお将兵の慰霊碑は庭賢山元倡寺にあり、碑文は左記の通りである。

「(碑文) 昭和二〇年八月一三日一一時四〇分頃、成東駅構内ニアル軍用弾薬積載貨車ハ米グラマンF六F四機ノ機銃掃射ヲ受ケ引火セリ、此ヲ発見セル同駅側ヨリノ救援依頼ニ依リ、急遽故陸軍中尉宮田条吉君以下二十四将兵率先之ヲ赴援消火作業ニ挺身、一時克ク火勢ヲ制スルヲ得タルモ遂ニ及バズ、十一時五十八分咄一大音響ト共ニ炸爆瞬時ニシテ壮烈ナル戦死ヲ遂グ。維レ平素教育セラレアル犠牲的精神ノ発露ニシテ当ニ軍人ノ亀鑑タリ、茲ニ部隊将兵一同恭シク碑ヲ樹テ梗概ヲ刻ミ冥福ヲ祈ル。

昭和二〇年八月一七日

範第三八二四部隊将兵一同」

消火に努めた将兵は二四名が戦死し、また三〇二列車の発車待ちをしていた乗客二四名が死亡した。乗客、住民の慰霊碑はないので、この二つの石碑の中に共に眠られているのだろう。なお法高山本行寺と庭賢山元倡寺の場所は駅員などにお尋ね下さい。いずれも駅の近くで徒歩で行ける距離である。

成東・伊藤左千夫歌碑　成東駅の上りホームには、文学碑として伊藤左千夫の歌碑と履歴を記す副碑とが建てられている。

「(碑文) 久々に家帰り見て故さとの　今見る目には岡も川もよし　左千夫」

副碑には、元治元年伊藤左千夫が成東で生まれ、明治三三年に入門して作歌を正岡子規に学ぶ。さらに「アララギ」を発刊、根岸短歌会の中心として作歌や小説に活躍した(一八六四～一九一三)との記載があり、最後の文は左記の通りである。

「(碑文) 昭和五十八年十一月三日

成東町歴史民俗資料館友の会建之

左千夫門人土屋文明撰文

成東町長椎名嘉一書之」

成東・魁《さきがけ》の碑　成東まで鉄道を敷き総武本線の敷設に生涯を傾けた、安井理民氏をたたえる碑であって、伊藤左千夫歌碑の隣に建立されている。副碑には機関車の動輪が置かれている。

第七章　東北地方の鉄道碑

一　東北本線に沿って・福島まで

松川事件の概要　松川事件については多くの著書が出ていて、読者はその幾つかを読んでおられると思うので基礎データのみを提示したい。

昭和二四（一九四九）年八月一七日三時二〇分、奥羽本線からの上野行き第四一二列車（現車一二両、機関車C五一一三三）が金谷川駅を定通、時速約五〇kmで浅川街道踏切六〇〇m手前に差しかかった際に、突如機関車が転覆、続く客車三両も脱線転覆して死傷者一二名を生じた。

機関士一名・機関助士二名が即死、車掌一名、荷扱手二名、郵便係員二名、旅客四名が負傷した。

原因は半径五〇〇mのカーブで外側軌条の継目板が人為的に取り外されていたためだった。

下山・三鷹・松川の三事件は、当初共産党員の作為とされ、後に駐留米軍との関係がとりざたされるようになった。松川事件も起訴された党員らが、最後の最高裁で無罪となり、劇的な幕切れだったのだが、真犯人は誰かという謎を今に残している。

松川事件碑　現地に行くには松川駅の方が近い、鉄道線路では一・八kmだが、廻り道をしなければならないので徒歩三〇分程度である。現在の下り線が当時の線路なので、北方の金谷川に向かって、最初は線路の左側を歩き途中で右側に変わったのだと記憶している。慰霊碑と副碑の地蔵像があり、保線区で手入れしているのだろうか、保存状態は良好だ。

松川事件殉職碑

「（正面）殉職之碑

（右面）殉職者

機関士　石田正三　四十八才

機関助士　茂木政市　二十三才

機関助士　伊藤利市　二十七才

福島第一機関区

（左面と裏面）

諺ニ戦争ハ犯罪ヲ生ム又云ク戦争ハ思想ノ変ヲ生スト昭和廿年太平洋戦争終了後犯罪ノ数激増シ過戟思想モ亦抬頭ス世人斉シク之ヲ憂フルノ時偶昭和廿四年八月十七日午前三時十分第四一二列車ニ妨害ヲ加ヘシモノ有リ為ニ脱線転覆シ石田機関士茂木伊藤両機関助士ノ三氏ハ尊キ殉職ヲ遂ケラル噫機関士等多年機関車乗務員トシテ勤務セラレ更ニ前途ヲ嘱望サレ居リシニ今之ヲ喪フハ実ニ惜ミテモ余リアリ見聞ノ卒実悉意ヲ同ウシ深キ同情ヲ寄セラル畏霊感ニ堪ヘンヤ今茲ニ碑ヲ建テ其ノ死ヲ悼ミ辱ノ霊ヲ慰メント欲シ聊カ梗概ヲ叙シ以テ後世ニ伝フ

昭和二十五年春彼岸日

福島第一機関区長　駒米昌雄

外　職員一同

盛村榮隆撰併書」

松川の塔　現地慰霊碑の場所を少し戻った上下線の中間に建てられている。大きな碑なので見逃すことはない。最高裁判決前の松川大行進の時に各々が持ち寄ったのだろうか、小さな美しい小石が埋められていて、ちょっと感激的になる碑である。

「松川の塔

一九四九年八月一七日午前三時九分　この西方二〇〇米の地点で、突如旅客列車が脱線顛覆し、乗務員三名が殉職した事件が起った。何者かが人為的にひき起した事故であることが明確であった。どうしてかかる事件が起ったか。

朝鮮戦争がはじめられようとしていたとき、この国はアメリカの占領下にあって吉田内閣は、二次に亘って合計九万七千名という国鉄労働者の大量馘首を強行した。かかる大量馘首に対して、国鉄労組は反対闘争に立上った。

その機先を制するように、何者の陰謀か、下山事件、三鷹事件、及びこの松川列車転覆事件が相次いで起り、それらが皆労働組合の犯行であるかのように巧みに新聞・ラジオで宣伝されたため、労働者は出ばなを挫かれ、労働組合は終に遺憾ながら十分なる反対闘争を展開することが出来なかった。

この列車顛覆の真犯人を、官憲は捜査しないのみか、国労福島支部の労組員一〇名、当時同じく馘首反対闘争中であった東芝松川工場の労組員一〇名、合せて二〇名の労働者を逮捕し、裁判にかけ、彼等を犯人にしたて、死刑無期を含む重刑を宣告した。この官憲の理不尽な暴圧に対して、俄然人民は怒りを勃発し、階層を超え、思想を超え、真実と正義のために結束し、全国津々浦々に至るまで、松川被告を救えという救援運動に立上ったのである。この人民結束の規模の大きさは、日本ばかりでなく世界の歴史に未曽有のことであった。救援は海外からも寄せられた。

かくして一四年の闘争と五回の裁判とを経て、終に一九六三年九月一二日全員無罪の完全勝利をかちとったのである。
人民が力を結集すると如何に強力になるかということの、これは人民勝利の記念塔である」

大量逮捕のきっかけになったのが赤間自白であった。年少者から自白を取り、他の容疑者に当てはめるという捜査方針である。赤間自白が覆るきっかけになったのが浅川街道踏切である。当日はお祭りのために臨時警手がいて明々と電灯が灯されていた。ところが赤間自白では、真暗闇の浅川街道踏切を通過したことになっていた。

そして最高裁の決め手になったのが「諏訪メモ」であった。国労福島支部と東芝松川工場の労組員が松川で会合を持ち、そして福島で（列車転覆の）謀議をしたという検察の主張を覆した物件である。列車の出発時刻より後に、会議で国労組合員が発言していた記録だった。なお東芝松川工場は、名こそ変わったけれど今も同じ位置に現存している。

東北新幹線建設工事慰霊碑　福島市信夫山公園信夫山トンネル南口上にある。福島駅からは一・五㎞で新幹線高架の側道を二〇分ほど歩くことになる。赤御影石の清楚な碑で、碑の後ろに一一五名の殉職者名が刻まれている。筆者は福島駅に案内を依頼したのだが、親切に対応されて感謝した。東北新幹線が上野まで達した時に建立され、その後上野－東京間の工事殉職者も合弔されたとのことであった。

「『慰霊』
昭和五七年六月　上野・大宮間が開通した機会に東北新幹線建設工事関係者の殉職者を慰霊する。
　　　　昭和六〇年三月
東日本の発展を願い
ねがわくば御霊よ永久に安らかに鎮まりたまわ

らんことを」

尊い犠牲者名は御影石の板一枚一五名で七板あり、一〇五名＋一〇名で一一五名を数えた。もし列車事故で一一五名の死者が出ると大騒ぎだろう。しかし建設時にはこれだけの尊い命が失われていることを乗客は知っているだろうか。近年はトンネル部分が多くなって、明かり部分（トンネルでない所）が減るので、建設時犠牲者は微増する傾向にある。

東北新幹線工事慰霊碑（福島・信天山トンネル口）

菊池宏局長の碑　新幹線慰霊碑の副碑のような形で同じ場所に建っている。詳細な記述はないが、東北新幹線の功労者の一人として慰霊碑を見守る位置に建てられている。

「菊池宏局長の碑
東北新幹線建設の功績をたたえ　ここに建立する
昭和六〇年六月　有志」

板谷駅前の殉職碑　板谷駅は福島から奥羽本線で四つ目だが、列車本数が極端に少ない。四フィート八インチ半の広軌にしたのだから、ローカル列車は今の三倍にして貰いたい。クモハ七一九・五〇〇〇番代という広軌電車が使われているが、新幹線と並行する在来線はJR東にこのように苛められている。

板谷駅より引込線に沿って四〇〇m、元のスイッチバックの板谷駅前にある。つまり元は駅舎の真正面に建てられていたのだが、駅の方が勾配区間で停

米坂線雪崩殉難碑

車するように変更されたのである。

「殉職碑（横書き）
　昭和二十二年十一月二十二日国鉄板谷変電工事区長中沢宗十郎は福米線電化工事中鋼材を自ら指揮者となつてトロリーにて運搬中急勾配にかかるや突然ブレーキに故障を生じ危険を感じたる為部下職員を下車せしめ尚独りトロリー上にありて停車せしめんとしたが力及ばず遂に逸走するに至り、環金隧道内にて工事中の作業台車に衝突してブレーキハンドルを握りたる侭壮烈なる殉職を遂げたものである。
同君の旺盛なる責任感は我々の範とするもので茲に碑を建て永くその遺徳をしのぶものである。
昭和三十年十一月建之
発起人　高木市五郎　外有志一同」

二　米坂線の鉄道碑

米坂線・雪崩事故慰霊碑　元は「玉川口」という駅があった、米坂線の小国からは鉄道線で一・七kmであるが、玉川口駅が廃止になったので、隣駅の小国から行かねばならず、この碑を見るのにはずいぶんと不便になった。道路では約二km、小国駅にレンタル自転車があれば好都合なのだがそこまでは調べていない。列車からは北側に席を取ると、第四荒川橋梁を渡る時に見られる。

「（表面）殉難碑　鉄道大臣　松野鶴平　書
（裏面）昭和十五年三月五日八時十五分　第一〇三

列車此に於て大雪崩に遭遇　忽ち崖下に転落し死者十六名　傷者亦多数（以下判読不能）新潟鉄道管理局　昭和十五年九月

鉄道職員　石川利三治
〃　長谷川丑松
〃　堀米定之助
〃　堀米亀之助
〃　友田正雄
〃　大木辰雄
〃　田沢正夫
〃　永野小太郎
〃　今　実
〃　木村久栄
仙台鉄道郵便局職員　庄司　清
乗客　石黒新助
〃　豊野ふみ
〃　羽田豊次郎
〃　間島主税
〃　菅　金次郎」

雪崩事故は昭和一五（一九四〇）年三月五日午前八時一五分ごろに発生、混第一〇三列車、貨車二両、客車四両。機関車は第四八六三九号である。

本列車小国駅定発右記地点（横根山隧道西出口第四荒川橋梁上）に差懸かるや、出会頭に約二〇〇mの横根山々腹より軌条杭混じりの頽雪（元はナダレにはこの字を書いた）落下し、橋桁と共に河中に突落したる為、本列車の機関車及貨車二両客車三両橋下に転落（機関車のみ水中）客車内のストーブより火災を起こし、折重なる客貨車を燃焼したるため、多数の死傷者を生じた」

（『国有鉄道重大運転事故記録』より）

解説すると「軌条杭混じりの頽雪」というのは、

古レールを使用して斜面に雪崩の雪止め柵を作っていたのだが、その雪止め柵が突破されて古レールが橋脚（ピア）を直撃し、ピアの方もコンクリートの打継ぎ部分の施工に欠陥があり、ピアが大根を切ったようにすぱっと折れて鉄橋が落下し、そこへ列車がさしかかったのである。根本的にはちょうど雪崩が直撃される位置に橋脚を造っていた、設計ミスということになる。

現地に行くと元の橋脚（ピア）は取り除かれて基礎だけが水中に見られた。そして横根山々腹には大げさな雪崩除けのコンクリート擁壁（雪崩分流壁）が造られて、雪崩は列車と橋梁を避けて落下するようにしてあった。よほどこの事故がこたえたのでしょうな、大慌てで雪崩対策をした様子がみられた。

なお転落時には機関車は水没、貨車二両は折り重なり、その内の一両に硫黄（マッチの原料）が積まれていた。客車二両は連結器がつながったまま宙釣りになり、そこで客車の石炭ストーブからの発火となり、火は次第に折り重なった貨車に燃え移り、硫黄を積んだ貨車が大爆発を起こした。この大爆発により、乗客は生きながら焼き殺されたのである。慰霊碑にも問題があり、厳しい気象条件とはいえもう半分以上の字が判読不能となっている。

三　仙石線・松島瑞巌寺の碑

松島海岸からの瑞巌寺二碑　仙台では仙石線は地下鉄になったので、長いエスカレーターで降りてゆかねばならない。快速がほぼ一時間ヘッドなのだが、そう便利なダイヤにはなっていない。松島海岸駅で下車して国道に沿って正面から瑞巌寺に入ると、中間に総門があって左手が案内所、その右手を行くと山本豊次碑・鉄道殉職者弔魂碑の順で見ることができる。殉職者碑には機関車の動輪が添えられているので間違うことはない。

鉄道殉職者弔魂碑　仙台鉄道管理局管内殉職者のために昭和八年に建てられた。高い塔状の碑で、正面に「鉄道殉職者弔魂碑」とあり、鉄扉には動輪の彫刻とともに「得入無上道、速成就仏身」の文字が鋳出されている。背面には「鉄道大臣正二位勲三等三上忠造書」とあり、さらに左記のような由来が記されている。

鉄道殉職者弔魂碑（瑞巌寺）

「仙台鉄道管理局管下殉職者鉄道創始以来無慮七百五十名嗚呼悼マシキ哉同志相謀リ弔魂碑ノ建設ヲ企テ仙台鉄道管理局長木村芳人閣下及ビ現職者各位ノ協力ヲ得茲ニ本碑ノ建設ヲ見タリ絶景ノ幽境尚ハクハ魂来リテ永ク弔ヲ享ケラレヨ

昭和八年九月二十三日　仙台鉄道局殉職者弔魂碑建設委員総代　木村一是　誌」

殉職者七百五十名というのは驚くべき数字だが、創業以来の殉職者というのだから、これぐらいの数になるのであろう。この数に建設工事の犠牲者も含まれているのか、あるいは鉄道関係者だけの数字かはさたがではない。追加された碑の左右の機関車の動輪や、後世に追加された碑もあって、周囲はなかなかにぎやかになっている。

「みたま　やすらかに、鉄道一〇〇周年を記念して、昭和四七年一〇月一四日　仙台鉄道管理局」

「鉄道九拾年記念、昭和三七年十月十四日建立」
「安全祈願殉職者供養　昭和四八年八月十三日
仙台鉄道管理局長　鈴木香昭」

というのが追加された碑である。この碑を通って杉林の参道にでるとそこは瑞巌寺の本堂であった。

山本豊次頌徳碑　弔魂碑を少し戻ったところに杉林の方を向いて建てられている古風な碑である。山本豊次は今のＪＲ仙石線の前身となる宮城電鉄会社の創始者である。東京帝国大学を卒業後の大正一一年九月に宮城電鉄を創立し、昭和三年には仙台－石巻間五〇㎞を全通させた。碑文には「仙石線は国鉄の宝庫になっている」との記載がある。筆者は古風な碑なので当然戦前の碑だと思ったが、これは昭和三一年一〇月、氏の一三回忌の時に有志により建立されたと記されている。

四　山田線宮古駅の鉄道碑

宮古駅の三碑　盛岡から分かれる山田線の旅は単調だった。時々左右に川が流れるが、濃緑の林と短いトンネルの繰り返しで何も変化がない。どうしてこんなに単調なのかと考えると民家がないのである。民家と田畑が全く見当らない、よくこんな人煙まれな地に鉄道を造ったものだと感心した。そして左右の窓から一基ずつ慰霊碑を見ることができた。一つは後述の雪崩事故だと思ったが、もう一基は何の事故であるかは見当がつかなかった。

宮古駅の改札を出て左側、駅舎に向かって右側に三つの碑が建てられていた。一個所で三つの碑が見られる所はそうないので、喜んで観賞し取材した次第である。

超我の碑Ｃ五八二八三　左端にある碑で、まずは碑文を読んで戴くことにしたい。

「超我の碑　Ｃ五八二八三

鉄道建設審議会長　鈴木善幸

昭和一九年三月一二日、この地方には珍しい豪雪のさなか、山田線を宮古に向かっていた機関車Ｃ五八二八三は、平津戸・川内間で雪崩に逢い脱線転覆した。この時、責任感の強い加藤岩蔵機関士は、瀕死の重傷を負い乍ら自分に構わず、この事故を最寄りの駅に知らせるよう前田悌二機関助士に指示した。前田助士は、その命令に従ったが、ことの外の積雪の為進路を失い且つ又、加藤機関士の身を案ずる余り再び現場に戻り、厳寒の中で自分の着衣を機関士に着せ必死の看護に当った。しかし、その甲斐もなく救援隊到着の時は已に尊い生命は奪われていたという。正にこの行為は『超我の友愛』の精神によるものであり、我々の理想とする処でもある。よって、そのナンバープレートを刻み、二人の行為を永遠に伝えんとするものである。

一九七二年一一月　宮古ロータリークラブ」

超我の碑（宮古）

この事故はのちに映画の「大いなる旅路」のモデルになり、全国に知られるようになった。戦後には大きな雪崩事故は起こっていないので、戦前最後の雪崩災難となった。碑のデザインもほかに例がないほど美しく、はるばる二時間かけて宮古まで行ってよかったと思う碑である。

三陸鉄道いま成る　超我の碑の右隣にあるのが三陸鉄道開業記念碑であり、九〇年もの永年の夢であった三陸縦貫鉄道の開通を祝う碑である。

「三陸鉄道いま成る

我等の先輩が、鉄路への志を発してより九十年、その間津波にもめげずに立ち上り、又フェーン災害、やませの悲風等、幾多沿岸特有の悪条件に抗しつつふるさととなる我が三陸に寄来たりたる沿岸人十万は、今ぞ南北に鉄道を打ち貫く事を得たり。

先人よ、愛覧せられよ。　後進よ、この業の覚、更に三陸の未来を創建せよ。

この鉄路こそ沿岸住民の生業、経済、文化の動脈たり。而して全国遊子の陸中海本国立公園探勝の絹路なり。

ここに三陸鉄道打通に身魂を捧げたる先人の功を碑を建てて深く頌し、更に後進我等の奮闘を決意するものなり。

昭和五十九年四月一日　岩手県知事　中村直

宮古市長　千田真一

碑石寄贈　宮古市　山根鉄男

建之　刻　宮古市　鈴木祐一」

碑文の上には三陸鉄道のマークがあり、その喜びを伝えている。三陸鉄道は国鉄がＪＲとなった時に最初にできた第三セクター鉄道であって、岩手県は当時はまだ鉄道建設公団で工事中だった区間を開通させてくれれば、久慈線と山田線の経営も引き受けると言った。結局山田線の方はＪＲ東の線となったが、その両端の南リアス線と北リアス線を三陸鉄道として経営することになり、赤字を見込んでいた初年度から黒字になるという上々の発足であった。

近年は沿線人口の少なさから乗客数は伸び悩み、筆者が行った時でも、空気を運んでいるような状態で赤字に悩まされているが、三セク一番手の鉄道として、今後もがんばってほしいと思った。

鉄道開通記念碑　二つの碑とは直角に曲がった駅前広場に向いて建てられている碑で、「鉄道開通記念碑」と上に縦書きされているが、これは山田線が宮古まで達したことを記念するもので「昭和九年一一月六日」と記されている。山田線は大正一二年に盛岡から上米内まで、昭和八年に陸中川井まで達し、翌年に宮古まで達したのであるが、戦後は長い間、水害のために不通になっていて、国鉄はもう開通をあきらめていたのだろうと思っていたが、ようやく水害区間も開通した。もしこの時に現在のＪＲ東の経営だったら、おそらく廃線にしていたと思う。

三碑を見てから、三陸の珍味が入った宮古名物の駅弁を買ったのだが、これがまことに美味で、駅弁大会でも上位に入る銘品であった。

五　青森付近の鉄道碑

竜飛岬にある青函トンネル工事慰霊碑　青函トンネル記念館は青森側の竜飛岬にあり、ここに建設工事慰霊碑もある。鉄道で陸上からだとまことに厄介で、レンタカーかマイカーでないと行けぬが、「竜飛海底駅・青函トンネル記念館見学コース」に申し込むと、海底駅からケーブルカーで地上に出て記念館に直接行くことができる。筆者も満席になるとお断りだとの時刻表の記述で、発売初日に予約したのだが、この日の見学者は筆者一人であった。

見学した時は函館発の早い列車だったが、現在は函館一〇時四〇分発と青森一二時一七分発の列車に見学コースが設定されていて、二〇四〇円の見学料を払えば地上まで上がって見学できる。なお、四月二五日より一一月一〇日までとなっていて、冬期の見学はできないことになっている。

慰霊碑の記述　目指す碑はトンネル記念館の北側の海峡を見渡せる場所にあって、まさにここは竜飛岬である。碑の記述は左記の通りである。

竜飛岬・青函トンネル慰霊碑全景

「『慰霊』　日本鉄道建設公団　総裁　永井浩」

「（碑文）青函トンネルの完成により、本州と北海道は鉄路で直結され、多くの人々が待ち望んだ、安全で安定した交通が可能となった。

これが、国土の一体化とひいては日本の発展に、大きく寄与することを祈念する。

ねがわくは、この工事に英知と情熱をかたむけながら、青函トンネルの礎となられたかたがたの、永遠に安からんことを。

昭和六十三年七月

青函トンネル工事関係者一同」

以下殉職者芳名が書かれていて、三四柱である。

『青函トンネル工事略歴』

一九四六年四月　地質調査開始

一九五三年八月　鉄道建設法予定線に追加（三厩－福島間）

一九六四年三月　日本鉄道建設公団発足　日本国有鉄道から調査業務を引継ぐ

一九六四年四月　基本計画（調査）の指示

一九六四年五月　北海道側吉岡斜坑掘削開始（公団直轄）

一九六五年八月　工事実施計画（調査）の認可
一九六六年三月　本州側竜飛斜坑掘削開始（公団直轄）
一九七一年四月　基本計画（工事）の指示
新幹線設計の指示
一九七一年九月　工事実施計画の認可
今別町浜名・知内町湯の里間
一九七二年三月　海底部の請負工事着手
一九七三年一月　陸上部の請負工事着手
一九七八年一〇月　北海道側陸上部全貫通
一九八一年七月　本州側陸上部全貫通
一九八三年一月　先進導坑貫通
一九八五年三月　海底部本坑全貫通
一九八六年九月　レール締結完了
一九八七年七月　架線接続完了
一九八八年三月　竣功」

青函トンネル工事の折には、何度か異常出水事故があって、先進導坑の水没を防ぐために、列車が通過する本坑を計画的に水没させたこともあった。青函トンネル記念館で、この大出水事故の履歴を知りたいと思ったのだが、その詳細は展示されていなかった。しかし胸上まで覆う胴付長靴を履いた作業員が、胸まで達する水の中で泳ぐようにして作業をしているビデオは見ることができた。青函トンネル記念館も訪問者が少なく赤字経営と拝察したが、この記念館が末長く維持され公開されることを祈りたい。

青函トンネルの原点となった洞爺丸沈没　青函トンネルは、最大の海難事故となった昭和二九年の洞爺丸沈没事故により建設が計画され、候補海底の地質調査を始めてから四〇年、調査斜坑の掘削を始めてから二〇年を要して、地盤注入、吹き付けコンクリート法、先進ボーリングなどの多くの技術開発と不屈の努力により昭和六三年に開通した。新幹線規格の複線断面、線路の曲線半径六五〇〇m、勾配一二‰、最低部は海面下二四〇m、延長五三八五〇mである。建設に携わった人数は延べ一二五〇万人、殉職者三四名、工費六九〇〇億円である。

例によってこの工事の死亡事故の起こる確率を計算すると、坑内六時間労働として二二〇万時間に一名の計算になり、近年の航空機全損事故の発生は一〇〇〇万時間を越えているが、航空機より二倍ほど安全だとの結果となった。

緊急時の海底駅避難施設　竜飛海底駅はトンネルが複雑に交差していて、緊急時にはどこに行けばいいのか迷うようである。火災時の乗客の緊急避難場所も見学したが、意外に簡素ですこぶる殺風景なベンチが置かれたものであった。水や食料の用意はあるのか、トイレがわかりやすく表示されているのか。火災からのがれることはできても、これでは乗客がパニックにならないだろうかと心配である。

十分に活かされていない青函トンネル　青函トンネルを通過する列車としては、青函連絡船の代替として同じ本数の快速列車を設定したが、より安価な青函連絡フェリーに客を取られ、最初は一〇両以上の編成であった列車が五両になり、ついに快速列車は全滅し特急白鳥（五両か六両編成）のみとなった。

本州から北海道連絡としては、一部の豪華編成列車をのぞけば「日本海」の一往復が大阪－函館を結んでいるだけであり、とても有効利用されているとは言えない。時間では航空機と太刀打ちできず、青函トンネルの前後は単線という不釣合いさである。

以前に筆者が青函トンネル通過列車として利用したのは「北斗星二号」のB個室寝台で、JR北海道持ちの車両だった。一日の用件が終わる一七時の札幌発で九時過ぎの上野着という時刻設定はすこぶる快適な時間帯で、これなら航空機とも互角に太刀打ちできると思った。東京－札幌と大阪－札幌の列車のB個室寝台を、当日に行っても買えるくらいに増発すべきではないだろうか。

この時は往きに「トワイライトエクスプレス」を申し込んだのだが、JR西日本の募集する団体でないと駄目だということで「にべ」もなく断られた。それにしても経営の下手な鉄道会社である。

大館・忠犬ハチ公像　大館駅前広場の中央に、左記の「秋田犬の像」とともにある。渋谷駅頭で亡き主人を毎夜出迎えたという忠犬ハチ公が、ここ大館の産であることを讃えたものである。ハチ公像の下に碑文があり、この銅像は東京の渋谷駅のものよりもずっと立派である。

『大館・忠犬ハチ公』　大正一二年一一月大館市大子内、斎藤義一家で誕生
父・大子内山号　母・胡麻号　の間に生まれ、昭和一〇年三月八日没

（解説碑文）渋谷駅頭に美談を胎して広く世上に謳はれた忠犬ハチ公は実は大館の産である。主に尽くす一徹の心立耳巻尾、そしてふくよかな大きな躯、秋田犬生れながらの美質を立派にあらはしている。この像は昭和二十年に金属回収によって撤去されたが、昭和六十二（一九八七）年十一月十四日に再建された。

製作者　松田芳雄　忠犬ハチ公銅像再建の会」

なお金属回収によって撤去される前の像は、昭和九年、町田忠治題字、安藤照製作により建立された。その碑文が『鉄道碑めぐり』に掲載されているので以下に記したい。文面は現在のものとは少し違って

いるが「その名は天聴に達し」などと、こちらの方が感銘深いようである。

忠犬ハチ公像（大館）

「（銘文・陽鋳）渋谷駅頭に美談を貽して広く世上に謳はれた忠犬ハチ公は、実に我が大館の産である。主に尽くす一轍の心立耳巻尾、そしてふくよかな大きな躯、秋田犬生れながらの美質を立派にあらはしてゐる。畏くもその名は天聴に達し、その小像は御嘉納の光栄に浴したといふ、亦郷土我等の誇ではないか。嗚呼一狗の忠順ここに至つて武人の節義にも比ぶべく、真に富岳の秀桜花の美と並んで永久に正気の光を放つであらう。

昭和九年五月　忠犬ハチ公銅像大館建設会」

秋田犬の像　秋田犬四匹の群像である。ハチ公像の東側にある。昭和三九年五月二日竣工。製作者　相川善一郎。

第八章　北海道地方の鉄道碑

一　函館山麓の鉄道連絡船碑

青函連絡船海難者慰霊碑など　函館市電の谷地頭行きに乗り、終点の一つ手前の「青柳町」電停で下車し、電車から西側となる右手の公園を横切って、函館山ドライブウェー登り口の三叉路に着くと、その前に「青函連絡船殉職者慰霊碑入口」の石碑があり連絡船関係の碑群がある。電停からは登り坂なので徒歩一五分程度である。

このように碑がまとめられているので、見学者には見やすいのだが、どれがどの碑だったたか、後になってわからなくなることもある。

青函連絡船海難者慰霊碑（慰霊塔）　階段を上がったところにひときわ高く建つ塔で、このような塔形式の慰霊碑は珍しい。昭和二七年に国鉄労働組合青函船舶支部が、戦災殉職者七周忌に海難慰霊碑を建立することを決議し、青函鉄道管理局と組合により青函連絡船殉職者功績顕彰会が結成され、募金一四七万円を得て昭和二八年に建立された。この年は洞爺丸事故の一年前である。その後に洞爺丸など台風一五号関係の殉職者が合祀された。表面の碑文は全文を記載し、裏面は碑文の概要を記載したい。

「（正面）『慰霊碑』

（表面）昭和二十年七月半の頃よりなしか青函連絡船への空爆あひつぐ、今すなわちこれに殉ぜし僚友の御霊をなぐさむるため碑を立つといふ。格調もとよりいふにたらざるもいささか感懐をのべて御霊にささげまつらむとす。

潮さゐに　むせび千鳥の　なく浦み　かなしかへらぬ　君ししぬばえ

昭和二十八年八月

日本国有鉄道総裁　長崎惣之助

(裏面) 日本国有鉄道青函連絡船は明治四十一年三月七日比羅夫丸を第一船として、本州と北海道を結ぶ輸送の大任を果した。しかし昭和二〇年には二隻の貨物連絡船を不慮の事故で失い、八八名の殉職者を出し、七月には空襲により客船四隻と貨物船三隻が撃沈され、三五〇名の職員はよく部署を守り職に殉じた。ねがわくば諸霊永久に安らかにしずまりたまわんことを (碑文の概要)

昭和二十八年八月十四日

青函連絡船殉職者功績顕彰会

会長　青函鉄道管理局長　高見忠雄

副会長　青函鉄道管理局総務部長　伊勢田美三郎

同　青函鉄道管理局船舶部長　森　博

同　国鉄労組船舶支部委員長　稲田郁夫」

ここまでが洞爺丸以前の碑文で、台風一五号 (洞爺丸台風) により殉職した人々の慰霊碑文が同じく銅板ではめこまれている。

「(碑面) 昭和二十九年九月二十六日、それはかって何人も夢想さえしなかった惨事による痛恨慟哭の日である。

夕刻江差沖に襲来した十五号台風の影響のため函館沖は五十七メートルの突風を伴う大暴風雨となり、波浪はために九メートルを越す狂瀾怒涛と化し、出港直後待避中の客船洞爺丸を七重浜沖に座礁転覆せしめ、貨物船北見丸を茂辺地沖に、さらに貨物船日高丸、十勝丸、第十一青函丸を港内にそれぞれ転覆沈没せしめたのである。

思えばそれは人力をはるかに越えた恐るべき自然の暴威であり、その惨状は言語に絶する空前の悲痛事であった。しかも遺憾極りなきは多数乗客の貴重なる生命をぎせいとし、これが救助と船体の安全を計り精魂の限りを尽くして不帰の客となった乗務員三百五十二名の殉職者を出すに至った事である。

いま一周忌の法要を営むにあたり、真摯かんとうその職に殉じた卿等の心情をしのび、ここに合祀してその霊の安らかならんことを祈るとともに、かかる惨事の再び惹起せざらんことを深くこいねがうものである。

願わくば在天の霊よ永久に鎮まりたまえ。

昭和三十年八月二十五日

青函船舶鉄道管理局」

函館山・海難者慰霊碑

塔の右手には「昭和六十年九月吉日、台風十五号青函連絡船　船員遭難者遺族会」と書かれて、青函連絡船開通以来の殉職者全員の姓名が銅板プレートに刻まれている。ここは職員のための慰霊の場であって洞爺丸などの乗客の姓名はない、これは後述の七重浜の慰霊碑に祀られているのだろうが、何となく釈然としない気もする。

洞爺丸碑　塔を右に向かうと殉難船碑として「洞爺丸」の碑と、「比羅夫丸」「羊蹄丸」と書かれたレリーフに支えられた「国鉄青函連絡船の航跡」という二つの碑がある。「洞爺丸碑」の方は、同時に沈没した第十一青函丸などの船名が刻まれていて、碑文には洞爺丸などが遭難沈没したことが書かれているが、前碑の紹介と重複するので略したい。

国鉄青函連絡船の航跡碑　慰霊塔に向かって右側の奥にある。ここにある三碑のうちでは最も新しく作られたものである。「比羅夫丸」「羊蹄丸」と書かれたレリーフの入っている御影石に支えられた黒御影石の碑で、「一九九八年七月一四日建立」と記されている。

この碑文も長文であって記載は省略するが、明治四一（一九〇八）年三月七日に青函航路が開設され比羅夫丸などが就航したこと。昭和二九（一九五四）年九月二六日には台風一五号による洞爺丸等の沈没事故があったこと。昭和六三（一九八八）年三月一三日には青函トンネル開通により、連絡船はその使命を終えたことなどが記されている。

函館駅開業八十周年記念碑　函館駅前にあり、駅舎に向かって左側に建てられている。

「先駆・函館駅　昭和五十七年十二月十日・協議会建立」と記されており、展示物は「津軽丸錨」と「D51主動輪」となっている。

二　洞爺丸の七重浜慰霊碑

青函連絡船洞爺丸・七重浜慰霊碑　函館駅前からバスで二〇分ほど、バス停も「慰霊碑前」とわかりやすい。道路と海岸の間に碑があり、幅一一・六mの凸形をしていて、総工費四五〇万円であった。この七重浜で座礁転覆した青函連絡船洞爺丸からは、乗客一〇六七名、乗組員八八名の犠牲者があり、驚くべき多数の死体が浜に打ち上げられ、凄惨のきわみ

洞爺丸・七重浜碑全景

であったと記されている。

筆者が行った日にも花が飾られ、ローソクにも点火された跡があった。それはそうであろう。これだけ多くの人々が犠牲になった場なのだから。

「（題額）『颱風海難者慰霊之碑』洞爺丸・十勝丸・第十一青函丸・日高丸・北見丸

（表面）

　現し世の試練

越えしみ魂よ

　ねむりませ

かぎりなき

　　浄福の空

ああ

　　玫瑰やよる波や

　　　つきつげよ

　　　　われらが祈り

　　とこしへに

（裏面）昭和廿九年九月廿六日十五号台風近接朝来人心暗く夜に入るや業風の猛威弥々凄く瓦飛び家倒れ虚空も摧くの感ありて瞬間風速実に五十七米港内に仮泊せる青函連絡船洞爺丸を始め日高丸十勝丸北見丸第十一青函丸の五隻はその乗組員の死力も天魔の跳梁に抗すべきなく空しく狂瀾怒涛に覆没して世界海難史上希有の大惨事を惹起せり

　瞑目一番洪波洪渺に出入して覆没せりし洞爺丸乗客千九十四名を始め各船乗組職員三百五十三名が神

に祈り仏に求むる阿鼻叫喚に想ひをいたすの時胸裂け魂飛んで号泣今尚耳を刺す蒼天慟哭何ぞ休せん我等同人特にこの一基を建立し永く精霊の冥福を祈り虔んで爾後を誡む

昭和三十年八月廿五日

十五号台風海難者慰霊碑建立協議会」

ロール・パーソナリティ（役割人間）　人は全く予期せぬ危険な事態や、生命が危険にさらされた時には、神のようにも獣以下にも変身すると言われている。ロール・パーソナリティとは心理学の用語で「役割人間」と訳されるが、これではかえって何のことかわからない。洞爺丸の二等船室には三人の宣教師が乗り合わせていた。米国人のハリー・ディーン・リーバーとドナルド・オース、カナダ人のアルフレッド・ストーンの三名である。

「さあさあいらっしゃい、いらっしゃい」

乗客が転げ回り寝台の客も落ちるというような大揺れの中で、ディーン・リーバーは手品を始めたのである。ハンカチからカードを出したり入れたり、あざやかな手さばきに子供達は泣くのを忘れ、大人もつられて一瞬だけ恐怖を忘れ、笑い声さえ出た。

三人の宣教師は船酔いする船客に薬を飲ませて廻り、おびえる客には穏やかに話しかけた。三人は女や子供達に救命具を着せて廻っていた。リーバーは手品をやった時のように陽気に話しかけ、励ましていた。最後に一つ残った救命具を持っていたストーンは、若い女性にそれを着せてやった。

リーバーが静かに祈りを唱え始めた、ストーンとオースもこれにならった。日本ＹＭＣＡに所属する三人は、「聖書の教えを身をもって示した人」として、ＹＭＣＡの中でたたえられ語り継がれてゆく。

三人の内の生存者は、一番若いドナルド・オースだけであった。

洞爺丸・運命の出港まで　一四時〇八分札幌からの急行「まりも」が函館駅に入った。一四時四〇分出港予定の洞爺丸は、隣の岸壁に第十一青函丸の着岸を待った。米軍兵と車両を移乗させるよう、運航指令からの連絡が来ていたし、会議に出席する国鉄幹部が乗っていた。二〇分遅れの一五時に一回目のドラが鳴って桟橋が外された。近藤船長は早めの出港をすれば、台風がくる前に陸奥湾に逃げこめると考えていた。

しかし停電のため桟橋が動かなくなり出港はできなくなった。船長は「本船はテケミ（天候険悪出港見合わせ）」と連絡したが、乗客は乗せたままであった。しかし港内は走錨する船もあって大混乱になっていた。そして後に「偽りの晴れ間」と言われる状況となった。風雨はやみ、空は茜色の夕焼けが出た、誰もが台風の目に入ったのだと考えた。

次の列車の乗客も受け、定員一杯になった洞爺丸は一八時三九分に運命の出港をした。

洞爺丸・座礁から沈没まで　船橋の風速計は四〇mを指している。近藤船長はこのまま海峡に出るのは危険と判断し、港口から一三〇〇mの地点で投錨した、一九時〇一分であった。それからが洞爺丸と台風との苦闘の時間であった。二二時一二分には流れ込む波浪のため両エンジンが停止、錨を引きずったままの漂流になった。このころ乗客に救命具をつける指示が事務長から出た。

「洞爺丸は二二時三六分座礁せり」

との連絡、

「SOS　洞爺丸は座礁せり」

これが同三九分、いままで輝いていた船内の電灯が一斉にスーッと消えた。これはレーダーをはじめ船の全機能が停止したことを意味する。

SOSを出しても何の手助けもない、襲いかかる波ごとに右舷への傾斜を大きくしていった洞爺丸は、二二時四三分ついに横転し波間に沈んでいった。

この事故の犠牲者数、生存者数は各記録でくい違っていて、碑文でもそうなのだが、『洞爺丸転覆の謎』から確定した数字を記載しておきたい。

洞爺丸乗客犠牲者一〇六七名、職員犠牲者八八名、乗客生存者一一四名、職員生存者四五名。

他の四隻の職員死亡者二七五名、生存者四三名。

二等客室では係員が見張って、乗客を絶対にデッキに出ないように監視したと言う。三等船室からの脱出は、急勾配の長い階段は使えず、波が打ち込んでくる丸窓しかのがれる方法はなかった。一等船室は全員が死亡しているので状況はわからない。

三　小樽の鉄道碑

小樽交通記念館の三碑と二銘板　北海道鉄道発祥の地である手宮駅が、駅構内とそこにあった幾つかの碑や記念物を取り込んで「小樽交通記念館」として発足した。「アイアンホース」と呼ばれる三号機関車が客車を牽いて往復運転をしており、乗車することができるし、転車台でのSLの転換も見られる。

小樽交通記念館へは駅から手宮行きか高島三丁目行きのバスに乗り、一〇分ほどで「手宮」で下車、その正面から奥が元の手宮駅構内で記念館となっているのだが、メインゲートは右の方に歩いてさらに左折しなければならない。徒歩で七分程度かかる。

小樽駅前の六番乗場から「小樽散策バス」が出ていて、こちらを利用すればメインゲート前まで行けるが、鉄道発祥地の碑を見るためには、バス停の手宮まで戻らなければならない。
　手宮でバスを降りたところの記念館外側には「北海道鉄道発祥駅碑」「北海道鉄道発祥の地・小樽」の二つの碑があって、館内に入ると「クロフォード銅像」「北海道鉄道開通記念碑・〇哩指標」の二つの碑が見られる。
　なお、小樽交通記念館は冬季休館となるので注意されたい。開館日は四月一〇日から一一月三日となっていて、開館期間中は無休である。

クロフォード銅像　入館するとすぐ正面にある。トランシット（測量器具）をかたわらに立つ北海道鉄道建設の初代技師長、米人のジョセフ・クロフォードの像である。内地の鉄道は英人技師の指導で運営されたが、北海道は米国人の指導で、機関車などもすべて米国風である。

「（正面）SHOULDER TO SHOULDER TO OPEN A WAY
Daniel Meloy American Consal, Sapporo
ジョセフUクロフォード之像
小樽市長　安達與五郎
（右面）開拓之先駆　日本国有鉄道総裁　十河信二
（左面）光道千里　日本国有鉄道　北海道総支配人
大石重成
（背面）北海道に始めて鉄道が開通したのは明治十三年十一月二十八日、手宮・札幌間の二十二哩であります。ジョセフ・クロフォード技師は開拓使の招きによつて来朝され、異国の僻地にあつてよく風雪と闘いこの偉業を成し遂げられました。
　それから七十五年の歳月が過ぎ、いま本道の沃野は拓け、文化は進み、当時を偲ぶの情ひとしおであります。
　ここに故技師の銅像を建てて、その遺徳を永く後

クロフォード像（小樽交通記念館）

世に伝えるものであります。

昭和三十一年六月十日　クロフォード技師銅像建設期成会会長・手宮連合町会長　宮尾直治

副会長・手宮連合町会顧問　西富士松

委員長・小樽市議会議員　谷井清信

副委員長・小樽市史編纂員　倉内孝治

銅像製作者　中野五一」

北海道鉄道開通記念碑（〇哩指標）　クロフォード像から左へ、記念館のほぼ中央部にある。ここは元は手宮駅構内の中心部であった。記念碑の位置は動いていない。碑は御影石で造られ、その上には「〇哩指標」が載っている。

「（正面）北海道鉄道開通起点

鉄道大臣　八田嘉明書

（裏面）本道鉄道の創業は明治の創設開拓使の企画に成り石炭輸送の目的に併せて将来全道に敷設せらるへき鉄道に連絡せしむる計画の下に起工せられ明治十三年十一月十八日此の地を起点として手宮軽川間の開通を見るに至る是れ実に本道鉄道の創始にして開拓の業亦之に拠りて大いに興る所となれり茲に近藤仙太郎氏之か記念碑を建立して寄贈す乃ち本日除幕の式を行ひ偉業の跡を永く伝へんことを庶ふ

昭和十七年十二月十二日

札幌鉄道局長　浜野信一郎　撰

札幌鉄道局総務部文書課長　赤木渉　書」

なおこの碑は準鉄道記念物に指定され、その説明板が前に建てられている。

「（説明文）北海道鉄道開通起点標

準鉄道記念物　指定第六号

一八八〇年（明治一三）一月八日、手宮から着工した鉄道工事は、同年一一月二八日札幌まで開通。北海道で最初、日本では新橋－横浜、大阪－神戸に次いで三番目の鉄道がここから始まりました。

北海道の鉄道がこの地から生まれたことを記念して、一九四二年（昭和一七）手宮駅構内に起点標が建てられ、一九六六年（昭和四一）後世に伝えるべき鉄道文化財として、旧国鉄により準鉄道記念物に指定され、ＪＲ北海道に引き継がれました。

この起点標の中心点が北海道における鉄道起点（ゼロマイル・ポイント）となります」

小樽交通記念館内プレート　展示館内には、アメリカで製造され「義経」「弁慶」と同形の「静号《しづか》」と、道内初の一等客車「い一号」が展示され、いずれも準鉄道記念物となっている。

なお北海道にとって最も由緒ある機関車の「義経号」はここにはなく、大阪の交通科学博物館の中に大事に保管されている。館内には、中央展示館のほかに扇形機関庫が鉄道記念物となっていて、鉄道車両保存館となっている。この機関庫は煉瓦がフランス積みで、手宮駅の開設が明治一三年となっているので、機関庫も同年の建築と思われる。構内には各所に静態保存の機関車や客車・郵便車・救援車などがあり、ここだけで一日過ごすこともできる。

館内には二つの銘板がある。

「北海道鉄道功労者ブロンズ像

ジョセフ、ユリー、クロフォード

松本荘一郎　山内是雲」

「明治一三年～二二年のＳＬ八両のうち六両の製造銘板」

北海道鉄道発祥駅碑　交通記念館の東外側左側にあり、ここの二つの碑だけは休館中でも見ることができる。バス停の手宮から行くと最初に目に入る碑であって、お帰りには二つの碑を見てからバスターミナルに行かれるとよいだろう。

昭和二四年に手宮駅の旅客取扱が復活したことを記念した碑であって、筆者も一度だけ手宮駅から乗車した記憶がある。その後、南小樽－手宮間二・八kmが貨物線として運行していたが、今は線路も外され廃線跡をたどるだけである。

碑の上には「北海道鉄道発祥駅」と横書きされており、その下に由来を記した碑文がいっぱいに書かれている。これには明治六年北海道開拓長官黒田清隆が計画したことから始まって、手宮駅の旅客取扱が戦時中廃止されたが、復活期成同盟会を作って昭和二三年に復活し、翌二四年には直通列車も運転されるようになった。

碑文は長文ながら、昭和二四年の建立なので漢文ではなく、平易に書かれており、北海道の鉄道史ともなりうるので、全文を掲載したい。

「(碑文)『北海道鉄道発祥駅』

北海道の鉄道発祥地は手宮駅である。その由来は明治六年に北海道開発長官黒田清隆が幌内煤田採掘の計画の下に技師を派遣して調査研究させた結果に基づきまづ幌内幌向太間に鉄道を建設し幌向太からは石狩川を船で川口に下り小樽に運送する計画を樹てた事に始まる。明治十二年三月に線路の測量が開始されたが偶々冬季河水の凍結石炭積替の手数等のため不利であるとの意見が出て鉄路により直接小樽港手宮に運送するのが最も有利であると認められ幌内手宮間五十六哩の一部手宮札幌間の鉄道が敷設される事になった。明治十三年十一月十八日遂に手宮軽川間が開通し列車は弁慶号機関車をもって運転された。ついで同月二十四日に札幌まで開通し更に明治十五年末に札幌幌内間が全通した。以後鉄道は逐次延長されて今日の発展を見たのである。その第一歩は正しく手宮駅からであって北海道の鉄道発祥の地と称する所以である。しかるに由緒深い手宮駅の旅客取扱が太平洋戦争酣の昭和十八年十月に国策により廃止された。以来市民は尠からず不便を感じてゐたが二十年八月終戦を迎へると共にこれが復活の声は沛然として起った。ここにおいて有志は手宮駅旅客取扱復活期成同盟会を結成し会長に西富士松を推して運輸当局に復活請願を続け幾多の紆余曲折を経て二十三年十一月十日に列車は漸く南小樽駅まで復活した。しかし乗換のための不便が頗る多く重ねて直通列車運転を要路に懇願した結果二十四年九月から岩見沢まで二往復の直通列車の運転を見るに至つたのである。これを機会に手宮駅の由来に併せて長年月に亘り献身的努力を尽した西会長の偉大な功績を勅し碑を建立して記念とする。

手塚常次郎書

昭和二十四年十一月十八日建之

手宮駅旅客取扱復活期成同盟会

第三十六代手宮駅長　古畠芳太郎撰」

なお手塚常次郎は時の運輸大臣である。

北海道鉄道発祥の地・小樽の碑　上記の発祥駅碑の右側にあり、短かい線路が敷かれて、動輪とそれを指差する手という変わった構成の碑である。

「(碑文)　北海道鉄道発祥の地・小樽

第三七回北海道地区会員社会事業

主催　日本青年会議所北海道地区協議会

主催　小樽青年会議所　一九八八・九・二」

義経隧道碑　張碓駅上りホームにある。機関車義経号をかたどったものとされ、左に義経隧道碑の石碑があり、右に機関車の鐘が置かれている。碑銘には「義経隧道碑　小樽市長　安達與五郎」とあって、建立者は「第一号機関車義経号の鈴　義経隧道命名記念一九五五年一〇月一四日（複製）　日本国有鉄道苗穂工場寄贈」とある。碑文を左に記す。

「（碑文）ジョセフ・クロフォード技師が北海道の開拓事業指導のためアメリカから来て、始めての仕事が小樽－銭函間の車馬道の建設であった、明治一一年の春から秋にかけて測量し、翌一二年熊碓張碓の二つの隧道をほつて造り上げたこの道路も、彼の計画に従つて明治一三年には幌内鉄道の道床として使われ本道開発の大きな推進力となつた、今なほ残る当時の第五号隧道に彼の偉業の一端を偲ぶと共に、本道開拓の史蹟の一つとして小樽の歴史のなかにあつて永く後世に伝えられることを希うものである、ここに同技師の銅像建設と、本道の鉄道開通七五年の秋に当り、この隧道を恐らく最初にくぐり抜けたであろう機関車義経号に因んで「義経隧道」と名付け、この記念碑ができたのを喜ぶものである。

昭和三〇年一〇月一四日　鉄道友の会北海道支部長　北海道大学講師　小熊米雄」

しかしこの文献も『鉄道碑めぐり』から転載したもので、筆者はこの碑を間近で見たことはない。以前は張碓駅に夏季には列車が停車していたが、現在は年間を通して列車は停車しなくなったので、下車しての写真撮影は不可能となってしまった。時刻表には「（臨）張碓」と記載されているが、全列車に通過の矢印がある。今では通り過ぎる列車の窓からチラと確認できるだけになった。

蒸気機関車・義経号について　前述の通り、現在は大阪弁天町の交通科学博物館に動態保存され、準鉄道記念物になっていて左記の説明がある。

「(説明文) 義経号は、同じ型の弁慶号とともにアメリカから初めて輸入され、しかも、北海道で走った初めての蒸気機関車です。

カウキャッチャーと呼ぶ「牛除け」「鐘」「煙突」などアメリカ特有の美しいスタイルとすぐれた性能、『源義経』からの名前などで大変親しまれてきました。義経号が走った幌内鉄道は、北海道の開拓のため建設された日本三番目の鉄道で、アメリカ人技師「ジョセフ・クロフォード」の指導で、一八八〇年(明治一三年)に札幌・手宮(小樽港)が開通しました。

義経号(交通科学博物館)

義経号は明治天皇のお召列車を引き、長く北海道で石炭輸送に活躍した後、改造されて堺市の帝国車両で使われていました。

一九五二年(昭和二七年)、これらの歴史を伝えるため、国鉄鷹取工場で最初の姿にもどし、『国際花と緑の博覧会』での運転など、いつでもはしれる特別の手入をしています。

製造年一八八〇年、製造所ポーター社、
復元年一九五二年、復元、国鉄鷹取工場」

以下性能など諸元の記載がある。

四　札幌の鉄道碑

北海道鉄道殉職碑　北海道鉄道殉職碑は大正二年に苗穂工場に建立された、碑体は鋳鉄製で六四尺の高さがあったと記録されている。しかしこの碑は戦争前後の金物ブームで盗難にかかり、いつのまにか廃滅してしまった。

この旧碑にかわって建立されたのが現在の碑であり、昭和二八年に札幌円山公園に建てられた。地下鉄「円山公園」を下車してから公園に向かい、公園内では左手の道を進み、さらに左手の小高い丘の上にある。道路からは見えにくいので、左手が丘になったらそちらの方に入ってゆくと見出せる。

正面に「北海道鉄道殉職碑」と書かれ、裏面は三面に分かれていて二面には碑の由来が記され、一面は建立後追記されたものである。碑文は長文なので省略するが、『鉄道碑めぐり』には全文が掲載されている。

「殉職職員と外地に派遣されて散華した職員二一〇七名に及ぶ」

「碑は大正二年一〇月苗穂に建設されたが荒廃に帰した」

「昭和二七年鉄道八〇周年記念　昭和二八年七月

国有鉄道北海道総支配人　淺井政治　謹撰」

とあって、副碑の方の碑文は左記の通りである。

「(碑文) この碑の再建以来一二年を経て、本道国鉄殉職者は六五〇柱を加えた。殊に昭和二九年九月二六日の洞爺丸事故により多数が殉職し、本碑再建の発起人もまたその中に入っている。ここに追慕を新たにし、道内有志がうやうやしくこれらの諸霊を合祀する。

昭和四一年五月

日本国有鉄道北海道支社長　横山勝義　謹誌」

桑園延命地蔵尊　札幌市内北六丁目西一〇丁目にある。地下鉄からでもよいが、桑園駅を下車して札幌の方に鉄道高架橋に沿って一〇分ほど歩くと、高架橋の南側に線路の方向を向いて建立されている。ここは元は西十一丁目踏切であって、自殺者が多いことで付近住民からは魔の踏切と恐れられていた。高架になってからは事故はなくなったのだが、地蔵様は地元民によって大切に守られている。

鉄道殉職碑（円山公園）

表には「奉安　桑園延命地蔵尊」とあり、側面には元は漢文で地蔵尊の由来が書かれていたが、現在は左記のような由来書が掲示されている。『鉄道碑めぐり』によると、元の碑文拓本では「昭和二年八月十日建」と書かれていたようだが、現在の由来書では「昭和貳年七月二十日」と読める。いわゆる踏切地蔵としては、御殿場線の下土狩踏切（大正一五年）に次ぐ大きさのものである。

「（表面）『奉安　桑園延命地蔵尊』

（由来書）由来　函館本線札幌市北六条西九丁目より西十一丁目に至る地内に於て、明治七年鉄道開通と同時に義経丸弁慶丸と称する機関車運転当初以来、今日に至るまで変死と事故死を為したる人三百六十四名に及び、人之れを呼んで魔の踏切と称するに至る。

此の因果関係の理論は別として、之れが防止に対し苦慮するといえども、年を重ぬるに及んで益々増大する事は世相上誠に等閑視することを得ない。

然るに東京付近の大森、大久保、其の他道内の旭川曙及び東川等に於て之と同様の個所ありたる処、郷土人相寄り地名を冠した地蔵尊建立し、死者の霊を弔ふと同時に将来の魔除けを為せるに、迷信か信仰か此の卑餮は別として、不思議にも殊に死を遂ぐる人なきに至つた。

此の事を視るに於ては、右地内に同様の地蔵尊を建立し、変死者事故死者の霊を弔ふと同時に将来此の事無からしむることを期するは人の為すべき道の一つで、下記者相寄り桑園延命地蔵尊の建立を計つた次第であります。

昭和貳年七月二十日

桑園延命地蔵尊建立並鉄道死者追悼会

提唱者　桑園倶楽部　北門倶楽部」

長谷川機関手殉職碑　札幌市東区北一一条東一一丁目の大覚寺境内の東北の隅に建立されている。地下鉄東豊線の「東区役所前」で下車して南の方へ五分ほど歩いた場所である。

この碑は大正一五年八月一四日に張碓－銭函間で発生した追突事故で、二六歳の長谷川保機関手が殉職したことを悼む碑である。長谷川機関手の努力によって乗客には被害が出なかったこと、重傷の身で客車を何度も見回りついに斃れたことなどが書かれている。この碑文は省略するが、自然石を削った碑には左記のように記されている。

「『長谷川保君殉職の碑』

札幌鉄道局長　気賀高次謹書

大正十五年十二月十四日建之

札幌鉄道局管内職員有志者」

この事故について『国有鉄道重大運転事故記録』

を調べたのだが載っていなかった。機関手一名だけの死亡であり、乗客の死傷者は出ていないので、掲載基準の事故でなかったためであろう。

『三代事故録』（沖田祐作著）には左記のような記載があった。

「大正一五年八月一四日、函館線張碓・銭函間にて列車進行中、先行列車に追突、追突列車機関車脱線しボイラー破裂、蒸気噴出、機関手死亡」

碑文には張碓－銭函間の曲線を通過した時、一列車が停車していて線路を閉塞しているのを発見し、君は死を決して職を守り身をなげうって制動をかけ、ボイラー破裂による熱湯をかぶったが、その努力は効を奏して客車や乗客は無事だったと書かれている。しかし事故の原因、この場合はどうして一閉塞区間に二列車が入ったのかという点は謎のままである。

事故が八月で一二月にはもう碑が建っている。どうもこのあたりに何かありそうだと推測するが、事故原因の方も隠さず碑に記してほしかった。

五　道央と道東の鉄道碑

旭川鉄道開業一〇〇年記念時計　この時計は旭川駅構内にある。記念碑ではなくて記念時計というのも珍しいだろう。からくり人形になっていて、時刻が来ると中の人形が演技をするようになっている。京都府の宇治駅前に茶摘み人形が出てくるからくり時計があるが、それと同じような発想である。

「旭川鉄道開業一〇〇年記念

平成一〇年七月一六日

ミネラルサウンドのからくり時計」

と記されている。旭川駅は明治三一年七月一六日の開業で、現在の駅舎は四代目のはずだが、鉄道に関する特別な記述はない。

置戸（おけど）駅開業碑・長田幹彦句碑　元は国鉄の池北線、現在は第三セクターの「北海道ちほく高原鉄道」となっている置戸駅には、ホーム横の広場に新旧の置戸駅開業碑と長田幹彦句碑の三碑が並んでいて壮観である。さらに「ゆかりの松」や、開拓者群像もあって駅構内が小展示広場となっている。古い方の駅開業記念碑は、字も消えかかっているが次のように読める。

「置戸駅開業　明治四十四年九月二十八日」

新碑の方は昭和五一年の建立で、まだ黒い字が鮮やかであり、文面は左記の通りである。

「管内最初　明治四四年開駅之碑」

長田幹彦の句碑はその左側にある。

「（表面）再会の松吹雪する春五月　幹彦㊞

（裏面）昭和三十年六月寄贈　青木武　加藤谷英記刻」

長田幹彦（一八八七〜一九六四）は小説家・歌謡作家で「澪（おみ）」「続・金色夜叉」などが代表作であり、多くの歌謡を作った。

かたわらには松が植えられていて「ゆかりの松」として、その由来の説明板がある。

「『ゆかりの松　由来』

尾崎紅葉の不朽の名作『金色夜叉』の後をつぐ、長田幹彦作『続・金色夜叉』は、置戸を舞台に大ロマンを展開する。熱海の海岸、涙の別れより十年目、お宮は置戸レイトコロ原野に農場『興農園』を経営する貫一と再会の夢を抱いて置戸駅に下車したところ、この松があまりにも熱海の松に似ていたので思わずすがりより、しばし昔を偲んだと伝えられる。

置戸町観光協会」

常紋トンネル歓和地蔵　当時湧別線と呼ばれた石北本線の建設工事など、北海道各地の鉄道建設工事では「タコ」と呼ばれた労務者が酷使された。過酷な労働に使役され、病気や怪我などで使いものにならなくなると生きながらに埋められ、多数のタコが命を奪われた。

常紋トンネル歓和地蔵

この記録は小池喜孝『常紋トンネル』に詳しく記されている。筆者もその足跡をたどるべく、一日を常紋トンネルのタコ労務者の慰霊碑の探訪に費やしたのである。

明治四三年着工の湧別線のうち、常紋トンネルはわずか五〇七mばかりの掘削に三年余の歳月を費やして大正三（一九一四）年に完成した。

工事で犠牲になった労務者は百数十人になり、トンネルの壁中にも埋めたと言い伝えられていたが、改修工事の時に煉瓦をはがすと、その奥から白骨が出土して事実だったことがわかった。さらにタコを埋めたと伝えられていた場所からも、多くの白骨が出土している。

常紋駅員が信号のガス灯の点検に行くと、よく幽霊に出会った。機関車の前に血だらけの男が立ちはだかったので、機関士が急停車して調べたが誰もいない、出発しようとするとまた現れるということもあった。常紋駅長の官舎に幽霊が出て、何代もの駅長を苦しめた。

以前には「常紋駅」があって歓和地蔵までは簡単に行けたのだが、駅と信号場が廃止になったので、現在では留辺蘂《るべしべ》からタクシーで行くほか方法がない。地蔵尊は元の駅の南東方、引込線であった築堤を端まで行ってから土手を降った所にある。現地には歓和地蔵が右側に鞘堂におさまっていて、地蔵尊建立の由来を書いた説明板（木板）が左側にある。まだ新しくて判読不能個所はない。

文面を読んでみると、過酷な労働の犠牲になったタコを追悼するためでもあるが、鉄道職員が多くの幽霊に会い、幽霊に悩まされたのでそれを供養するという主旨が強いようである。

保線区の人々などが建立した「幽霊怖い」形の慰霊碑は時に各地でみられるのだが、その代表例であるとも言えるだろう。

「『歓和地蔵尊建立の由来』

湧別線工事中最大の難工事とされていた常紋ずい道（五〇七米）は、大正元年にはじまり三年の年月をかけて、大正三年十月に完成しました。工事は本州方面から募集してきた労務者を飯場に収容し、通称タコと呼ばれた者によって行なわれた。

労務者は人権を無視された過酷な取扱をうけ、粗食と重労働で病気にかかる者も多く、医薬も与えられず体罰を加える。そして使役不能とみたものは、一定の箇所に監禁し、死者はそのまゝ次々と大きな穴の中へ投入してしまうという、残虐非道なことが、公然と行なわれたといわれている。このずい道工事中、百数十人の若者が犠牲になり、ずい道付近に埋められております。

常紋信号場が開駅してから誰れ云うとなく、『火の玉が出る』『信号が消える』などの噂もでたり、常紋に居住している歴代の職員家族に、病人が多く出るのも、怨念のためではないかといわれていた。

それでこれら、痛恨で眠れぬ迷える魂の供養を営むべく、留辺蘂町長を初め町議会議員、各業者等個人の援助と、中湧別保線区の協力により、昭和三十四年に歓和地蔵尊を建立し、同年六月二十四日に入魂報告祭が執行され、以来毎年六月二十四日には地蔵祭を行ない、霊を慰めている。地蔵尊は、こゝで鉄道建設に捧げられた貴い犠牲者の御霊を永久に祭り、今日石北本線の一環である常紋信号場の安全と、職員並びに家族の精神の安定に、寄与されているものである」

常紋駅のホームはこわされ、スイッチバック方式であった引込線も錆びるにまかされている。地蔵尊に行く路も整備されていない。しかし地蔵尊と説明板はきれいに整備され、新しい花まで供えられている。誰が清掃し供花したのか、地元の人か保線区の人だろうか。

本書では原則として鉄道など公共交通機関では行けない所の碑は記載しないことにしたが、この常紋トンネル歓和地蔵だけは例外とした。元は駅があったのが廃止か休止になって見に行くのが困難になった鉄道碑はいくつかあるが、この地蔵尊だけは、苦労して行っただけの甲斐があったと感激したのである。読者も『常紋トンネル』を一読されてから、これらかつての北海道のタコ労務者の痕跡をたどってみられることを勧めたい。

常紋トンネル工事殉職者追悼碑　石北本線「金華《かねはな》駅」の西側にあり、駅を正面に出て国道を越えた反対側の小高い丘の上にある。金華駅には「常紋トンネル工事殉職者追悼碑　昭和五五年一一月建立　駅より三〇〇m」という表示がある。もちろん無人駅で列車本数も少ないので、見学するにはよく時刻を確認しておかねばならない。

碑は赤いタイルが張られた高い塔で、殉職者を表すのだろうか、一人の男の像が塔にはめこまれてい

日本最東端の駅東根室（鏡味明克氏撮影）

る。昭和五一年であるから、こちらの方が地蔵尊より新しい慰霊碑である。正面上部には、

「常紋トンネル工事殉職者追悼碑」

とあり、裏面にはこの追悼碑の由来が下記のように記されている。

「『追悼碑の由来』

常紋トンネルは、大正元年から二年の歳月をかけ、本州から募集された人びとの強制労働によって建設されました。工事の途上、粗食、重労働、リンチなどによって殉難された方がたは、百数十人以上と伝えられています。

この鉄道によって限りない恩恵を受けている私たちは、無念の死をとげた方がたを追悼し、北海道開拓の歴史から葬られてきた人びとの功績を末永く後世に伝え、ふたたび、人間の尊厳がふみにじられることのないよう誓いをあらたにしてこの碑を建立します。

昭和五十年十一月

常紋トンネル工事殉職者追悼碑建設期成会

留辺蘂町」

東根室・鉄道最東端標識　日本最東端の駅は根室ではなく「東根室」である。これは根室本線の線路が終着駅に向かって西に廻りこむようになっているためである。東根室駅は無人駅でもちろん普通列車しか停車しないため、見学には列車本数の少なさに悩まされる。一本しかない駅ホームに標識があり、記載は左記の通りである。

「日本最東端の駅　東経一四五・三六・〇五　北緯四三・一九・一八」

長野政雄碑（塩狩峠）

根室市内のマンホールの蓋には、機関車の絵とともに「大正一〇年八月五日根室本線開通」という鋳造がされているのが見られた、この日が根室駅開業の日である。一方、東根室駅の方はずっと新しく、昭和三六年九月一日開業である。

なおこの項は鏡味明克『日本最東端の駅・東根室を訪ねて』の記載によった。筆者は訪ねていないので、写真を提供していただいた鏡味明克氏に感謝したい。

六　道北の鉄道碑

塩狩峠碑・長野政雄氏殉職の地　「塩狩峠」は三浦綾子の作品によって知られているが、峠の勾配を逆走する客車に、自ら身を投げて事故を防いだ鉄道職員の行為が書かれている。この碑は宗谷本線塩狩駅の北一五〇mほどの線路に沿った西側にある。横書きの「長野政雄氏殉職の地」碑には、十字架とともに左記の文章が書かれている。碑は近年になって建てられたものだが、建立年月は記載されていない。

「『長野政雄氏殉職の地』

鉄道最北端碑（稚内駅）

明治四十二年二月二十八日夜、塩狩峠に於て、最後尾の客車、突如連結が分離、逆降暴走す、乗客全員、転覆を恐れ色を失い騒然となる、時に乗客の一人、鉄道旭川運輸事務所庶務主任、長野政雄氏、乗客を救わんとして、車輪の下に犠牲の死を遂げ、全員の命を救う。その懐中より、クリスチャンたる氏の常持せし遺書発見せらる。

「苦楽生死均しく感謝、余は感謝してすべてを神に捧ぐ」

右はその一節なり

三十才なりき」

近くにはこの地を愛して移り住んだ三浦綾子の旧宅があり、記念館となっている。塩狩駅は普通列車しか停車しない。しかしいつも何人かの観光客の姿があり、クリスチャンでもあった長野政雄氏の行為を偲ぶ人が多い。「塩狩峠」と書かれた木標もあって、近くには「塩狩峠一目千本桜」の石碑もある。筆者が訪れたのは七月だったが、春の遅い北僻の地にも桜が満開となる季節があるのだろう。

稚内・鉄道最北端標識　稚内駅の日本の鉄道最北端には、それなりの立派な碑か標識があるのだろうと考えていたが、行ってみると車止めの横に建てられた、木製の簡単な標識のみであった。

終着駅に着いた列車からの乗客はすぐに降りてしまい、最北端標識の撮影と記録をしていた筆者はとりのこされてしまい、もう改札口は閉まっていて鍵が掛けられていた。九州の指宿駅には「稚内駅の姉妹駅」である旨の石碑があったのだが、意外だったのは稚内駅にはこの「姉妹駅」の表示はなかった。標識の記載は左記の通りである。

「『最北端の線路』 最南端から北へ延びる線路はここが終点です 昭和三・一二・二六開業
最南端の駅・指宿枕崎線西大山駅・最北端の駅宗谷本線稚内駅」

駅前の表示も「日本最北端・稚内駅」と簡単であり、駅ホームに「東京駅より一五九六・一km」「指宿駅より三一三四・八km」との表示がある。

参考文献

雑誌

細川久夫「餘部橋梁の保守」（『鉄道土木』一五巻五号、一九七三年）

市川勉「鋼橋梁の修繕」（『鉄道土木』一八巻四号、一九七六年）

「餘部事故技術調査委員会報告書から」（『鉄道ジャーナル』二五九号、鉄道ジャーナル社、一九八八年）

齋藤雅男「鉄道とともに五〇年」（『鉄道ジャーナル』三二五号ほか、鉄道ジャーナル社、一九九三年）

網谷りょういち「餘部橋梁事故の疑問点」（『交通権』一〇号、交通権学会、一九九二年）

鏡味明克「日本最東端の駅・東根室を尋ねて」（『鉄道文学』一五号、日本鉄道文学研究会、一九九四年）

鏡味明克「長野電鉄松代駅の『汽車ポッポ』の歌碑」（『鉄道文学』二四号、日本鉄道文学研究会、二〇〇四年）

『鉄道文学』『鉄道ピクトリアル』『鉄道ジャーナル』『鉄道ファン』

新聞

「信楽列車事故一年」など（『京都新聞』一九九二年など）

『交通新聞』『朝日新聞』『毎日新聞』『読売新聞』

資料

『国有鉄道重大運転事故記録』（日本国有鉄道保安課、一九七一年）

『工部省記録』（日本国有鉄道、一九七八年）

『北陸本線北陸トンネル列車火災事故に関する特別査察報告書』（日本国有鉄道監査委員会、一九七三年）

網谷りょういち「明治一四年の鉄道トンネル」（『報』二三六号、日本ナショナルトラスト、一九八八年）

網谷りょういち「煉瓦の歴史と発達」（『民俗建築』九八号、日本民俗建築学会、一九九〇年）

『信楽高原鐵道列車事故の概要』（甲賀郡行政事務組合・同消防本部、一九九二年）

単行本

篠崎四郎『鉄道碑めぐり』（日本国有鉄道、一九六二年）

降幡利治『信州の鉄道碑ものがたり』（郷土出版社、一九九一年）

『日本国有鉄道・停車場一覧』（日本交通公社出版事業局、一九八五年）
沖田祐作『本邦における鉄道事故の記録』（自家版、一九七三年）
沖田祐作『三代事故録』（自家版、一九九五年）
『運転法規便覧』（日本鉄道図書、一九九七年）
『日本鉄道請負業史　明治篇・大正昭和篇』（鉄道建設業協会、一九六七年、一九七八年）
鈴木牧之『北越雪譜』（岩波書店、一九三六年）
『北陸ずい道工事誌』（日本国有鉄道岐阜工事局、一九六三年）
三浦綾子『塩狩峠』（新潮社、一九六八年）
（この文は一九六六年から六八年にかけて『信徒の友』〔日本キリスト教団出版会〕に連載され、連載が終わった年に新潮社から単行本が出版された）
高橋泰邦『偽りの晴れ間』（講談社、一九七〇年）
『日本国有鉄道百年写真史』（日本国有鉄道、一九七二年）
『鉄路の闘い一〇〇年』（国鉄防災一〇〇年史編纂会、山海堂、一九七二年）
渡部由輝『北帰行』（山と渓谷社、一九七三年）
市川健夫『雪国地理誌』（銀河書房、一九七五年）
伊多波美智夫『無事故への提言』（交通協力会出版部、一九七六年）
国鉄の空襲被害記録刊行会『国鉄の空襲被害記録』（集英社、一九七六年）
延塚順導『ああ！　五時一五分』（昭光寺、一九七七年）
三輪和男『空白の五分間』（文芸春秋社、一九七九年）
渡辺加藤一『海難史話』（海文堂出版、一九七九年）
高橋喜平『雪と人生』（岳書房、一九八〇年）
『黒い炎との闘い』（日本国有鉄道動力車労働組合北陸地方本部、一九八二年）
島津敞史『汽笛百年ふくい鉄道史』（福井新聞社、一九八二年）
新林佐助『熊と雪崩』（無明社出版、一九八三年）
佐賀純一『木碑からの検証』（筑波書林、一九八四年）
西野保行『鉄道史見てある記』（吉井書店、一九八四年）
吉村昭『闇を裂く道　上・下』（文芸春秋社、一九八七年）
高橋喜平『日本の名随筆五一「雪」』（作品社、一九八七年）
高松洋平『悲劇の紫雲丸』（成山堂書店、一九九〇年）
小池喜孝『常紋トンネル』（朝日新聞社、一九九一年）
齋藤勉『中央本線四一九列車』（ノンブル舎、一九九二年）
佐々木冨泰・網谷りょういち『事故の鉄道史』（日本経済

評論社、一九九三年）
高橋喜平『あんな雪こんな氷』（講談社、一九九四年）
齋藤雅男『社会風土と鉄道技術』（中央書院、一九九四年）
久保田博『ドラフトは山野に谺して』（ニッセー出版、一九九四年）
吉原公一郎『安全性の死角』（風涛社、一九九五年）
『丹那トンネルの話』（鹿島出版会内『丹那トンネルの話』を復刻する会、一九九五年）
佐々木冨泰・網谷りょういち『続・事故の鉄道史』（日本経済評論社、一九九五年）
久保田博『鉄道用語辞典』（グランプリ出版、一九九六年）
『競馬年鑑』（サラブレッド血統センター、一九九六年）
田中正吾『青函連絡船洞爺丸転覆の謎』（成山堂書店、一九九七年）
網谷りょういち『信楽高原鐵道事故』（日本経済評論社、一九九七年）
安部誠治監修『鉄道事故の再発防止を求めて』（日本経済評論社、一九九八年）
山之内秀一郎『なぜ起こる鉄道事故』（東京新聞出版局、二〇〇〇年）
久保田博『鉄道重大事故の歴史』（グランプリ出版、二〇〇〇年）
川島令三『私鉄王国の凋落』（草思社、二〇〇一年）

あとがき

筆者は鉄道会社に勤務したことも、鉄道関係の仕事をしたこともない。鉄道に関しては門外漢なのだが、前に発表した「事故の鉄道史」三冊のシリーズを書いている時から、鉄道碑についてまとめた著作を書きたいという構想は持っていた。しかし始めてみるとたちまち調査不足、研究不足の点が噴出して、さらに何年かの月日を費やさねばならなかったし、自分でも満足の行く出来栄えというわけにもいかなかった。

参考文献として第一にあげなければならないのは、篠崎四郎『鉄道碑めぐり』(日本国有鉄道、一九六二年)である。これを羅針盤として、その跡をたどっているのが本書であって、先人には深く感謝しなければならない。しかし年月の経過とともに鉄道碑も変わってしまい、見つけられなかった碑も多かったし、昭和に入ってからの鉄道事故碑や殉職碑など、つけ加えた碑も少なくなかった。

また筆者が関西（京都）に住んでいるため、どうしても関東や東北・北海道が手薄になった感は否めない。本書に記載していない鉄道碑も多いことと思う。ここに漏れている碑については、読者の方々のご教示やご協力をお願いする次第で、将来さらに完全な著書として刊行できれば、筆者としても望むところである。

本書をまとめるに際しては、多くの方々のご指導とご教示をいただいた。まず鉄道史学会の諸先生方には深く謝辞を述べたい。鉄道文学の鏡味明克先生、名古屋の平野彰男氏、煉瓦と鉄道碑の研究をされている小野田滋先生など、ご教示がなければこの著作はできなかったかもしれない。そして元気な内田哲也君、いつもご協力ありがとう。

また、このような特殊なテーマを積極的にとりあげていただいた、日本経済評論社の栗原哲也社長、全般にわたり終始ご指導いただいた同社出版部の谷口京延氏にも厚く御礼申し上げたい。

本書は鉄道史研究のわずかな一分野だけかもしれない。しかし同好の人々が増えれば、碑や鉄道文化財の保全と研究に少しは役立つと思い、筆をとった次第である。

平成一七年四月

網谷りょういち

〔著者略歴〕

網谷りょういち（あみたに・りょういち）

1935年生まれ
1959年　京都工芸繊維大学工芸学部建築工芸学科卒業
1995年　文部省大臣官房文教施設部大阪工事事務所専門員定年退職。
現　在　日本民俗建築学会評議員，鉄道史学会，日本鉄道文学研究会各会員
主　著　『事故の鉄道史』（共著，日本経済評論社，交通図書賞受賞，1993年）
『続・事故の鉄道史』（共著，日本経済評論社，1995年）
『信楽高原鐵道事故』（日本経済評論社，1997年）
『民家集落　在原（滋賀県高島郡マキノ町）』（1984年）
現住所　京都市伏見区桃山町大島 38-334（〒612-8006）

日本の鉄道碑

2005年5月20日　第1刷発行　定価（本体2800円＋税）

著　者　網谷りょういち
発行者　栗　原　哲　也

発行所　株式会社 日本経済評論社
〒101-0051　東京都千代田区神田神保町 3-2
電話 03-3230-1661　FAX 03-3265-2993
nikkeihy@js7. so-net. ne. jp
URL：http://www.nikkeihyo.co.jp
文昇堂印刷・美行製本
装幀＊渡辺美知子

乱丁落丁はお取替えいたします。　Printed in Japan

ISBN4-8188-1759-7

網谷りょういち著
信楽高原鐵道事故
四六判　二八〇〇円

平成三年に起こった列車の正面衝突事故。死者四二名、負傷者六一四名を数える大惨事となった。長年にわたる裁判の傍聴を通じて丹念に事実を積み重ねて事故の真相に迫る。

佐々木冨泰・網谷りょういち著
事故の鉄道史
―疑問への挑戦―
四六判　三二〇〇円

鉄道事故の原因には、人災や天災だけでなく車輌・施設・運行システムの問題などがあげられる。事故の教訓は生かされているのか。発表されなかった事故原因を丹念に解き明かす。

佐々木冨泰・網谷りょういち著
続・事故の鉄道史
四六判　二八〇〇円

大好評を博した「事故の鉄道史」の続編。通説となった鉄道事故の原因に再検討を加え、真相に迫る。記憶に新しい餘部橋梁列車転落事故など戦後発生した事故もおさめる。

野田正穂・原田勝正・青木栄一・老川慶喜編
神奈川の鉄道　1872―1996
A5判　二八〇〇円

一八七二年五月の品川〜横浜間の仮開業以来、神奈川の鉄道網は日本の近代化にとって重要な役割を果たしつつ発展してきた。政治・経済・軍事・観光などさまざまな角度から語る。

野田正穂・原田勝正・青木栄一・老川慶喜編
多摩の鉄道百年
A5判　二八〇〇円

一八八九年甲武鉄道の新宿〜八王子間の開設以来、多摩地方の鉄道網は急速に発展する。多摩が東京となって一〇〇年、その歴史の中に鉄道の役割を位置づけ将来を考える。